O ANTIMODERNISTA: GRACILIANO RAMOS E 1922

O ANTIMODERNISTA: GRACILIANO RAMOS E 1922

THIAGO MIO SALLA
&
IEDA LEBENSZTAYN
(ORGS.)

1ª EDIÇÃO

EDITORA RECORD
RIO DE JANEIRO • SÃO PAULO
2022

EDITOR-EXECUTIVO
Rodrigo Lacerda

GERENTE EDITORIAL
Duda Costa

ASSISTENTES EDITORIAIS
Thaís Lima e Caíque Gomes

PREPARAÇÃO DE ORIGINAL
Marlon Magno Abreu de Carvalho

REVISÃO
Fernanda Turino e Carlos Maurício

DIAGRAMAÇÃO
Mayara Kelly (estagiária)

CIP-BRASIL. CATALOGAÇÃO NA PUBLICAÇÃO
SINDICATO NACIONAL DOS EDITORES DE LIVROS, RJ

R143a

Ramos, Graciliano, 1892-1953
    O antimodernista: Graciliano Ramos e 1922 / Graciliano Ramos; [organização] Thiago Mio Salla, Ieda Lebensztayn. - 1. ed. - Rio de Janeiro: Record, 2022.

    Inclui bibliografia
    ISBN 978-65-5587-446-4

    1. Ensaios brasileiros. 2. Semana da Arte Moderna. (1922: São Paulo, SP). I. Salla, Thiago Mio. II. Lebensztayn, Ieda. III. Título.

21-74962

CDD: 869.4
CDU: 82-4(81)

Camila Donis Hartmann - Bibliotecária - CRB-7/6472

Copyright © by herdeiros de Graciliano Ramos | http://www.graciliano.com.br
© Apresentação e Notas: Thiago Mio Salla & Ieda Lebensztayn, 2022

Todos os direitos reservados. Proibida a reprodução, armazenamento ou transmissão de partes deste livro, através de quaisquer meios, sem prévia autorização por escrito.

Texto revisado segundo o novo Acordo Ortográfico da Língua Portuguesa.

Direitos exclusivos desta edição reservados pela
EDITORA RECORD LTDA.
Rua Argentina, 171 – Rio de Janeiro, RJ – 20921-380 – Tel.: (21) 2585-2000.

Impresso no Brasil

ISBN 978-65-5587-446-4

Seja um leitor preferencial Record.
Cadastre-se em www.record.com.br
e receba informações sobre nossos
lançamentos e nossas promoções.

Atendimento e venda direta ao leitor:
sac@record.com.br

EDITORA AFILIADA

SUMÁRIO

Nota dos organizadores   7
Apresentação: Ramos intrincados de um antimodernista   11

I. CRÔNICAS

Chavões   87
O teatro de Oswald de Andrade   91
Conversa de livraria   93
Os tostões do sr. Mário de Andrade   97
Os sapateiros da literatura   99
Uma justificação de voto   103
Decadência do romance brasileiro   109
Dois mundos   115
Discurso à célula Teodoro Dreiser I   119
Discurso na ABDE   127
Uma palestra   131

II. ENTREVISTAS

O modernismo morreu?   137
Depoimento de duas gerações   143

Como eles são fora da literatura: Graciliano Ramos — 145
Carta do Brasil: Graciliano Ramos fala ao *Diário Popular* acerca dos modernos romancistas brasileiros — 161
Nossos escritores — Graciliano Ramos: "Sempre fui antimodernista"; "Traços de identidade" — 165
Graciliano Ramos: romance é tudo nesta vida — 175

III. CARTAS

Carta a Joaquim Pinto da Mota Lima Filho.
Palmeira, 18 de agosto de 1926 — 185
Carta a Heloísa de Medeiros Ramos.
São Paulo, 1º de março de 1937 — 189
Carta a Heloísa de Medeiros Ramos.
Rio, 3 de março de 1937 — 193

IV. MEMÓRIAS E HISTÓRIA

Pequena história da República, "1922" — 199
Memórias do cárcere, Parte II — Pavilhão dos Primários, Capítulo XIV — 201

Notas — 207
Bibliografia — 279

NOTA DOS ORGANIZADORES

É o diabo: onde o tempo para ler tantos livros dedicados ao centenário da Semana de Arte Moderna? Porém, se é moda comemorar o modernismo e outras efemérides, consulte-se o dicionário: desde sua etimologia, ele registra o que se diz (*dictiones*) e nos ajuda a pensar na origem de palavras como *moda* e *modernismo*, *efeméride* e *efêmero*. *Moderno* vem do latim *modernus*, "atual, contemporâneo", da mesma fonte de *moda*, *modus*, "costume", "maneira". E *efemérides* (do grego *ephemeros*, de *epi-*, "sobre", e *hemera*, "dia", ou seja, "o que dura só um dia"), acontecimentos importantes, são também diários, tabelas das posições de astros, com duração de um dia e indispensáveis para a navegação.

Assim, na atualidade digital tantas vezes sem tato, ante a fugacidade de tudo, talvez valha analisar as efemérides no sentido de divisar rumos. Delineia-se então o propósito de conhecer e compreender melhor a história e a literatura, em especial os vínculos de Graciliano Ramos e o modernismo, refletir sobre os critérios de permanência de obras de arte e criar um olhar crítico para a realidade atual.

Para tanto, nada melhor do que olhar para 1922 a contrapelo, a partir da perspectiva de um artista que visceralmente recusa o fascínio pelo novo, que duvida da ode ao progresso e de todos os seus corolários, que rejeita as facilidades disruptivas advindas da negação peremptória do passado. Em outros termos, trata-se da visada de um antimoderno, isto é, de um escritor que, tragado pela corrente da modernidade, recusa-a, confronta-a. Tamanha força negativa que brota da pena de Graciliano consolida-se como consciência crítica e autocrítica e, como não poderia deixar de ser, coloca o autor alagoano na contracorrente do triunfalismo do modernismo da Semana.

Mas é bom que se evitem confusões. Conforme lembra Compagnon, não se poderia confundir tal espécie de escritores com os tradicionalistas e reacionários. Diferentemente desses, os antimodernos não seriam outros senão os modernos, "os verdadeiros modernos, aqueles que o moderno não engana, aqueles que sabem".[1] Graciliano, melindrado pelas agruras e angústias da civilização ocidental, manifesta tal postura pessimista e vigilante de modo contínuo, quer na intimidade das cartas, desde os anos 1920, quer em entrevistas e textos publicados em jornais no início dos anos 1950, quando a morte já dele se avizinhava. Sendo assim, o autor de *Angústia* poderia ser descrito como um "antimodernista moderno" ou um "modernista antimoderno".[2] Ambos os enquadramentos enfatizam um artista audacioso que viveu a modernidade como uma espécie de pesadelo e se colocou na posição de denunciar as ambivalências e embustes do modernismo brasileiro em sua euforia de cantar os novos tempos.

Sem usar o mesmo rótulo, Otto Maria Carpeaux, no princípio dos anos 1940, já evidenciava a faceta antimoderna e, por conseguinte, antimodernista da obra de Graciliano, ao descrever o lirismo do autor como "amusical, adinâmico, estático, sóbrio, clássico, classicista", traindo, em alguns momentos, seu oculto passado parnasiano.[3] Esteticamente, o escritor alagoano trabalharia não no sentido de agitar o convulso turbilhão da vida moderna que devorava os homens, mas sim de fixá-lo, de entalhá-lo, tendo em vista a sua superação, a sua destruição. Não por acaso, Graciliano recebe do crítico o epíteto de "clássico deste mundo da morte", lugar infernal cujas bases demoníacas se assentavam na cidade, no "edifício da nossa civilização artificial".⁴

Para apresentar aos leitores a faceta mais aparente desse Graciliano antimodernista, e por isso mesmo visceralmente moderno em sua negatividade, procuramos reunir nesta obra textos de diferentes gêneros nos quais o autor de *Angústia* se manifestou quer a respeito do modernismo de 1922, quer, mais especificamente, a respeito de figuras de relevo do movimento. Os escritos encontram-se dispostos em ordem cronológica de sua publicação, organizados nas seguintes seções: crônicas, entrevistas, cartas, memórias e história.

No percurso argumentativo da grande maioria dos escritos aqui recolhidos, Graciliano não aborda o modernismo de modo exclusivo. Usualmente, tal assunto se dilui em meio a outros pelos quais suas cartas, crônicas, entrevistas e memórias costumam flanar. De todo modo, essa aparente dispersão converte-se em recorrência e permanência quando se examina, em perspectiva, a constância de seus ataques ao movimento: de 1926 a 1952, o romancista das *Vidas secas* faz ecoarem suas críticas, variando-as em intensidade e extensão. Assim, o conjunto que dá corpo a este *O antimodernista* acaba por instaurar um novo e imprevisto diálogo entre produções gracilianas extraídas de fontes diversas, demandando do leitor um novo olhar capaz de deslocar e desfocar as lentes com que se lê, em geral, a história da literatura brasileira a partir de 1922.

Com relação ao estabelecimento dos textos selecionados, tomaram-se como base os manuscritos e datiloscritos, quando eles se fazem presentes; a primeira edição no caso de obras póstumas (*Memórias do cárcere*, *Alexandre e outros heróis*, *Linhas tortas*, *Garranchos* e *Conversas*); bem como recortes de jornal, sobretudo em se tratando de uma parcela significativa das crônicas e das entrevistas. Sempre que se mostrou possível realizar o trabalho de cotejo, assinalaram-se em notas de rodapé as diferenças encontradas entre as diversas lições/versões de um mesmo texto. Como o presente volume reúne escritos de diferentes períodos, produzidos, assim, segundo diferentes padrões ortográficos, optou-se por uniformizar as grafias, tomando como base as regras preconizadas pelo novo Acordo Ortográfico da Língua Portuguesa de 1990.

Em conformidade com a tradição iniciada com o livro *Garranchos* (2012), e desdobrada em *Cangaços* (2014) e *Conversas* (2014), investiu-se na elaboração de inúmeras notas de rodapé que apresentam o fito de, a um só tempo, situar os leitores contemporâneos e restituir os debates do tempo da publicação inicial de cada escrito. Múltiplos e singulares, estes textos se enquadram em diferentes espécies literárias e, publicados em contextos socioculturais diversos, percorrem um arco temporal de mais de 25 anos na primeira metade do século XX, momento do desenrolar e das encruzilhadas do modernismo de 1922.[5]

Thiago Mio Salla & Ieda Lebensztayn
Novembro de 2021

APRESENTAÇÃO

RAMOS INTRINCADOS DE UM ANTIMODERNISTA

Thiago Mio Salla & Ieda Lebensztayn

Graciliano Ramos nunca escondeu suas críticas ao modernismo de 1922. Seus posicionamentos contrários a tal movimento se apresentaram de modo constante e contundente nos diferentes gêneros textuais que praticou, isto é, desde a intimidade das cartas, passando pela vocalização pública das crônicas e entrevistas, até chegarmos a páginas mais elaboradas de suas memórias e seus esboços de textos ficcionais. Aliás, nesse último grupo de produções, um manuscrito inédito e inacabado, hoje perdido, destaca-se por seu caráter sintético e revelador do modo como o autor de *Vidas secas* encarava o "sarapatel medonho" modernista. O texto pode ser definido como uma de suas tentativas falhadas de produzir um romance ambientado no Rio de Janeiro, ao decidir se fixar na capital carioca após sua saída da prisão, em 1937. No texto, avulta a figura de João Pinho, um narrador em primeira pessoa, espécie de *alter ego* de Graciliano, que trata das agruras de um escritor vivendo numa pensão situada num lugar pobre e sórdido. No *continuum* da literatura brasileira, ele assim se apresentava:

> Sou um desses, aparecido no fim da confusão modernista. Havia-se deitado abaixo muito medalhão, quebrado pés de barro, e as figuras que no princípio do século mereciam respeito mergulhavam no esquecimento ou cobriam-se de ridículo. Depreciada a sintaxe, desprestigiadas a métrica e a rima, achávamos o campo livre, um campo onde os vencedores, avultando sobre os mortos, aparentavam alturas excessivas. Tinham-se consumido na derrubada quase dez anos de xingações a todas essas velharias.
>
> Acadêmicos e gramáticos, desnorteados, já sem ânimo de resistir, lamentavam-se baixinho e, alguns, não querendo aceitar o labéu de passadistas e retrógados, conformavam-se publicamente com as inovações bárbaras, elogiavam o solecismo e a cacofonia.[1]

Nesse pequeno recorte de uma aventura ficcional interrompida, encontram-se alguns lugares-comuns insistentemente presentes nos diferentes textos em que Graciliano tratou do modernismo: o caráter simplesmente destruidor do movimento, cujo único mérito teria sido preparar o terreno para os romancistas de 1930; a refundação oportunista do cânone literário, proposta que, se por um lado limou medalhões, por outro promoveu injustiças, elevando de modo rápido e muitas vezes imerecido os bárbaros vencedores; o fato de a "confusão" ter perdurado apenas de 1922 a 1930 ("quase dez anos"), o que eximia o romancista alagoano de um possível enquadramento como modernista (*Caetés*, seu primeiro romance, embora escrito desde meados dos anos 1920, data de 1933); a depreciação de uma dicção literária mais purista, reduzida a velharia e a passadismo; e, como contrapartida, o privilégio para inovações linguísticas que, em contraposição aos preceitos da gramática tradicional, promoviam toda sorte de equívocos e corruptelas.

Assim, desde uma missiva enviada a um amigo em agosto de 1926, primeira manifestação do autor a respeito da dita "língua paulista" dos modernistas, até uma de suas últimas aparições públicas, em mesa-redonda sobre marxismo e linguística promovida pela revista de orientação comunista *Para Todos*, em dezembro de 1951, o autor de *Vidas secas* se volta contra o modernismo, contra as propostas e experiências estéticas preconizadas pelo movimento. Se na carta Graciliano (naquele momento com 34 anos e nenhum livro publicado) ironiza não ter compreendido um poema de Mário de Andrade, na conferência ao final da vida, já consagrado e vendo a morte se avizinhar, o escritor se mostra muito mais enfático em suas críticas. E, considerando-se suas diferentes manifestações entre tais balizas, que abarcam um arco temporal de mais de 25 anos, pode-se dizer que Graciliano travou uma espécie de cruzada antimodernista, a qual ganha corpo, sobretudo, quando ele se estabelece no Rio de Janeiro e passa a participar de modo mais intenso dos debates literários em curso no país.

De fato, nessa longa refrega, um de seus alvos preferenciais concentrou-se na leitura do cânone proposta pelos artistas do grupo de 1922. Segundo o autor alagoano, tais literatos "cabotinos" passaram a condenar, de forma apressada e sem o devido exame, determinadas obras simplesmente pelo fato de terem sido escritas em "português direito", promovendo a ideia de que sintaxe e bom gosto seriam incompatíveis. "Liberdade. Carta de alforria. Abaixo o galego. Os direitos do homem. Caímos no exagero. Desejando libertar-nos, reforçamos a dependência escrevendo regularmente contra as normas."[2] Em entrevista a Homero Senna, Graciliano incluía no rol de censuras ao processo de reinterpretação do passado empreendido pelos modernistas a ideia de que eles teriam se valido de má-fé e desonestidade ao definirem, de maneira arbitrária e interessada, as obras e escritores nacionais que mereciam ser esquecidos:

> Os modernistas brasileiros, confundindo o ambiente literário do país com a Academia, traçaram linhas divisórias rígidas (mas

arbitrárias) entre o bom e o mau. E, querendo destruir tudo que ficara para trás, condenaram, por ignorância ou safadeza, muita coisa que merecia ser salva. Vendo em Coelho Neto a encarnação da literatura brasileira — o que era um erro — fingiram esquecer tudo quanto havia antes, e nessa condenação maciça cometeram injustiças tremendas.[3]

Ao mesmo tempo que Graciliano criticava as mutilações perpetradas pelo modernismo autoafirmativo e "intencional" dos anos de 1920, na releitura que este promovera da história literária do país, também descarregava sua artilharia contra as próprias produções dos artistas de 1922. Na fundamentação de tal juízo, seu alvo principal continua a ser as inovações linguísticas propostas por tais escritores. Para o autor de *Caetés*, as mudanças que eles procuraram "enxertar" na língua, tal como a colocação pronominal "às avessas", não raro estavam em desarmonia com a linguagem popular, invocada por eles mesmos, contraditoriamente, como "autoridade suprema" em qualquer discussão sobre a "realidade nacional".[4] Nesse sentido, considerava que os modernistas teriam se afastado do país, pois "enquanto alguns procuravam estudar alguma coisa, ver, sentir, eles importavam Marinetti".[5]

Em virtude de tal ruptura com a "imperiosa" cultura do povo, sobretudo no que diz respeito à linguagem empregada no discurso artístico, Graciliano acrescentava que os modernistas pecavam pela falta de clareza. Para ele, as composições destes seriam marcadas por barbarismos, os quais fariam com que os leitores precisassem adivinhar o sentido das construções "como se decifrassem charadas", tendo em vista a anfibologia decorrente da ruptura forçada com as normas. Esses procedimentos, assim como, anteriormente, o tratamento conferido ao cânone pelo modernismo, são apontados como produtos do embuste e da perfídia de "indivíduos sagazes, de escrúpulos medianos", que resolveram ganhar notoriedade de forma rápida, "criando uma língua nova do pé para a mão, uma espécie de esperanto, com pronomes e infinitos em greve, oposicionistas em demasia, e preposições no fim dos períodos".[6] Em outras palavras, toma as novidades como "tapeações badaladas por moços dispostos a encoivarar duas dúzias de poemas em vinte e quatro horas e manufaturar romances com o vocabulário de um vendeiro".[7] Nesse sentido, considera a *Gramatiquinha da fala brasileira*, anunciada por Mário de Andrade, como uma "frescura", índice maior da artificialidade das propostas do grupo "revolucionário".

À artificialidade, Graciliano aliava em suas ressalvas também a superficialidade da revolução modernista, que teria sua abrangência circunscrita à linguagem. Em sua *Pequena história da República*, o autor se refere a 1922 como um ano de indisciplina e revolta, que se alastrava por quartéis, fábricas, cafés e quartos de pensão onde os homens de letras escreviam. Na impossibilidade de enfrentarem mais diretamente os problemas políticos e sociais do país, os revolucionários teriam se contentado em investir contra a colocação pronominal até então praticada em conformidade com a variante lusitana. "Não podendo suprimir a Constituição, arremessou-se à gramática." Propunham, assim, uma ruptura parcial com o passado que passava ao largo de uma consciência mais abrangente das mazelas do país e de uma discussão mais particularizada em torno do papel do escritor e das relações entre ideologia e arte.[8]

Em conformidade com seus posicionamentos à esquerda, a picareta que Graciliano preconizava deveria ser empunhada preferencialmente contra a ordem social corrupta e injusta. Áspero e pessimista, defendia que as mazelas do país não poderiam ser escondidas. Todavia, ao lançar luz sobre elas, defende que não convinha ao artista, às pressas, deformar períodos, produzir de modo intencional solecismos com o fito de se avizinhar da fala do povo, da classe trabalhadora. Segundo o autor de *Vidas secas*, esse esnobismo às avessas, pautado por uma visada populista e pela reprodução em livro de "uma infeliz algaravia indigente", teria sua herança perniciosa no excesso de liberalidades dos nossos modernistas, sujeitos que estiveram "vários anos no galarim, a receber encômios deste gênero: — 'Como eles sabem escrever mal!'".

Assim como se observa nesse último trecho extraído das *Memórias do cárcere*, depois de sua entrada oficial no PCB em 1945, Graciliano recrudesce seu discurso em favor de uma dicção literária mais afeita ao tradicionalismo da norma padrão, procurando debelar o preconceito instalado pelos "reformadores da literatura indígena" de que sintaxe e bom gosto seriam incompatíveis. Na sua opinião, o maior mérito da coletânea de contos *Dois mundos*, de Aurélio Buarque de Holanda, professor de gramática e lexicógrafo, repousaria em desfazer essa confusão. Apegado à tradição ("têm as palavras que o sentido requer, instaladas nos lugares convenientes e com as flexões exigidas pela regra"), o futuro dicionarista não nos impingiria "corruptela ou gíria como instrumento de arte". Ao mesmo tempo, de modo paciente, trabalharia em prol da renovação da língua culta, vista em perspectiva dinâmica (em vez de perecer e mumificar-se nos alfarrábios, conviria "fixar nela os subsídios que a multidão lhe oferece"), pautando-se pela simplicidade e pela clareza, sem extravagâncias.[9]

Em certa medida, tal postura fazia parte de uma estratégia defensiva da parte de Graciliano, tendo em vista as críticas que as produções comunistas, tachadas como subversivas, costumeiramente recebiam. "A literatura revolucionária pode ser na aparência a mais conservadora. E isto é bom: não terão o direito de chamar-nos selvagens e sentir-se-ão feridos com as próprias armas." Em discurso proferido internamente em célula do PCB, o romancista alagoano não apenas advoga em prol do uso dinâmico da variante-padrão, como também procura repelir, em termos linguísticos e artísticos, "a desordem, a indisciplina, a composição fácil, a novela redigida como noticiário". E depois de, uma vez mais, sinalizar que não seriam incompatíveis o conservadorismo da forma e a revolução de fundo, destaca que, em contrapartida, as mudanças superficiais preconizadas pelo grupo de 1922 teriam sido apropriadas pela retórica reacionária: "As liberdades excessivas que o modernismo nos trouxe foram utilizadas por muito fascista."

Com essa última afirmação, Graciliano toca num ponto sensível: a faceta reacionária e nacionalista-ufanista do modernismo que vai se cristalizando ao longo da década de 1920 e resultará em nosso "fascismo tupinambá". Genealogicamente, o grupo Verde-Amarelo se desdobraria na Escola da Anta e, por sua vez, já nos anos 1930, no integralismo. *A posteriori*, o próprio Plinio Salgado induziria esse elo entre política e letras ao atrelar essa trinca de movimentos por ele liderados.[10] Não por acaso, esse escritor paulista se enquadraria na afirmação transcrita acima, feita pelo autor de *Vidas secas*. Basta considerarmos, a título de exemplo, o combate ao passadismo literário que se faz presente, por exemplo, em um texto como "O significado da Anta", no qual, embora preconize, sobretudo, uma literatura liberta da influência europeia e orientada no sentido de um nacionalismo tupi (apropriação da anta enquanto mamífero-totem desse grupo indígena), ele não deixa de louvar a vitória da renovação estética iniciada pela Semana de 1922, que teria liquidado, de modo definitivo, "o soneto, a métrica de Castilho, a colocação de pronomes, o parnasianismo, na frase acadêmica, a retórica, a construção portuguesa".[11]

De todo modo, apesar de, sob diferentes perspectivas, rebaixar as propostas e produções modernistas, Graciliano não deixava de reconhecer o papel destas na abertura de novos caminhos artísticos e na soltura das amarras que ainda prendiam a estagnada literatura nacional entre o final do século XIX e o início do XX. Conforme explicava o autor alagoano, o grande mérito do grupo de 1922 teria sido usar a picareta e espalhar o terror entre os antigos cultores da língua, deixando o terreno mais ou menos desobstruído para a geração de 1930. Nesse sentido, reduz a importância do modernismo apenas à condição de preparador de algo maior que o sucederia:

> Foi aí que de vários pontos surgiram desconhecidos que se afastavam dos preceitos rudimentares da nobre arte da escrita e, embrenhando-se pela sociologia e pela economia, lançavam no mercado, em horrorosas edições provincianas, romances causadores de enxaqueca ao mais tolerante dos gramáticos. Um escândalo. As produções de sintaxe presumivelmente correta encalharam. E as barbaridades foram aceitas, lidas, relidas, multiplicadas, traduzidas e aduladas. Estavam ali pedaços do Brasil — Pilar, a ladeira do Pelourinho, Fortaleza, Aracaju.[12]

Graciliano refere-se aqui, diretamente, à perspectiva sociológica do romance de 1930, que concedia privilégio à observação em detrimento da invenção no tratamento literário de "pedaços" de um Brasil desconhecido, matéria até então preterida pelos escritores pátrios. Para o artista alagoano, as produções anteriores à Semana de 1922 e à Revolução de Outubro seriam marcadas pelo artificialismo e pelo academicismo estéril, decorrente tanto da utilização de modelos importados quanto do desprezo pela "realidade" brasileira. Segundo o autor de *Caetés*, nessa fase de "estagnação" em que o país permanecia desconhecido, quem dava as cartas na literatura nacional eram "sujeitos pedantes" que "alheavam-se dos fatos nacionais, satisfaziam-se com o artifício, a imitação, o brilho do plaquê. Escreviam numa língua estranha, importavam ideias reduzidas. As novelas que apareceram no começo do século, medíocres, falsas, sumiram-se completamente. Uma delas, *Canaã*, que obteve enorme êxito, dá engulhos, é pavorosa".[13]

O rebaixamento da figura de Graça Aranha, recorrente ao longo da produção cronística de Graciliano,[14] pode ser lido aqui como mais uma forma utilizada pelo escritor para alfinetar o modernismo. Apesar de considerado, na maioria das vezes, como um romancista que apenas teria emprestado seu prestígio artístico aos jovens protagonistas da Semana de 1922, o autor de *Canaã*, ainda nos anos de 1940, era tido como um dos líderes do movimento, e seu gesto de rompimento com a ABL apresentava um "significado muito maior do que hoje se atribui a ele".[15] Nesse sentido, o ataque a tal literato, escolhido a dedo entre o conjunto de homens de letras que se "alheavam da matéria nacional" e praticavam um "academicismo estéril", no início do século XX, não seria gratuito: servia para questionar as próprias raízes do grupo modernista e, em sentido oposto, ressaltar que o "novo" somente começara a ser produzido, de maneira efetiva, depois de 1930.

Se, por um lado, convinha a Graciliano rebaixar o autor de *Canaã*, por outro, Manuel Bandeira, cujo poema "Os sapos" fora lido na Semana e se tornara o hino antiparnasiano do evento, deveria ser salvo em meio ao cabotinismo do grupo de 1922. Conforme afirma em entrevista a Homero Senna, considerava o poeta pernambucano como uma raríssima exceção às tapeações do modernismo. "Bandeira [...] aliás não é propriamente modernista. Fez sonetos, foi parnasiano." Para sustentar tal asserção, Graciliano faz um recorte extremamente parcial da obra do bardo, referindo-se tão somente ao poema "Solau do desamado", considerado um rimancete (forma fixa de origem medieval comum na península Ibérica), que integra *A cinza das horas*, livro publicado em 1917. Segundo o romancista alagoano, esse texto se equipararia às "Sextilhas de Frei Antão", de Gonçalves Dias. Em sentido oposto, Mário de Andrade, ao se referir negativamente à forte influência lusitana do colega poeta, salienta o acentuado "mau gosto" do mesmo "Solau do desamado". Para o autor de *Pauliceia desvairada*, *A cinza das horas* seria um livro convencional, "fraquinho", no qual ainda não teríamos Manuel Bandeira.[16] Este só brotaria em seu livro seguinte, *Carnaval* (1919), do qual foi extraído o provocativo "Os sapos".

Graciliano Ramos e Mário de Andrade não divergem apenas ao avaliarem a poesia de Manuel Bandeira. Mas qual teria sido o histórico da relação entre o antimodernista autor de *Vidas secas* e o "papa"[17] do modernismo?

O astrônomo do inferno e o papa do modernismo

Na já mencionada entrevista a Homero Senna em 1948, ao ser questionado se era modernista, Graciliano repudia tal rótulo, destacando que, enquanto os rapazes de 1922 promoviam seu "movimentozinho", ele se achava em Palmeira dos Índios, "em pleno sertão alagoano, vendendo chita no balcão".[18] Esse distanciamento dos eventos relativos à Semana de 1922, que reforça a imagem do escritor geograficamente fincado em sua terra natal no exercício de uma atividade prática, em contraposição aos jovens dos salões e adeptos do futurismo, não significava alheamento. Depois da Revolução Russa, Graciliano passou a assinar vários jornais do Rio de Janeiro e solicitava livros pelos catálogos das editoras Alves, Garnier e Mercure de France. Desse modo, pela imprensa acompanhou o movimento modernista. Não apenas os eventos circunscritos à ruidosa semana. Em carta enviada ao amigo Joaquim Pinto da Mota Lima Filho, datada de 18 de agosto de 1926, Graciliano comenta que acabara de ler uma poesia com este começo:

> *Neste rio tem uma iara...*
> *De primeiro o velho que tinha visto a iara*
> *Contava que ela era feiosa, muito!* [19]

Trata-se do poema de Mário de Andrade batizado inicialmente como "Iara", publicado no jornal literário modernista *Terra Roxa e Outras Terras*, em 27 de abril de 1926,[20] e no ano seguinte incluído em *Clã do jabuti*.[21] Então em vias de completar 34 anos, Graciliano já se mostrava impermeável às inovações temáticas e formais propostas pelo autor paulista. Segundo o irônico vaticínio do escritor alagoano, apenas seus netos poderiam descobrir belezas em tal texto que ele seria incapaz de perceber. Nesse momento, invoca a passagem de *As viagens de Gulliver* que discorre sobre o modo como os ovos devem ser quebrados para reafirmar a inutilidade das novidades, facilidades e rupturas então em voga: "Como toda a gente até hoje tem quebrado os ovos pelo lado grosso, não sei que vantagem há em experimentar quebrá-los pelo lado fino."[22]

Para Graciliano, a principal dificuldade do trecho encontrava-se na dicção poética construída por Mário de Andrade, tachada pelo missivista sarcasticamente como "língua paulista", cuja devida compreensão demandaria a consulta a gramáticas e a dicionários especializados. Tratava-se de um idioma obscuro, marcado, na escrita, por ausência de vírgulas, cacofonias e anfibologias. Para reforçar seu argumento, o futuro romancista (que, então, trabalhava em *Caetés*) recupera uma anedota contada por um conterrâneo que viajara às terras roxas do interior de São Paulo: "Um sertanejo daqui foi o ano passado a Bauru, ao café. De volta, confessou-me que o que lá havia mais extraordinário era se falarem mais de vinte línguas, difíceis, principalmente a 'língua paulista e a língua japão'. Parece que são duas línguas realmente difíceis."[23]

Uma década depois era Graciliano quem embarcava em direção ao Sudeste do país, mas sem pagar passagem.[24] Em vias de publicar seu terceiro romance, *Angústia*, ele fora preso sem acusação formal e enviado ao Rio de Janeiro. Libertado em janeiro de 1937, após passar quase um ano nos cárceres getulistas, ele decide se fixar na capital carioca. Assim, passados dez anos da primeira impressão negativa que lhe causara a poesia de Mário de Andrade, o autor de *S. Bernardo* teria possibilidade de contato com o poeta modernista, que, entre 1938 e 1941, viveria seu "exílio" na capital carioca e voltaria a se dedicar à literatura.[25] Antes da chegada do escritor paulista à cidade maravilhosa, porém, ainda que por vias indiretas, a *Revista Acadêmica* permitiu o contato entre eles.

Em 1937, tal periódico concedeu o Prêmio Lima Barreto de 1936 a *Angústia*. Fizeram parte do júri que elegeu tal romance como vencedor Aníbal Machado, Álvaro Moreira e Mário de Andrade. Carlos Lacerda secretariou os trabalhos. Consultando-se a correspondência trocada entre o poeta modernista e Murilo Miranda, responsável pela *Revista*, observa-se que aquele põe em dúvida a atribuição do prêmio ao livro de Graciliano, pois considera que *Caminho de pedras*, de Rachel de Queiroz, deveria estar no páreo da disputa.

> Murilo
> lhe escrevo apenas para chamar a atenção. Saiu um livro de Rachel de Queiroz que li faz dias e gostei imensamente. Não sei si é de 1936 e agora está lá embaixo. Mas si é do ano passado acusa certamente um valor que entra em conflito com o *Angústia*. Lembre isso ao júri.[26]

Em decorrência de tal advertência, Mário teria sido acusado por Murilo de preterir Graciliano por não simpatizar com ele. Ofendido, o poeta paulista ironiza esse ataque, destacando que tão somente gostara imenso do último livro de Rachel de Queiroz. Afirma que ela seria "uma grande romancista" e que, pelo fato de os editores da revista enquizilarem com ela, não gostavam de antemão dos livros da escritora cearense. Como *Caminho de pedras* foi publicado em 1937, e não poderia concorrer ao prêmio Lima Barreto referente ao ano anterior, Mário indica seu voto em *Angústia*, mas, num primeiro momento, recusa o pedido de Murilo para escrever uma breve justificativa de sua escolha. "Não tenho tempo pra ser honesto. E jogar qualquer frase besta não é comigo."[27]

Todavia, no número 27 da *Revista Acadêmica*, de maio de 1937, dedicado à análise de *Angústia* e a homenagear Graciliano, transcrevem-se as opiniões do júri a respeito do romance. E a justificação do voto de Mário se faz presente:

> Um ser medíocre, pouco inteligente, vulgarmente inculto. Pensa medíocre, com pouca inteligência e a incultura mais chã. Mas Graciliano Ramos, numa equidade opulenta, mostra que com a mesma violência e a mesma insolubilidade vital, o operário inculto, o filósofo requintadíssimo e o amanuense pensam. Lido o romance admirável, ninguém mais deseja ser operário ou caipira, pra não ter seus tamanhos pensamentos. Com a decisão impiedosa de não fazer do caso que nos conta um "caso", *Angústia* como que revaloriza o pensamento com os botões, pondo afinal numa prática tangível a noção dos seres iguais. É o diabo...[28]

A "equidade opulenta" concernente ao pensamento com os próprios botões e o fato de não restringir a história do medíocre Luís da Silva à superficialidade de um estudo de caso marcariam o "romance admirável". Em outras palavras, mesmo com essas belas expressões interpretativas que contemplam também o alcance social da obra, Mário valoriza a dimensão introspectiva da prosa de Graciliano. Tal perspectiva valorativa fica mais clara dois anos depois, quando o criador de *Amar, verbo intransitivo* publica o rodapé "Psicologia em análise". Nele o romancista alagoano figura como o construtor de "uma das mais fortes análises psicológicas do romance brasileiro",[29] ficando atrás tão somente de Octávio de Faria, um dos grandes antagonistas do romance de 1930. Apesar de considerar o autor de *Caetés* "tímido de sua linguagem brasileira", toma-o como um vigoroso analista e volta a enaltecer

Angústia, "uma das obras mais difíceis de se ler da nossa literatura atual. Não por ser indigesta ou defeituosa, mas pelas suas próprias qualidades. Custa a gente aguentar aquela angústia miudinha, de uma cotidianidade intensa, mas exaustiva, aquele ar irrespirável de insolubilidade que o livro tem".[30] Em resumo, o escritor modernista avaliava o romance em questão como "uma dessas obras de que a gente só percebe o completo valor e importância depois que a acaba de ler".[31]

Embora publicamente ressalte os méritos de *Angústia* e a eleve no rico panorama romanesco de então, admite-se que a obra não chegou a fascinar Mário de Andrade. Tal constatação pode ser aferida do fato de ele não ter produzido um artigo analítico específico voltado ao livro em questão e, sobretudo, da marginália do exemplar do romance que pertenceu ao poeta paulista. As marcações feitas por ele nas margens do livro resumem-se a correções de gralhas e ao realce da expressão "cipó de boi" e da frase "não matei seu boi não", que corroboram as pesquisas do autor, desde os anos 1920, em torno da tópica do boi na cultura popular.[32] Depois de colher referências de norte a sul do país, ele já afirmava em 1928 o lugar do boi como "o bicho nacional por excelência".[33] No final dos anos 1930, no ensaio "Evolução social da música no Brasil", Mário destacaria o animal como "substituto histórico do bandeirante, e maior instrumento desbravador, socializador e unificador da nossa pátria".[34]

Ainda nas páginas da referida *Revista Acadêmica*, ao responder a um inquérito a respeito de quais seriam os dez maiores romances brasileiros, o autor de *Macunaíma* elege livros de escritores que lhe eram contemporâneos (Jorge Amado, Rachel de Queiroz, Octávio de Faria), mas deixa de fora o autor de *Angústia*. Em seguida, em artigo estampado no mesmo periódico, depois de reconhecer a abrangência e representatividade da enquete em curso, problematiza-a e comenta as limitações de sua própria escolha que deixara de fora, "infelizmente", o "importantíssimo" *Angústia*, de Graciliano Ramos, obra que vinha recebendo a primazia de muitos dos votantes e acabaria se consagrando, de fato, como o mais importante romance da década de 1930, recebendo, ao longo de dois anos de duração do levantamento, votos de 87 intelectuais.[35] Segundo Mário, a prevalência da história de Luís da Silva seria sintomática de uma tal ou qual exigência de arte mais cuidada e vigor de análise entre os respondentes.[36] E justificando-se quanto à preterição de tal obra, culpa a sorte:

> Escolhidos primeiramente cinco ou seis romances que me pareceram fundamentais, não consegui resolver sobre os casos restantes, em que havia maior número de livros que vagas a preencher. Entreguei à sorte essa votação final, e embora satisfeito pelos livros sorteados, fiquei profundamente triste pelos que a sorte deixou de escolher...[37]

Se Mário, mesmo reconhecendo a importância de *Angústia*, ainda assim o deixara de fora de sua lista com os dez melhores romances brasileiros, o artista e o homem Graciliano Ramos não contavam, definitivamente, com a estima do autor de *Macunaíma*. Em carta a Sérgio Milliet, de dezembro de 1938, comentava com o amigo:

> Mas o pior é a reação que estão causando os seus malfadados artigos sobre literatura nordestina em comparação com a paulista. Estão dando uma raiva no pessoal que você nem imagina. Outro dia encontrei o próprio Graciliano, que não é nenhuma criança em idade, e é calmo de espírito, e cá pra nós, é um gostoso de rebaixar os outros nordestinos, para poder ficar de cima, e tem uma visível inquietação diante de Jorge Amado e Lins do Rego, pois encontrei o próprio Graciliano num tal e tão abespinhado estado de raivinha contra você que me diverti foi muito.[38]

A corroborar o comentário de Mário, Milliet reúne em seu livro *Ensaios*, de 1938, os artigos "Posição do paulista" e "O moderno romance brasileiro", nos quais reivindica a centralidade intelectual de São Paulo, posição confirmada, segundo ele, havia mais de uma década por meio da realização da Semana de Arte Moderna. Tal evento, longe de representar um gesto estéril de libertação, teria frutificado por todo o país, sobressaindo como um vultoso marco da vontade realizadora dos paulistas, a partir do qual se iniciaria a moderna literatura brasileira. No bojo de 1922, teriam tomado corpo os vigorosos romances nordestinos, centrados na representação de uma "vida social primitiva numa natureza hostil".[39] Destaque, segundo o crítico, para três ficcionistas: Amando Fontes, José Lins do Rego e Jorge Amado. Se as produções nordestinas seriam marcadas por uma atmosfera de desgraça permanente, morna e inexorável, a prosa paulista a elas se contrapunha ao privilegiar, não a morte, mas a vida, "o romance da análise e do herói universal" em vez do "romance do sentimento e da exceção lamentável".[40]

Na encruzilhada entre essas duas vertentes, Milliet toma enfático partido dos paulistas, pois considera que o romance nordestino não apresentaria horizontes e estaria fadado à exaustiva repetição — "Simples demais nos seus enredos, monotonamente igual, de uma psicologia convencional, voluntária e uniformemente voltado para uma explicação materialista da sociedade, o mais das vezes simplista e 'guignolesca'".[41] No polo oposto a tal penúria e sensaboria, ressalta *Macunaíma*, de Mário de Andrade, uma espécie de poema épico, em prosa, "da formação afro-indígena-cosmopolita, repertório admirável e vivo de mil lendas do Brasil, escrito numa língua absolutamente nova, difícil muitas vezes, sempre expressiva e colorida".[42] Para além do regionalismo reinante, julga que a rapsódia mariodeandradiana ainda se pautaria por um "espírito representativo de qualquer coisa de particular ao país inteiro",[43] fazendo-se compreender de norte a sul.

Logo de saída, percebe-se que, em seus *Ensaios*, Milliet não inclui Graciliano entre os melhores representantes do romance nordestino. Todavia, para além de tal esquecimento,[44] a "raivinha" deste para com aquele mencionada por Mário parece centrar-se fundamentalmente na postura do crítico paulista em rebaixar, em sentido lato, o romance nordestino e em subordiná-lo à Semana de Arte Moderna. A oposição a essa postura já havia ganhado corpo na verve polemista de José Lins do Rego. Na crítica "Espécie de história literária", ele confrontava diretamente o pressuposto de Milliet de filiar o romance de 1930 às propostas de 1922. Segundo o autor de *Doidinho*, "o movimento literário que se irradia do Nordeste muito pouco teria que ver com o modernismo do Sul. Nem mesmo em relação à língua. A língua de Mário de Andrade em *Macunaíma* nos pareceu tão arrevesada quanto a dos sonetos de Alberto de Oliveira".[45]

Em consonância com José Lins, "a língua de Mário de Andrade" continua a sofrer ataques por parte de Graciliano, mesmo quando ele não se refere explicitamente ao escritor paulista. No fim da vida, ao se reafirmar como antimodernista em entrevista publicada em setembro de 1951, no jornal *Folha da Manhã*, o autor de *Angústia* diz que "nunca escreveu a palavra *gostosura* nem preposições em fim de período. Não acredita no enriquecimento da língua com essas inovações. Acha que escrever desse modo é apenas burrice".[46] O termo criticado por Graciliano chama atenção em "O poeta come amendoim", texto de abertura de *Clã do jabuti*, no qual o eu lírico construído por Mário de Andrade pontua: "Brasil... / Mastigado na *gostosura* quente do amendoim... / Falado numa língua curumim." Não por acaso, em sua proposta inacabada de *Gramatiquinha da fala brasileira*, o intelectual incluiu, com certo destaque, essa palavra entre "brasileirismos vocabulares".[47] Além disso, o insólito emprego de preposições em final de frase, anglicismo pinçado por Graciliano, embora não receba considerações teóricas na referida *Gramatiquinha*, é lá salientado como um dos traços do estilo mariodeandradiano.⁴⁸

A raposa, os tostões e os sapateiros da literatura

Se as críticas de Graciliano a certas facilidades advindas do modernismo o afastavam de Mário de Andrade, a valorização do apuro formal o colocava ao lado de seu antagonista. Pautando-se por tais orientações, entre 1939 e 1940, o autor de *Vidas secas* participa em duas oportunidades de certa polêmica discursiva instaurada pelo texto "A palavra em falso", de Mário de Andrade. Mediante as crônicas "Os sapateiros da literatura" e "Os tostões do sr. Mário de Andrade", o autor alagoano entra no debate, procurando defender a dimensão social do fazer literário dos prosadores nordestinos de sua geração, especificamente Jorge Amado e Joel Silveira, contendedores do crítico paulista nessa controvérsia, mas, ao mesmo tempo, compactua com este último no que diz respeito à valorização da técnica na composição de obras de arte.

Já em seu "exílio" no Rio de Janeiro, Mário, ao assumir a coluna "Vida Literária" do *Diário de Notícias*, em 1939, irá se colocar na defesa das conquistas modernistas que, por serem mal utilizadas por autores incautos, vinham se banalizando. Segundo ele, "sob as capas larguíssimas da língua nacional e do verso livre" poderiam se ocultar com facilidade "ignorâncias, cabotinismos e preguiças".⁴⁹ Diante de tal cenário, o crítico paulista toma como bandeira a valorização do apuro formal, a qual teria sido colocada em segundo plano quer em função do engajamento político dos escritores, quer em decorrência da expansão do mercado literário. O autor de *Pauliceia desvairada* argumenta que o experimentalismo modernista estava se confundindo com ignorância. Basta ver o paralelo que traça entre o mau uso do verso livre, associado principalmente à poética modernista, e a vontade de retratar apenas a realidade (pura e simples) dos romances documentais. Ambos representavam o perigo do "abandono das preocupações técnicas, o se entregar à superficialidade das observações sem sublimação nem trabalho".⁵⁰

Na crônica "A palavra em falso", em meio aos elogios com que recebe o primeiro livro de contos de Joel Silveira, *Onda raivosa*, Mário não deixa de perceber o que julgava um equívoco. Ele aponta o trocadilho de mau gosto "perdida", usado para descrever os soluços de uma personagem.⁵¹ "Ao ler esta última palavra tive um sobressalto desagradável. Como é que o escritor delicado deixara escapar essa alusão grosseira ao que era a pobre da Margarida! A palavra soara totalmente em falso [...]. Um cochilo."⁵²

Na semana seguinte, em texto não assinado na seção "Block-Notes" da revista *Dom Casmurro*, Jorge Amado revela toda a sua insatisfação com o rodapé domingueiro de Mário de Andrade. O escritor baiano, então redator-chefe do periódico, começa seu texto afirmando, indiretamente, que o desapontamento com o crítico paulista seria geral: "'Tristeza de ler Mário de Andrade nas manhãs de domingo', disse um literato outro dia na porta da José Olympio. Disse sem maldade, disse mesmo com uma voz melancólica de quem tinha perdido um amigo precioso. E os do grupo, que pertenciam a vários grupos literários, baixaram a cabeça num triste assentimento."⁵³

Depois de enaltecer a figura de Mário, destacando que ele conseguiu com méritos o título de "mestre" entre a intelectualidade brasileira, continua a crítica indireta. Refere-se, agora, aos moços. Estes estariam desiludidos com o "ex-aguerrido" autor de *Pauliceia desvairada* e zombariam apressadamente dele. Aqui, Jorge Amado ataca uma das bases da proposta crítica mariodeandradiana nesse momento: o desejo de apresentar-se como alguém útil, sobretudo, para a mocidade.

Depois de fundamentar o desânimo generalizado, o autor de *Suor* explicará por que julga a colaboração do "mestre", no *Diário de Notícias*, um fracasso: "No artigo do último domingo, sobre vários contistas, Mário de Andrade na sua crítica não foi procurar neles a mensagem que nos seus livros traziam para os homens. Delicado e detalhista, ficou atrás das palavras 'falsas', dos termos que soaram falso aos seus ouvidos de esteta e professor de música. Ouvido grã-fino e educadíssimo."[54] Percebe-se que a crítica se detém no excesso de esteticismo de Mário, que deveria usar a sensibilidade para compreender a mensagem, e não o ouvido para fazer crítica.

Duas semanas depois vem a resposta de Mário em "A raposa e o tostão". O crítico paulista adota procedimento discursivo comum em seus textos: elogia para depois criticar. Começa a crônica mencionando a fartura literária do momento em que vivia, para daí empregar a metáfora monetária que norteará sua argumentação em torno da falta de apuro formal. Segundo ele, toda riqueza pressupõe o troco miúdo: "[...] nem tudo são cheques de cinquenta contos, mas há notas de cem mil-réis, dez mil-réis e até moedinhas de tostão."[55] Havia ainda as notas falsas.

Em seu raciocínio, caberia chamar por tostão todos aqueles que substituíam a técnica por intenções sociais vagas e interesses escusos em busca de sucesso editorial fácil. Não seria aparentemente o caso de Jorge Amado, a quem Mário continuava a admirar como romancista, citando "a força comunicativa de um *Jubiabá*".[56]

Sua preocupação parecia recair sobre o que os tostões (e as notas falsas) representavam de ruim em meio às engrenagens do mercado literário que se expandia: demagogia, repetição de processos bem-sucedidos, malabarismos sentimentais, concessões fáceis ao público, vontade de se tornar célebre de antemão. Da condição de crítico abalizado e reconhecido, afirma que as "palavras em falso" retiradas das obras analisadas serviam para ilustrar as falhas do tempo em que vivia.

Mário quer se defender também da pecha de formalista. Diz categoricamente que não estava pregando o retorno ao parnasianismo, tão duramente criticado no passado por confundir forma e fôrma. Faz o *mea-culpa* dos modernistas para dizer que as liberdades conquistadas não significavam dissolução total e libertinagem artística. Nesse momento, critica asperamente o mau realismo que se detinha apenas no núcleo da mensagem, aludindo ao que Jorge Amado dissera:

> Jamais exigi de ninguém a forma rija do ditirambo, mas repudio e hei de profligar o amorfo, as confusões do prosaico com o verso-livre, a troca da técnica por um magro catecismo de receitas, o monótono realismo escamoteando em sua estupidez moluscoide aquela transposição para o mundo da arte, em que o mal de um se converte em mal de muitos. Tanto a arte convence...[57]

Já no final do texto, quando adentra propriamente na descrição do mercado editorial, o termo "tostão" associado a interesses econômicos ganha mais relevo. O mercado crescia assim como o número de leitores, o que despertava o ânimo dos romancistas. Na opinião do crítico, em meio a esse assanhamento, era seu papel separar "as imitações, as falsificações, as mistificações, ou apenas as pressas" que ameaçavam "confundir tudo".[58]

A raposa do título reaparece no último parágrafo em citação literária de *Lady into Fox*, de David Garnett. Tal menção sugere uma crítica indireta a Jorge Amado, que estava adquirindo os maus hábitos de seus admiradores: as raposas tostões. Contudo, Mário também parece se defender, referindo-se indiretamente à citada crônica de seu opositor. Nela o escritor baiano, ao textualizar sua decepção com o rodapé literário mariodeandradiano, tinha em mente o "mestre" do modernismo violento e destrutivo de *Pauliceia desvairada*, o qual todos admiravam, e não um articulista tão atento a problemas técnicos e formais num momento de ebulição política. Diante dessa incompatibilidade entre a própria imagem e o retrato feito pelos admiradores, Mário advoga em favor de certo ideal de "lealdade interior", correndo o risco de ser abandonado pela multidão que partiria "em busca de outras adorações". Termina o texto em tom profético: "só na solidão encontraremos o caminho de nós mesmos."[59] A frase enfatiza e fecha a discussão em torno da defesa do apuro formal ao sugerir o ato de cultivar-se.

Não por acaso, Jorge Amado, novamente em texto não assinado, responde com uma crônica intitulada "A solidão é triste". Colocando-se na condição de grande injustiçado, ele redobra a carga de ataques sobre o formalismo de seu opositor. Defende também com todo vigor a poética do realismo crítico da qual partilhava. Para isso, vale-se de uma imagem que refletiria o isolamento e a mesquinhez do autor de *Macunaíma*:

> O crítico nessa sua última fase tenta uma volta desesperada à torre de marfim. O espetáculo tão triste do mundo guerreiro horroriza a fina sensibilidade de esteta, e ele não pensa que talvez sua inteligência pudesse ser útil para melhorar os homens enlouquecidos. Foge para a sua torre de marfim [...]. Um sujeito da importância e da projeção desse escritor não tinha direito a essa atitude.[60]

Jorge considerava a técnica importante, mas naquele momento não a julgava primordial. A Segunda Guerra começara no dia anterior ao texto que escrevia (1º de setembro): "É claro que é importante e, em determinados momentos do mundo, momentos calmos e felizes, pode até ser estudada como a mais importante. Mas nesse momento terrível ela passa para um palco absolutamente secundário."[61]

Joel Silveira, um dos secretários de redação de *Dom Casmurro*, ao entrar na briga, faz uma pergunta semelhante à de Jorge Amado: "Mário de Andrade de ontem, onde estás que não respondes?"[62] Em seguida, retomando a metáfora monetária mariodeandradiana, exemplifica quem seriam os tostões e os cinquenta contos de réis. A partir desse movimento, traz a discussão para o terreno da luta de classes:

> [...] o sr. Mário de Andrade com óculos, cultura, espírito e tudo, inclusive fichário e biblioteca representa a gordíssima soma de cinquenta contos de réis em cédulas novinhas do Banco do Brasil. Eu, com toda a malidez, com todos os intestinos arruinados por uma alimentação deficiente, com toda a ignorância, ousadia e burrice, valho simplesmente um tostão, um microscópico tostão sem utilidade.[63]

Enfim, Graciliano Ramos entra em cena para finalizar e trazer à tona a importante discussão (que ia sendo silenciada pelos telegramas que vinham da Europa em guerra).[64] Para ilustrar a verdade laplaciana de que todo escritor deve saber escrever, Graciliano, em "Os sapateiros da literatura", associa o fazer do "verdadeiro" homem de letras ao trabalho de um sapateiro honesto. Da mesma maneira que este domina o manuseio de seus instrumentos, aquele deve conhecer os meandros da arte da escrita. Nesse sentido, constrói uma série de analogias entre o romance e o sapato e entre a própria composição destes: "Dificilmente podemos coser ideias e sentimentos, apresentá-los ao público, se nos falta a habilidade indispensável à tarefa, da mesma forma que não podemos juntar pedaços de couro e razoavelmente compor um par de sapatos, se os nossos dedos bisonhos não conseguem manejar a faca, a sovela, o cordel e o ilhós."[65]

Ao mesmo tempo que tal comparação aproxima-o de Mário, também o distancia deste. Graciliano sugere que os escritores que dependiam da literatura para sobreviver não estariam tão longe de um pequeno operário. Apresenta uma percepção materialista (e classista) do fazer artístico, retomando parcialmente o argumento de Joel Silveira.

Nesse sentido, separa os "sapateiros da literatura" dos "literatos por nomeação". Na primeira categoria, estariam os rapazes de *Dom Casmurro* (entre eles Joel Silveira) — os escritores flagelados vindos do Nordeste miserável. Por serem tomados como "desgraçados" e "pobres-

-diabos", e dependerem da literatura para ganhar os citados "tostões" (tomados em sentido estrito), são vistos por Graciliano como artistas mais verdadeiros e autênticos. Pela lógica do texto, o autor alagoano inclui-se nesse grupo que trabalhava como os sapateiros: "Ficamos na tripeça, cosendo, batendo e grudando." Já o segundo conjunto englobaria os literatos ditos de fachada: "Um certo número de indivíduos que se vestem bem, comem direito, gargarejam discursos, dançam e conversam besteira com muita facilidade."[66] A referência não parece ser feita diretamente a Mário, mas aos membros da Academia Brasileira de Letras, insistentemente criticados pelo autor de *Vidas secas* em outros textos.[67]

A própria maneira pela qual Graciliano se identifica com os "operários do texto" torna evidente a defesa do tipo literatura de que partilhava: o romance nordestino afeito à representação de certos problemas sociais, principalmente aqueles associados ao interior do país. Segundo o autor, por mais precários que fossem seus instrumentos de ação (a sovela e a faca miúda), se bem usados seriam armas eficazes para cortar o "couro da realidade". Nota-se aqui a reutilização, por parte do escritor, do pseudorrebaixamento de seus objetos de trabalho como forma de elevar os resultados obtidos por meio destes, ou seja, os romances nordestinos que vinham sendo confeccionados sobretudo ao longo dos anos 1930.

Já em "Os tostões do sr. Mário de Andrade", Graciliano adota abertamente um tom conciliador, deixando mais claro o que esboçara na crônica anterior: ao mesmo tempo que defende o chamado realismo nordestino crítico (de Jorge Amado e Joel Silveira), manifesta preocupação excessiva com a arte de escrever.[68] Na verdade, essas duas perspectivas caminham juntas. Apegar-se ao argumento da valorização do apuro formal seria também um meio de separar o joio do trigo e de amparar as produções nordestinas que naquele momento eram alvos constantes de críticas, como as de Octávio de Faria, segundo o qual certos escritores do Norte estariam "renegando o romance por um sem-número de deuses em moda, sacrificando-o ao sucesso imediato ou às possibilidades políticas de uma vitória esquerdista".[69]

Graciliano, portanto, procura sanar o mal-entendido causado pela metáfora monetária empregada por Mário e pelo posterior paradoxo sustentado por Joel Silveira. O primeiro, ao "colar em alguns escritores etiquetas com preços muito elevados, rebaixando o valor de outros",[70] tornava antipática a boa causa que defendia. Nesse sentido, o cronista reafirmava a importância da técnica, tendo em vista "o mau gosto e a imperícia que atualmente reinam e desembestam na literatura nacional".[71]

O contrassenso seria Joel Silveira, que "não é tostão, nunca foi", assumir-se como tal. "Escreveu um excelente artigo para mostrar que não sabe escrever." Essa atitude poderia atiçar vaidade dos verdadeiros "tostões", na medida em que poderiam se identificar com Joel e pensar coisas do tipo: "Ora se Joel, tão arrastado, tão amarelo, tão barato, faz contos, crônicas interessantes, porque não faremos nós coisa igual? Mexamo-nos, fundemos sociedades e pinguemos em revistas os nossos cinco vinténs de literatura."[72] Um desastre, na argumentação de Graciliano.[73]

Assim, em seu empenho contra generalizações, Graciliano defendia o rigor crítico ao apontar o perigo da total perda de valores, de se chamarem bons escritores como Joel Silveira injustamente de tostões. Essa polêmica ajuda a formar um conceito de arte e a reconhecer impasses e realizações artísticas da literatura brasileira desde o movimento modernista. No tempo do estreito formalismo parnasiano, Mário lutara pela liberdade da técnica. Porém, ao se generalizarem as conquistas do modernismo, à medida que a extravagância e a facilidade adentraram a arte, ele passou a combatê-las pela necessidade de consciência técnica do artista. Ao mesmo tempo, ante a Segunda Guerra, enfatizou o sentido social da arte, "força interessada na vida", inconformista. Por isso, apontava criticamente as construções literárias frágeis e apressadas dos estreantes, confiante no potencial de superação inerente ao aprimoramento artístico. Desse modo, apesar das divergências, ambos, Mário de Andrade e Graciliano Ramos, empenhavam-se pela técnica literária e seu sentido moral, preocupados com a negligência de muitos literatos metidos a escritores. Se a concepção de arte de Mário exigia a combinação das esferas estética e social, a técnica pessoal e o "pensamento inconformável aos imperativos exteriores",[74] Graciliano a realizou plenamente.

Embora em 1949, em conversa com Otto Maria Carpeaux na livraria José Olympio, Graciliano se mostrasse implacável contra os contos de Mário de Andrade, "ruins como todos os diabos", havia incluído "Túmulo, túmulo, túmulo" na antologia que organizou nos anos 1940, de que se tratará adiante. Certamente o comoveu a tripla tragédia transcorrida aos olhos de Belazarte: do criado Ellis, de sua mulher e filho. Devem ter agradado ao criador de *S. Bernardo* algumas particularidades de cenas concebidas por Mário de Andrade, sínteses de fatores econômicos e psicológicos das ações das personagens. Por exemplo, a expressão do desejo de ter um criado ("Dinheiro faz cócega em bolso de brasileiro"); a percepção da dialética que torna o empregado imprescindível para o patrão, e aqui acrescido o afeto ("Sim, porque, afinal das contas quem que é o criado? Quem serve ou quem não pode mais passar sem o serviço, digo mais, sem a companhia do outro?"); certo constrangimento do representante da classe média pelos próprios gestos que o acusam de beneficiar-se da desigualdade social ("A gente fica temendo rebaixar o outro e também já não sabe pegar na xicra mais").

A configuração do "calvário" social, físico e metafísico experienciado por Ellis deixa ver recursos de que lança mão a sensibilidade do contista: a descrição incisiva do sorriso apenas entreaberto do criado negro, em decorrência da pobreza ("muito igualado com o movimento da miséria pra andar mostrando gengiva a cada passo"); o uso revitalizado da expressão popular para traduzir a impossibilidade de Belazarte de hospedar o casal doente, bem como os limites da ajuda oferecida ("Vacas magras também estavam pastando no meu campo nesse tempo..."; "Mas não deixei faltar nada pra ele. Nada do que eu podia dar, está claro, leite de vacas magras"); a autoanálise implacável dos sentimentos mecânicos do protetor quanto à demora da morte de Ellis ("E aquela espera da morte já pra mim era bem ũa morte longa"); e a singeleza de uma relação de amizade, mesmo constituída de servilismo ("Ellis ficava seguro de que tinha ao pé dele o amigo que sabia as coisas. Então não o deixaria sofrer").

Nesse caminho de distanciamentos e aproximações entre Graciliano e Mário de Andrade, marcado por concepções linguísticas divergentes, desconfianças e vaidades, mas também por inquietação com o outro social, a cultura e a arte, há lacunas difíceis de completar. Em especial, não se sabe de encontro deles quando da viagem do escritor paulista a Alagoas em 1929. Já Jorge de Lima e Aloísio Branco, então próximos de Graciliano, tiveram contato à época com o poeta da *Pauliceia*,[75] o que nos leva a pensar nas especificidades e ambiguidades do modernismo alagoano.

Moderno e modernismo em Alagoas

Vendia chita no interior de Alagoas, na Loja Sincera, enquanto transcorria em São Paulo a Semana de Arte Moderna. Tal resposta de Graciliano, à indagação sobre haver recebido influência do movimento de 1922, também pode ser lida como metonímia de seu olhar para a distância entre o modernismo dos grandes salões da cidade do Sudeste brasileiro, em expansão industrial e de horizonte cosmopolita, e a realidade da província nordestina, de insuficiências a demandar uma criticidade moderna, voltada aos problemas da atualidade.

Seis anos depois, o vendedor de chita exerceria o cargo de prefeito de Palmeira dos Índios. E o estilo único dos relatórios encaminhados por ele ao governador Álvaro Paes, patente nestes trechos, cuja mordacidade irônica traduz raridade ética, dá a medida da modernidade de Graciliano Ramos:

> Há quem ache tudo ruim, e ria constrangidamente, e escreva cartas anônimas, e adoeça, e se morda por não ver a infalível maroteirazinha, a abençoada canalhice, preciosa para quem a pratica, mais preciosa ainda para os que dela se servem como assunto invariável; há quem não compreenda que um ato administrativo seja isento de lucro pessoal; há até quem pretenda embaraçar-me em coisas tão simples como mandar quebrar as pedras dos caminhos.
> Fechei os ouvidos, deixei gritarem, arrecadei 1:325$500 de multas. Não favoreci ninguém. Devo ter cometido numerosos disparates. Todos os meus erros, porém, foram erros da inteligência, que é fraca.[76]
>
> A Prefeitura foi intrujada quando, em 1920, aqui se firmou um contrato para o fornecimento de luz. Apesar de ser o negócio referente à claridade, julgo que assinaram aquilo às escuras. É um *bluff*. Pagamos até a luz que a lua nos dá.[77]

A repercussão dos relatórios, publicados na imprensa de Alagoas e do Rio de Janeiro, capital federal, levou o poeta e editor Augusto Frederico Schmidt a enviar em 1930 uma carta ao ex-prefeito, convidando-o a publicar o romance guardado na gaveta, e *Caetés* saiu em 1933. Há várias versões a respeito da divulgação dos documentos burocráticos, com destaque para os nomes de Pedro Mota Lima e Santa Rosa Júnior, amigos de Graciliano dos tempos de Alagoas que se mudaram antes da migração forçada dele para o Rio, respectivamente no início da década de 1920 e de 1930. Irmão de Joaquim Pinto da Mota Lima Filho, conhecido correspondente do jovem escritor, Pedro Mota Lima fundou o jornal *A Esquerda* em 1927, que publicou os relatórios, e depois dirigiu *A Manhã*, a *Tribuna Popular* e a *Imprensa Popular*. E Santa Rosa — que viria a ser o famoso SR,[78] capista da obra de Graciliano e de toda a literatura brasileira, responsável pela revolução gráfica da José Olympio e cenógrafo premiado — levou, segundo relata Jorge Amado,[79] notícias do autor dos relatórios à capital. Justamente *Caetés*, romance de estreia, o único a trazer dedicatória, revela gratidão a Jorge Amado, Santa Rosa e a Alberto Passos Guimarães.

Futuro historiador e geógrafo de *Quatro séculos de latifúndio* (1963), *A crise agrária* (1979) e *As classes perigosas: banditismo urbano e rural* (1981), Alberto Passos Guimarães, ao lado do crítico e jornalista Valdemar Cavalcanti, igualmente amigo de Graciliano, foi fundador e autor de editoriais do semanário alagoano *Novidade*. Tal revista, cujos 24 números saíram de abril a setembro de 1931, contou com poemas e vinhetas de Santa Rosa, poemas de Aurélio Buarque (anos depois dicionarista e contista), também de José Auto (primeiro marido de Rachel de Queiroz), de Willy Lewin, de Aloísio Branco. Também contribuíram na revista o contista Carlos Paurílio, o cientista político Diégues Júnior e o folclorista Théo Brandão.[80]

Embora tenha durado pouco e não seja muito conhecida, a *Novidade* foi um encontro de jovens e não tão jovens com espírito crítico e criativo, marco do que pode considerar-se a sociabilidade moderna alagoana e relevante para a historiografia da literatura brasileira. A maioria de seus colaboradores tinha entre 18 e 20 anos: eram os chamados "meninos impossíveis", devido à sua admiração pela poesia moderna de Jorge de Lima, iniciada com *O mundo do menino impossível* (1927). Este, que contava 38 anos, mesma idade de Graciliano Ramos, escreveu para o semanário os artigos "Nota religiosa" e "Padre Feijó — uma página do livro inédito *Notas sobre o sentimento religioso no Brasil*. E José Lins do Rego, com 30 anos, paraibano que viveu de 1926 até 1935 em Maceió, publicou na revista "O último livro do dr. Plínio Salgado" e "O Brasil precisa de catolicismo".

Além do capítulo XXIV do então inédito *Caetés*, Graciliano colaborou no periódico com "Milagres", "Chavões", "Sertanejos", "Lampião" e uma entrevista ficcional, não assinada, com o cangaceiro.[81] Tais escritos trazem à reflexão problemas como a má administração pública, a fome, a desigualdade social e o banditismo, matéria a que ele deu forma artística nos romances. Significativamente, "Lampião" (1931) apresenta diversos impasses vividos pelos sertanejos que estão na origem de *S. Bernardo* (1934), *Angústia* (1936) e *Vidas secas* (1938), e inclusive a mesma frase "apanhar do governo não é desfeita", marcante na história de Fabiano.

Como o nome indica, a *Novidade* buscava o novo, na arte e na política, voltando-se contra chavões, palavra que intitula um texto de Graciliano publicado na revista e presente neste volume. Com veemência irônica, ele critica o lugar-comum: ao comparar literatura e estrada, ressalta nelas os espinhos e atoleiros dos caminhos sertanejos, diversos da literatura plana, inofensiva, de retórica balofa e patrioteira, que não se abala com os sofrimentos da realidade social.

A fim de melhor compreender a trajetória de importantes nomes da literatura e da cultura moderna que ganharam voz a partir de Maceió, tendo colaborado na revista *Novidade*, cumpre verificar manifestações da reverberação do modernismo de 1922 no contexto alagoano partilhado por Graciliano.

Arte Nova e Canjica na terra dos "meninos impossíveis"

A formação de vários jovens da *Novidade* incluiu elementos privilegiados pelo movimento modernista de 1922 e pelo movimento regionalista do Nordeste, além de uma origem acadêmica que se acompanhou de uma perspectiva crítica em relação à realidade. O conhecimento dessa trajetória é possível com a contribuição da *História do modernismo em Alagoas*, de Moacir Medeiros de Sant'ana, e do *Documentário do modernismo*, por ele organizado.[82]

Moacir Medeiros relembra a expansão do movimento modernista fora do eixo São Paulo-Rio: em 1925, quando Guilherme de Almeida, viajando pelo país, estabeleceu contato em Recife com Joaquim Inojosa, principal divulgador do modernismo em Pernambuco; e em 1928, quando Mário de Andrade foi a Maceió, recebido por Jorge de Lima e José Lins do Rego.

Recorrendo a diversas publicações do Nordeste, esse pesquisador mostra como os alagoanos acompanharam o movimento modernista: por exemplo, em 1924, divulgaram a retirada de Graça Aranha da Academia Brasileira de Letras (ABL) e publicaram poemas-piada de crítica ao futurismo; *O Semeador*, periódico de orientação católica, reproduziu artigo de Gilberto Freyre, do *Diário de Pernambuco*, contrário ao modernismo, a favor da tradição brasileira. Os jovens Lima Júnior e Valdemar Cavalcanti, em 1927, apontavam problemas derivados do modernismo, como o verso livre rebaixado como facilitação e a criação de falsos mitos nacionais. O primeiro, atacando o futurismo por ser uma panaceia para a incurável "falta de talento", afirmava que, embora devoto do parnasianismo, admitia certa liberdade para a poesia. E Valdemar elogiava Catulo da Paixão Cearense e condenava como futilidade e mistificação as correntes Pau-Brasil, primitivista, e Verde-Amarela, nacionalista.

Moacir Medeiros observa que, aos poucos, os alagoanos se acostumavam com o que a princípio não admitiam: a deserção de Jorge de Lima, eleito "Príncipe dos Poetas Alagoanos" em 1921, dos arraiais parnasianos. Nesse caminho, sobressai a presença de José Lins do Rego em Maceió: em dezembro de 1926, o então fiscal de bancos, chegou à cidade, onde permaneceu até 1935, quando foi para o Rio de Janeiro. Crítico e ensaísta, contribuiu para que intelectuais alagoanos se interessassem pelo movimento regionalista do Nordeste e pela poesia moderna. Graças ao futuro autor de *Menino de engenho* (escrito em Maceió), conheceram figuras como Gilberto Freyre e Manuel Bandeira e, abandonando o culto dos antigos valores como o parnasianismo, passaram a aceitar a poesia moderna. Em 1927, Jorge de Lima publicou *O mundo do menino impossível*, impresso no Rio de Janeiro e dedicado justamente a José Lins do Rego, Gilberto Freyre e Manuel Bandeira. Tamanho o poder dessa nova poesia para os moços — Manuel Diégues Júnior, Valdemar Cavalcanti, Aloísio Branco, Aurélio Buarque —, que, como se ressaltou, foram chamados de "meninos impossíveis".

No poema, o menino quebra os brinquedos importados que ganhou dos avós, para inventar, sozinho, com os objetos de seu dia a dia e seu faz de conta, os próprios brinquedos, criando novas formas de habitar o mundo. De um lado, o mundo convencional não aguenta o menino "impossível", ninguém pode com sua inquietação, com suas artes e reinações. Ao mesmo tempo, o menino é "impossível" porque não pode *ser*, precisa encontrar meios para existir. Assim, *O mundo do menino impossível* perfaz um movimento de recusa ao superficial e de busca por uma experiência autêntica a partir do cotidiano, movimento que de certa forma condensa a significação da revista *Novidade*. Conforme se salientou, esse semanário de Maceió, de 1931, com a direção de Valdemar Cavalcanti e Alberto Passos Guimarães, contou com a colaboração dos referidos jovens intelectuais, os "meninos impossíveis", além dos mais velhos Zé Lins, Jorge de Lima e Graciliano. Tal convívio com os moços, que o tinham como figura central, lhe rendeu ser chamado de "velho Graça"; e afetuosamente, em cartas a Heloísa, remetidas do Rio depois da prisão e da escrita de *A terra dos meninos pelados*, manda lembranças a esses "meninos impossíveis", referindo-se a eles como *meninos pelados*.

Em Alagoas, o surgimento do novo não se dissociou do respeito à tradição. Em 1928, numa solenidade para a nova diretoria do Cenáculo Alagoano de Letras, Mendonça Júnior fez o elogio de Ciridião Durval, poeta da velha escola e patrono de sua cadeira. Porém, já às voltas com o modernismo, fustigou os velhos moldes literários, causando riso à assistência da solenidade. Durante o elogio a Ciridião Durval, Mendonça Júnior propôs uma Semana de Arte Moderna em Alagoas, nos moldes do evento paulista de 1922. A ideia logo contou com a adesão do pintor Lourenço Peixoto (futuro xilógrafo da *Novidade*), pronto a realizar uma exposição, além de Carlos Paurílio, Mário Brandão e Valdemar Cavalcanti.

Moacir Medeiros nos apresenta o convite da Festa da Arte Nova, destacando seu formato de losango, influência dos vanguardistas de São Paulo. Mas repare-se a formalidade própria da província, flagrante na mesóclise e no tratamento por "V. Excia":

Junho
17
Domingo
1928 - Realizar-se-á
no
INSTITUTO ROSALVO RIBEIRO
à Avenida Presidente Bernardes, nº 362

A

FESTA DA ARTE NOVA
Convidam V. Excia. e Família:
Lourenço Peixoto, Mendonça Júnior,
Valdemar Cavalcanti,
Mário Brandão,
Carlos Paurílio.

— ✶ —

Valdemar Cavalcanti anunciava n'*O Semeador* que um "bando de jovens" promoveria, no ambiente "tão cheio de pudores e de academismo" da província, uma "festa de inteligência, de sonoridade, de inquietude". Eis o Programa da Festa da Arte Nova, que não foi cumprido totalmente:[83]

PROGRAMA

Às 16 horas
Abertura da exposição de quadros modernos, falando Mendonça Júnior sobre *O incêndio do Olimpo* e os símbolos de nossa raça.

Às 19:30 horas
Hora da Arte Nova

1. Carta de Jorge de Lima a Carlos Paurílio sobre a "Arte Nova Brasileira"
2. Jayme de Altavila — "A velha casa colonial"
3. Mário Brandão — "O beliscão"
4. Mendonça Júnior — "Ritmos bárbaros"
5. José Lins do Rego — "Ideias novas"
6. Carlos Paurílio — "3 poemetos"
7. Valdemar Cavalcanti — "Literatura moderna e arte nova"
8. Emílio de Maya — "Versos modernos"

E depois?
DANÇAS
Abrilhantarão a festa o *Jazz-Band dos Meninos*, executando um lindo programa de charlestons, tangos e fox-trots.

No discurso de abertura da Festa, José da Costa Aguiar, da desaparecida Academia dos Dez Unidos, então bacharelando de Direito em Recife, apresentou a nova literatura, diferenciando-a do futurismo de Marinetti, classificado como absurdo. Antes de ser lida a carta de Jorge de Lima, declamou-se seu poema moderno "Água de açude", ao que parece não conservado. Atrasado, Jayme de Altavila não leu "A velha casa colonial": não conseguiu passar pelas pessoas entre a porta e a mesa das sessões.

"O beliscão", conto regional de Mário Brandão, saiu no *Jornal de Alagoas* dias depois. O sertão era o cenário de "Ritmos bárbaros", versos modernos de Mendonça Júnior. Quanto aos de Emílio de Maya, também modernos, e de conotações regionalistas, intitulavam-se "Meu Brasil do Nordeste". José Lins do Rego não compareceu, nem a imprensa explicou sua ausência.

O poeta e contista Carlos Paurílio, um dos organizadores da Festa, assinou um manifesto aos intelectuais paulistas. Provável resposta é a carta e o poema "A noite africana" (do livro então no prelo *República dos Estados Unidos do Brasil*), que Menotti del Picchia enviou aos promotores da Festa da Arte Nova. Como não chegaram a tempo de ser lidos, os "Versos inéditos de Menotti del Picchia" foram publicados no *Jornal de Alagoas* em julho. E em setembro figuraram na revista *Maracanan*, sob a epígrafe "Saudades da Festa da Arte Nova". Na carta, Menotti saúda "a revolução das consciências novas", enfatizando um viés patriótico.

Em "A gostosa pateada dos modernos", Valdemar Cavalcanti destacou a Festa da Arte Nova como "primeira vaia" dos novos às coisas acadêmicas: seu dever era escandalizar, provocar uma revolução no meio, com a "gritaria fantástica dos verbos novos e a algazarra das cores espalhafatosas".[84] Houve a "Festa das Cores", exposição de telas de Lourenço Peixoto, Luiz Silva, Messias de Melo, Eurico Maciel, Zaluarte de Santana e José Menezes. Sobressaindo com *Negra Fulô*, *Almocreve* e *Corista*, Lourenço Peixoto foi "o inventor do modernismo na arte, em Alagoas", segundo Valdemar Cavalcanti. Após a mostra, apenas Lourenço e Luiz Silva se afastaram dos velhos cânones artísticos; ambos contribuíram depois na *Novidade* com a arte de suas xilogravuras.

Porta-voz da Festa da Arte Nova, em setembro de 1928, com a epígrafe "Arte e Pensamento", surgiu a revista *Maracanan*. Tinha por diretor artístico Lourenço Peixoto, autor da capa da revista — uma arara ensaiando o voo (do "pensamento moço") sobre uma palha de coqueiro. Em "La vae mecha!", artigo de apresentação, Da Costa Aguiar assegurou aos acadêmicos que não iria devorá-los, mas oferecer a liberdade de pensamento na vertigem moderna. Depois vinham, entre outros: "Caderno de lembranças", prosa de Carlos Paurílio; os poemas "O elogio lírico do vento", de Aloísio Branco, "Moça fugida", de Jorge de Lima, "Poema de todos os dias", de Valdemar Cavalcanti, "O teu escravo", de Mendonça Júnior, "Árvore humana", de Aurélio Buarque de Holanda; a já referida carta de Menotti del Picchia e o poema "A noite africana". Curiosamente, como observa Moacir Medeiros, essa revista de novos dedicava uma seção, "Cadernos de poesias", a sonetos da velha escola. *Maracanan* não passou do primeiro número, contudo divulgou artigos sobre a renovação dos valores artísticos no meio alagoano, ficando como registro do impulso realizador dos jovens da época.

E o que foi a Canjica Literária? Segundo Moacir Medeiros, enquanto a Festa da Arte Nova, de 1928, introdução "oficial" do modernismo em Alagoas, teria pecado por certa falta de brasilidade — por exemplo, ao executar ritmos musicais estrangeiros, como *charlestons*, *fox-trots* e *tangos* —, a Canjica Literária teve mais conotações brasileiras, regionalistas. Ocorrida a 23 de junho de 1929, foi a primeira manifestação pública da adesão de integrantes do Grêmio "Guimarães Passos" ao modernismo. Em 1927, após a publicação de "O mundo do menino impossível" de Jorge de Lima, Manuel Diégues Júnior fundou esse grêmio em sua residência, junto com Aurélio Buarque, Valdemar Cavalcanti,

Raul Lima e outros. Seu objetivo era desenvolver a inteligência da gente moça do Brasil. Começaram parnasianos, fiéis à escola literária do patrono, Guimarães Passos (1867-1909), primeiro alagoano a ingressar na ABL. Entretanto, aos poucos compreenderam a poesia de Jorge de Lima e prepararam essa festa moderna com elementos regionalistas.

Na Canjica Literária, uma banda de pífanos e dois repentistas apresentaram emboladas e desafios, à tarde, no Cinema Floriano. A parte noturna transcorreu no Clube de Regatas Brasil, com sambas de sabor regional e trabalhos literários de características modernistas e regionalistas. Raul Lima falou dos "Méritos da Canjica"; declamou-se um poema inédito de Jorge de Lima; Carlos J. Duarte leu o conto regional "Miss Boneca de Milho"; Abelard de França fez o "Elogio da pamonha"; e Diégues Júnior leu os versos "Traque de chumbo", publicados no jornal como "Meu tempinho de menino".

Em discurso no mesmo ano, 1929, recordando-se de ter sido atacado como futurista até acolherem o seu "menino impossível", Jorge de Lima enfatiza que desejava o clássico e as tradições alagoanas, brasileiras: "No entanto, eu não queria então nem futurismo, nem maluqueiras. Eu queria era o clássico. A tradição. O que era nosso. E o que era humano. // Eu queria a terra do Brasil. As coisas de Alagoas. O Nordeste. A nossa imperfeição. // A mocidade dessa Alagoas estava era empanturrada de estrangeirismos; de helenismos, de banvilismos, de lecontismos, de besteirismos."[85]

Assim, praticamente lacunas da historiografia literária, interessa saber que a Festa da Arte Nova e a Canjica Literária se realizaram, conciliando a abertura para o verso livre, inovações na pintura e traços regionalistas. Em 1950, o próprio Valdemar Cavalcanti se referiu à Festa como "uma ruidosa e caricatural manifestação modernista".[86] O aspecto caricatural deriva de base histórica: mesmo seis anos depois da Semana de Arte Moderna de São Paulo, existia em Alagoas certa estreiteza provinciana diante das técnicas poéticas e materiais da modernidade, mais difundidas e aceitas no sul do país. Ao mesmo tempo, guardando uma espécie de resistência, o aspecto caricato terá por contraparte o interesse mais premente em Alagoas pela renovação político-social do país, marca da produção dos escritores da *Novidade*.

Prova dessa preocupação dos "meninos impossíveis" com os problemas brasileiros foi a criação da Liga contra o Empréstimo de Livros. Fundada em Maceió em fevereiro de 1932, por Alberto Passos Guimarães, Carlos Paurílio, Luiz Ramalho de Azevedo, Manuel Diégues Júnior, Raul Lima e Valdemar Cavalcanti, nela ingressaram, entre outros, José Lins do Rego, Mendonça Braga, Théo Brandão, Abelardo Duarte, Aurélio Buarque de Holanda e Santa Rosa Júnior. Valdemar Cavalcanti e Alberto Passos Guimarães publicaram no *Jornal de Alagoas*, em março de 1932, respectivamente, "Os dez-mandamentos (contra o empréstimo de livros) e suas explicações" e "Sobre um programa de ação", explicando que a Liga visava "despertar o interesse da comunidade alagoana pelas coisas do espírito".

A Liga realizou, então, a Festa de Arte Moderna, no Instituto Histórico de Alagoas, em agosto de 1932. Santa Rosa Júnior fez uma exposição de desenho e pintura, e Valdemar Cavalcanti falou sobre o movimento moderno na pintura. Coube a Manuel Diégues Júnior uma palestra sobre a música moderna, ilustrada ao piano por "Arabesque n. 2", de Debussy, e "Kankukus" ("Dança dos Velhos"), das "Danças Africanas" de Villa-Lobos. Continuação do espírito da *Novidade*, a Liga era contra as velhas praxes de conferências cujos oradores se exibiam livrescos, superiores ao auditório. Propunha palestras amplamente explicativas, a fim de orientar a sociedade sobre a arte moderna.

Com o propósito de construir um abrigo para menores abandonados, realizaram na praça D. Pedro II uma grande feira de livros, com venda acessível a todos. Doados por dezenas de pessoas, foram vendidos cerca de 1.500 volumes. O saldo positivo da feira "foi colocar em mãos pobres, sob o preço menor possível, os livros que, pelo seu elevado custo, não lhes era permitido adquirir nas livrarias".[87]

Dessa forma, a Liga constituiu uma ação movida pela mesma preocupação com o abandono social e cultural em Alagoas, a qual impulsionara os artigos de política e de literatura da *Novidade*. Ressalte-se que a Biblioteca Municipal de Maceió foi inaugurada em 1938, muito em função do empenho de Aurélio Buarque de Holanda, seu diretor e organizador, que obteve cerca de 4 mil volumes em menos de um ano.[88]

O velho Graça e os "meninos impossíveis"

Não conhecemos textos de Graciliano a respeito da Festa da Arte Nova, nem da Canjica Literária, eventos ocorridos em Maceió em 1928 e 1929, anos em que ele estava dedicado à prefeitura de Palmeira dos Índios. No entanto, encontram-se vários registros de seu convívio a partir de 1930 com José Lins do Rego, Jorge de Lima e os "meninos impossíveis", em especial Aurélio Buarque, Valdemar Cavalcanti, Santa Rosa e Aloísio Branco, amizade que continuaria no Rio de Janeiro depois da prisão em 1936.

A correspondência de Jorge de Lima com o crítico Alceu Amoroso Lima nos possibilita saber da proximidade do poeta com Graciliano, ao que parece maior nos tempos de Alagoas do que posteriormente no Rio. Em carta de 1930, Jorge de Lima, médico que percorria o sertão para atender pacientes, conta que o conterrâneo o acompanhara em viagem a Santana do Ipanema e passara um dia todo em sua casa. Observando que Alceu ficara admirado com seu relato a respeito de Graciliano, confirma que o ex-prefeito de Palmeira dos Índios era uma "figura fora do comum": fazendo jus ao cargo, não tinha hesitado em abrir uma estrada de rodagem "rasgando o sertão", nem em aplicar uma multa ao pai e ao tio. Permitindo-nos saber que a carta data de abril de 1930, Jorge de Lima refere seu estranhamento ante a reação de Graciliano à morte de seu segundo filho com Heloísa (Roberto, aos quatro meses): entende que o amigo lhe parecera alegre e instara para permanecerem conversando, porque já tinha cinco filhos. Atribui aquela aparente impassibilidade ao fato de ser comum ali a perda de bebês: "Também aqui neste Nordeste, morte de menino não entristece ninguém. Ninguém sabe a sorte que ele teria depois. Assim pequenininho e batizado é um anjo que N. Senhor ganha. Mesmo para um sujeito cético [...]."[89]

Porém, em maio de 1930, depois de renunciar ao mandato de prefeito, Graciliano se mudou com a família para Maceió, onde foi nomeado diretor da Imprensa Oficial de Alagoas. Passou a publicar artigos no *Jornal de Alagoas* e a conviver com os referidos intelectuais.

Em "Depoimento sobre Graciliano Ramos", publicado no *Correio da Manhã*, do Rio de Janeiro, a 21 de maio de 1944, Aurélio Buarque relembra as tardes de conversa no gabinete nos fundos do prédio da Imprensa, onde o amigo ficava quase o tempo inteiro, ocupado com as tarefas da repartição, ou lendo, revendo os *Caetés*, trazidos prontos de Palmeira dos Índios. Ao recordar que, ao anoitecer, Graciliano trancava as janelas, voltadas para uma "pobre paisagem de telhados e quintais" e para uma pequena fábrica de bebidas, Aurélio surpreende ali figuras do futuro romance *Angústia*: o "homem triste que enche dornas" e a "mulher que lava garrafas".[90]

Na homenagem aos 50 anos do romancista, Francisco de Assis Barbosa ressalta justamente que, tendo Graciliano largado a prefeitura de Palmeira dos Índios no início de 1930, trabalhou até o fim de 1931 em Maceió como diretor da Imprensa Oficial do Estado e era como "o cabeça do grupo de Alagoas": cercava-o uma "turma jovem e inteligente", "os seus amigos, verdadeiros companheiros de letras".[91] Trata-se dos "meninos impossíveis" que, com a participação de Graciliano, se dedicaram à revista *Novidade*. Referindo-se a eles no ensaio "No aparecimento de *Caetés*", Antonio Candido salienta que o conjunto desses autores, com destaque para Aurélio Buarque, Valdemar Cavalcanti e Santa Rosa, responsáveis pela recepção crítica da estreia do romancista, demandava estudo.[92]

Tal sociabilidade do grupo de 1930 ganha contornos também no relato de Clara Ramos, filha de Graciliano: por volta de quatro e meia da tarde, buscavam o diretor do Diário Oficial e se dirigiam ao bar do Alemão; depois seguiam para o Ponto Central, o bar do Cupertino,[93] em frente ao Relógio Oficial, onde papeavam até dez da noite. Clara salienta a agitação da atmosfera intelectual, promovida pelo grupo do bar do Cupertino: discutia-se literatura na mesa do bar, nas praças, reuniões de arte, nas redações dos jornais; realizaram-se a grande venda de livros usados, organizada pela Liga contra o Empréstimo de Livros, e a I Exposição de Santa Rosa.

Dessas reuniões no Cupertino, Raul Lima guardou boas recordações, até olfativas, em relação a Graciliano: "Costumava ele derramar um pouco de açúcar no mármore da mesa e incinerá-lo com o cigarro aceso, disso resultando um cheiro gostoso de engenho, enquanto Santa Rosa fazia desenhos com que exercitava distraído a grande arte que lhe deu renome."[94]

É interessante que, das conversas do pai, Ricardo Ramos relembre um fato sobre a composição de editoriais, que ele presume do *Jornal de Alagoas*, nos anos 1930. Como Graciliano escrevia lentamente, José Lins do Rego o instava a encerrar logo o artigo. Um dia, aproveitando que o amigo fora ao banheiro, Zé Lins concluiu depressa o texto e obteve a aprovação do escritor exigente. Então, podiam ir à Helvética ou ao Cupertino, para beber, conversar e tomar conta dos jovens Valdemar e Paurílio, que bebiam demais. Assim, é possível supor-se que vários artigos não assinados da *Novidade* tivessem autoria coletiva, já que o grupo se encontrava com frequência, certamente partilhando perspectivas sobre literatura e política. Nascido em 1929, Ricardo Ramos evoca da memória de criança os encontros dominicais em sua casa, na rua da Caridade, na Maceió "centro literário de importância" de 1934. Observa que o pai gostava desses encontros, pois continuaram no Rio de Janeiro e durariam toda a sua vida. Porém, revivendo as gargalhadas então ouvidas, pondera que, naquela época, "talvez fossem mais alegres".[95]

"Problema encrencado": o modernismo nordestino

Quais as relações entre o modernismo de 1922 e a produção nordestina de 1930? É coerente falar em modernismo nordestino? Considerando que o pernambucano Manuel Bandeira pertence ao movimento paulista de 1922, entendendo que o alagoano Jorge de Lima seria figura quase isolada no Nordeste, e que a obra dos romancistas e sociólogos do movimento nordestino de 1930 não se vincula diretamente à agitação paulista de 1922, o crítico Otto Maria Carpeaux ressalta tratar-se de um "problema encrencado" para os futuros historiadores da literatura brasileira.[96] Para entender melhor essas complexas relações, vale recorrer a depoimentos de escritores dos anos 1920 e 1930, tendo em mente suas obras, e também evocar estudos críticos posteriores.

De fato, Jorge de Lima foi grande poeta lírico nos anos 1930 no Nordeste, em meio a uma geração de romancistas e sociólogos a cujos temas deu forma em versos. Ao mesmo tempo, é preciso levar em conta a proximidade do poeta não apenas com o modernismo paulista, inclusive com Mário de Andrade, mas também com o movimento regionalista de Gilberto Freyre. E ver sua influência sobre os "meninos impossíveis" da *Novidade*, por exemplo sobre o também poeta lírico Aloísio Branco e o sociólogo em formação Diégues Júnior.

Assim, considerando que havia preocupações partilhadas entre Jorge de Lima, José Lins do Rego, os jovens da *Novidade* e também Graciliano Ramos, talvez se possa falar num modernismo nordestino, interessado em trazer o novo criticamente para a região, contra os chavões na arte e na política. Entretanto, para evitar o perigo das generalizações, o ideal é apreender as especificidades desse modernismo alagoano, buscando o valor pessoal das obras e as diferenças no posicionamento crítico dos escritores.

Quanto ao modernismo na poesia, merecem ser conhecidos, ao lado de Jorge de Lima, alguns colaboradores da *Novidade*, como o poeta e ensaísta Aloísio Branco, que morreu jovem e sem obras publicadas, o poeta e contista Carlos Paurílio, que igualmente faleceu jovem e quase não deixou livros, além do cronista e poeta Willy Lewin, que escrevia de Recife para a revista e também publicou poucas obras, tendo sido importante na formação do poeta João Cabral de Melo Neto. Se pode ter havido influência do modernismo de 1922 e do regionalismo de 1923 na formação de suas identidades, ao mesmo tempo eram-lhes genuínos a crítica à retórica acadêmica, o desejo de liberdade de criação e o apego às tradições regionais.

Jorge de Lima, recusando mitos de uma conversão ao modernismo, explicava que a sua liberdade formal respondia a uma necessidade de seu lirismo. Contava que assistira à conferência de Marinetti no Brasil, porém não sentira afinidade pelas ideias daquele "cabotino". Influências decisivas julgava ser Proust, Pirandello, Freud e Einstein. Enfatizava que desagradavam aos jovens de Alagoas a Grécia dos parnasianos, a Itália dos marinettistas, a antropofagia e as *blagues* dos primeiros grupos modernistas.[97] Em entrevista a Homero Senna em 1945, declara que os alagoanos se prendiam aos próceres do Rio e de São Paulo tão só pelos laços que unem escritores com as mesmas ideias, sendo generalizada em todo o país a necessidade de renovação:

> Não passamos a fazer literatura modernista para imitar os nossos confrades de São Paulo e daqui. Abandonamos os velhos moldes porque também em Maceió, como em todo o Nordeste, àquele tempo, amadureceu e tomou forma, no espírito dos escritores, o desejo de fazer alguma coisa nova e diferente do que então se perpetrava por esse Brasil afora, na poesia, no romance, no ensaio etc.[98]

Enquanto Jorge de Lima defendia a origem autônoma do modernismo nordestino e via sua afinidade com o movimento do sul, José Lins do Rego recusava como "modernização de superfície"[99] a dos poetas paulistas, artificiais e não sinceros. Em "Presença do Nordeste na literatura", embora julgando a Semana de 1922 um escândalo necessário, momento de "tensão criadora", José Lins a acusava de ter derrubado alguns ídolos de mármore para fixar outros preconceitos. Com gosto semelhante ao de Graciliano, distinguia Manuel Bandeira, que "evocou a terra dos avós e ligou o moderno ao eterno": agradava-lhe esse modernista vinculado ao movimento paralelo, de Gilberto Freyre. José Lins entendia que, não capricho de saudosista mas filosofia de conduta, ao apegar-se à terra natal para dar-lhe universalidade, o regionalismo nordestino absorvia o movimento moderno no que este possuía de mais sério.[100]

Já em 1942, na véspera da conferência de Mário de Andrade no Itamaraty, a distância temporal e o conhecimento da seriedade do autor de *Macunaíma* possibilitaram a José Lins do Rego relativizar as antigas críticas a ele dirigidas. Enaltece o empenho de Mário por destruir formas velhas em nome de uma forma "de seu tempo". Reconhece que errara ao imaginar o paulista limitado ao jogo fácil da anedota: marcavam-no, antes, a gravidade e o sofrimento.[101]

No prefácio de *Região e tradição*, de 1940,[102] Gilberto Freyre confessa terem-no atraído, desde a meninice, tanto a inovação literária quanto as tradições da província. A isso atribui seu quase alheamento em relação ao modernismo do Sul em 1923, quando retornava ao Recife após cinco anos de estudos no exterior. Aponta que, por um lado, o regionalismo tradicionalista iniciado em 1923 no Recife sofreu hostilidade dos modernistas mais ortodoxos do Rio e de São Paulo; e, por outro, teve afinidades com o modernismo, quanto à técnica experimental, reação contra as convenções acadêmicas e puristas, e quanto ao interesse pelo folclore brasileiro. Freyre enfatiza que os renovadores nordestinos tinham a tendência de conciliar o regional com o humano, e a tradição com a experimentação, com a renovação de métodos literários e científicos — tanto no estudo histórico-social das regiões e das tradições brasileiras, quanto no romance (José Américo de Almeida, José Lins do Rego) e na poesia (Jorge de Lima, Ascenso Ferreira).

Já Graciliano Ramos, em entrevistas aqui publicadas, reconhecendo o valor do modernismo de 1922 no contexto da história da literatura brasileira, como resultado de um "sentimento de destruição dos cânones que precisavam desaparecer", entende que o melhor fruto do movimento modernista foi libertar as cadeias do espírito. Contudo, considera que o modernismo, exitoso em certa medida na poesia, não o foi na prosa, importando o fato de haver "preparado o terreno" para as gerações seguintes, para romancistas cuja arte se aproxima da terra e do povo com seus problemas e contradições, como José Lins do Rego, Rachel de Queiroz e Jorge Amado. Mas não se trata de uma defesa partidária de seus pares: Graciliano ressalta, nas entrevistas, bem como em "Decadência do romance brasileiro" (1941), aqui incluído, que a força da literatura desses escritores nordestinos vingou até 1935, porém depois passou por certa decadência, em livros que não se detiveram na representação crítica da realidade brasileira.

Significativa fonte para se refletir sobre o vínculo do romance nordestino com o modernismo do Sul é a sequência de três ensaios "Fluxo e refluxo", de 1951, de Sérgio Buarque de Holanda.[103] Ele busca compreender como houve um movimento de expansão (diástole) do modernismo brasileiro até os anos 1940, ocasião em que refluiu numa reação de sístole, representada sobretudo por alguns poetas contrários ao regionalismo modernista.

O crítico observa que a consideração ou não do papel do modernismo de 1922 para a literatura nordestina de 1930 oscila ao sabor das idiossincrasias dos escritores. No entanto, apoiado na distância temporal, Sérgio Buarque reconhece que, independentemente de uma relação de causa e efeito, ambos se enlaçaram, num movimento expansivo, como tendências regionalistas. Identifica que o modernismo de 1922, universalista e até cosmopolita, foi ao mesmo tempo nacional, regionalista e tradicionalista, assim se aproximando do romance social e regional do Nordeste. Entende que tanto os modernistas como os renovadores de Recife, em sua preocupação do nacional, do regional e do tradicional, tinham uma atitude universalista, voltada para nivelar as nossas letras às correntes mais avançadas da literatura europeia e norte-americana.

Em 1951, Sérgio Buarque enfatizava que ainda não havia sido escrita de fato a história de nosso modernismo. Segundo ele, faltava perceber como se agregaram e se consolidaram as correntes ao mesmo tempo regionalistas e rebeldes formadas em todo o país. Relembra o contato fecundo dos poetas Jorge de Lima e Ascenso Ferreira com os modernistas do Sul. E, sem falar em filiação, nota como no romance do Nordeste a fome modernista de colorido regional e do tradicional brasileiro encontrou alimento mais adequado.

Assim, Sérgio Buarque contesta a tese segundo a qual o regionalismo nordestino se teria desenvolvido indiferente e até em oposição ao modernismo. E combate também a outra, de que os responsáveis pelo movimento de 1922 seriam hostis às manifestações artísticas do Nordeste. Compreende que, formado também por outras fontes, o romance social regionalista seria um prolongamento da mentalidade do modernismo de 1922, para além dos domínios primitivos deste, de polêmica, poesia e pesquisa erudita.

Por fim, considerando ter havido muita improvisação em meio ao modernismo, o crítico aponta a saturação dos motivos nacionais e regionais, praticamente abandonados pelos autores então novos, em geral poetas do refluxo modernista. Com sensibilidade crítica, Sérgio Buarque destaca que, para permanecer, uma obra de arte deveria mesmo transbordar do brasileirismo, contudo lhe dedicando ainda "secreta — ou discreta — fidelidade".

Referência evidente de Sérgio Buarque de Holanda é a conferência "O movimento modernista", de 1942. Nela, Mário de Andrade, motivado pela "fase integralmente política da humanidade" que se vivia, culpa-se de certo abstencionismo dos jovens de 1922, ligados aos aristocratas paulistas. Ao mesmo tempo, vendo a continuidade entre o sentido revolucionário de 1922 e a fase de construção a partir de 1930, enfatiza que o movimento modernista criou um "estado de espírito nacional". Como se sabe, concebe as conquistas do modernismo como fusão de três princípios: "o direito permanente à pesquisa estética, a atualização da inteligência artística brasileira e a estabilização de uma consciência criadora nacional."[104]

Também na linha de Mário de Andrade e um ano antes da sequência de ensaios de Sérgio Buarque, destaca-se o panorama para estrangeiros "Literatura e cultura de 1900 a 1945".[105] Antonio Candido compreende o modernismo, inclusive seu amadurecimento nos anos 1930-40, como a "tendência mais autêntica da arte e do pensamento brasileiro", que fundiu a libertação do academismo e dos recalques históricos à ânsia de conhecer o país e possibilitar a educação política e a reforma social. Preocupado com as novas tendências formalizantes dos anos 1940 (como Sérgio Buarque), Candido sublinha o esforço das décadas de 1920 e 1930: por meio da "fidelidade ao local", construíram uma "literatura universalmente válida", integrada aos problemas do momento.

Em ensaio de 1980, o crítico nota que as inovações modernistas se incorporaram em dois níveis: diretamente nas obras ou genericamente, à medida que incentivavam a rejeição de padrões antigos. Entende que, depois de 1922, o inconformismo e o anticonvencionalismo deixaram de ser uma transgressão para se tornarem um direito, até para os que ignoravam ou rejeitavam o modernismo. Antonio Candido salienta que os bons escritores foram beneficiados pela libertação modernista, que incluía a depuração antioratória da linguagem e a incorporação do coloquial. Exemplifica com as escritas clássicas de Graciliano Ramos ou de Dyonélio Machado, que, mesmo sem influência modernista, foram aceitas como normais: "A sua despojada secura tinha sido também assegurada pela libertação que o modernismo efetuou."[106]

Para completar a reflexão crítica sobre o "problema encrencado" apreendido por Carpeaux, é preciso relativizar também as perspectivas de Sérgio Buarque e de Antonio Candido. Eles aproximam como rebeldes e regionalistas as literaturas paulista de 1922 e nordestina de 1930, por oposição ao refluxo dos anos 1940, da chamada "geração de 1945". Esta era formalizante e centrada em temas universais, para criar uma poesia pretensamente profunda. Sendo assim, se interessam as semelhanças entre o modernismo do Sul e o do Nordeste, importam também as singularidades que os diferenciam.

Recorde-se, com Alfredo Bosi, que, se os modernistas se apegaram miticamente ao progresso técnico e à origem indígena do país, os romancistas e ensaístas de 1930 se centraram no "Brasil histórico e concreto, isto é, contraditório e já não mais mítico". O crítico esclarece que o modernismo fora apenas "uma porta aberta" para o caminho da cultura como "inteligência histórica" da realidade brasileira, que engloba não apenas "os extremos do mundo indígena e do mundo industrial".[107]

Bosi desmascara o aspecto mistificador do modernismo de 1922, encantado pelas conquistas técnicas. Diferencia-o, então, da literatura moderna nordestina que, diante das graves contradições da realidade, respondia como arte crítica.

> [...] O mundo da experiência sertaneja ficava muito aquém da indústria e dos seus encantos; por outro lado, sofria de contradições cada vez mais agudas que não se podiam exprimir na mitologia tupi, pois exigiam formas de dicção mais chegadas a uma sóbria e vigilante mimese crítica.[108]

Desse modo, percebe-se como é complexo compreender os estilos de época, que envolvem diferenças de ideias e de gosto literário. Para retificar generalidades, o ideal é "uma diferenciação no rumo do concreto".[109] Sobressaem exemplares, segundo explica Alfredo Bosi, os exercícios de crítica dialética realizados por Otto Maria Carpeaux e por Antonio Candido. Ambos procedem ao "afinamento das categorias sociais e culturais à procura da quadratura do círculo que seria a definição de indivíduo".

Portanto, cabe ao crítico exercer sua consciência quanto à diversidade literária de um período e, no limite, seguindo a recomendação de Benedetto Croce indicada por Bosi, dedicar-se a uma história literária por monografias. É preciso conhecer melhor o contexto histórico e histórico-literário dos escritores e buscar suas singularidades.

Ganham força nesse debate os posicionamentos de João Luiz Lafetá e, mais recentemente, de Luís Bueno. O primeiro, em seu livro *1930: a crítica e o modernismo*, procura examinar as facetas intra e extraliterárias do modernismo brasileiro. Com base em postulados extraídos do formalismo russo, faz uma distinção entre o "projeto literário" (de rupturas operadas na linguagem) e o "projeto ideológico" (de reorientação do pensamento) preconizados pelo movimento. Norteado dialeticamente por tal distinção, o crítico toma a literatura produzida após 1922 e aquela posterior a 1930 como partes de um mesmo todo.

Contudo, não deixa de pontuar que os elementos enfatizados por uma e outra seriam diferentes: enquanto na fase heroica estava em primeiro plano a "revolução na literatura" (antimimetismo, euforia e luta contra o passadismo), nas produções que se seguiam à Revolução de 1930 avultava a "literatura na revolução" (problematização da realidade brasileira e agudização disfórica da consciência política).

Ao considerar o modernismo como um processo bifásico, Lafetá argumenta que haveria uma mudança de ênfase na passagem da década de 1920 para a de 1930, em virtude da vigência de condições políticas especiais em cada contexto.[110] Contudo, indiretamente estabelece o modernismo de 1922 como marco zero, ponto a partir do qual se instauraria a engrenagem dialética da distinção entre "projeto estético" e "projeto ideológico" na moderna literatura brasileira:

> Tendo completado de maneira vitoriosa a luta contra o passadismo, os escritores modernistas e a nova geração que surgia tinham campo aberto à sua frente e podiam criar obras mais livres, mais regulares e seguras. Sob esse ângulo de visão, a incorporação crítica e problematizada da realidade social brasileira representa um enriquecimento adicional e completa — pela ampliação dos horizontes de nossa literatura — a revolução na linguagem.

Conforme indicado, tal formulação permite divisar a precedência da primeira fase (marcada pela "revolução na linguagem") em relação à segunda (de "incorporação crítica e problematizada da realidade social brasileira"): esta seria um complemento daquela. Não por acaso, Lafetá reprova a atenuação e a diluição da estética modernista de 1922 ao longo do decênio de 1930. Segundo ele, depois de colorir o "projeto estético", o "projeto ideológico" teria destituído a produção literária nacional do "sentido íntimo da modernidade".[111] O retorno do gênero romanesco ao arcabouço literário neonaturalista do século XIX seria mostra desse aparente retrocesso.¹¹² Nesse sentido, o crítico considera o romance de 1930, pautado pela consciência da função social da literatura, muitas vezes "tomada de forma errada", como um dos causadores "do desvio e da dissolução" das conquistas obtidas na fase heroica do movimento.¹¹³

Apesar de pontuar a oposição entre os dois referidos projetos, Lafetá reconhece apenas tangencialmente um movimento coletivo de recusa ao modernismo entre a geração de escritores que estreou nos anos 1930. Luís Bueno adota posição diversa em *Uma história do romance de 30*. Ao descer à arraia miúda da produção crítica e romanesca da época, o crítico tematiza a forte tensão entre a literatura de 1922 e aquela produzida depois da revolução de outubro.¹¹⁴ Em outras palavras, ele abdica do princípio de continuidade pacífica invocado por Lafetá. Em vez de considerar a existência de um único movimento dividido em duas fases, Luís Bueno parte do pressuposto de que estariam em jogo dois movimentos literários e geracionais distintos: o modernismo e o pós-modernismo (este último englobaria os artistas imediatamente situados após o modernismo de 1922).

> Não é muito fácil, no entanto, admitir uma continuidade dos projetos estético e ideológico de uma geração para outra de forma que a ênfase num ou noutro dê conta dos desacordos que separam essas duas gerações. Seria preciso saltar as enormes diferenças que há entre os intelectuais formados antes da Primeira Guerra e a dos formados depois dela.¹¹⁵

Ao enfocar o segundo grupo de escritores, Bueno argumenta que depois da Revolução de 1930 teria se instaurado uma nova visão de Brasil, cujas diretrizes preconizavam um deslocamento no plano ideológico. Nesse momento, em oposição ao período anterior, ganha espaço a "pré-consciência do subdesenvolvimento", numa conjuntura disfórica pautada pelo adiamento da utopia e pelo "mergulho na incompletude do presente".[116] Tal reorientação político-intelectual, norteada pela descrença na positividade da modernização, resultaria em formas de ação diversas das anteriormente utilizadas, redundando, até mesmo, em outras opções estéticas. Segundo o crítico, o predomínio de romances interessados em esquadrinhar as misérias nacionais, em vez da prevalência da poesia, seria mostra suficiente disso.[117]

Quando se aprofunda o método heurístico levado a cabo por Bueno, de examinar de perto a produção crítica do período, mais do que a oposição entre projetos distintos, observa-se a prevalência de certa leitura teleológica a respeito do modernismo de 1922, cuja orientação se dá no sentido oposto à perspectiva genealógica preconizada por Lafetá: enquanto este toma o melhor da produção dos anos 1930 como uma espécie de coroação do "primeiro" modernismo (a consagração, em culto genealógico, da revolução estética proposta na fase heroica), os romancistas de 1930 (sejam realistas, sejam intimistas) irão considerar, em visada teleológica, suas próprias realizações como o ponto de chegada de um processo apenas esboçado de modo incipiente pelos agitadores da Semana de Arte Moderna.

A novidade do romance: ao mesmo tempo com a miséria

Como se apontou, a palavra *moderno* remete ao sentido de atualidade, contemporâneo, busca do novo. Com destaque para Graciliano, vale observar como vários escritores modernos, da *Novidade*, que se encontraram nos anos 1930 em Maceió, se dedicaram a estudar, ver e sentir a realidade brasileira, apontando-lhe os problemas políticos e sociais, por meio de ensaios e de um trabalho de criação artística, capaz de criar comoção e consciência crítica. Tendo por lema "*Novidade* não é essencialmente literária nem essencialmente política", a revista permite relativizar não só possíveis divisões bruscas entre "projeto estético" e "projeto ideológico" como também uma decorrência estrita do romance de 1930 em relação ao modernismo de 1922 ou ao regionalismo de Gilberto Freyre. Quanto aos temas, a literatura moderna alagoana de 1930, em particular a *Novidade*, é reveladora dos problemas sociais nordestinos e brasileiros e da insatisfação que perduraram após a chamada Revolução de 1930. Desnuda em suas várias faces uma realidade de miséria: a violência do cangaço; a indústria das santas milagreiras; o analfabetismo; a política personalista; a necessidade de reforma da Constituição. Interessado em trazer o novo criticamente para a região, o modernismo nordestino se lançava como reação crítica ao lugar-comum da violência, aos estereótipos, à retórica dos bacharéis e políticos, e expunha como problema o papel do intelectual num mundo de barbárie.

Sem novidades no front, romance de Erich Maria Remarque, de 1929, e o filme nele baseado, ganhador de Oscar em 1930 e veiculado nos cinemas de Maceió em 1931, foram assunto e inspiração da revista *Novidade*. Romance da Primeira Guerra Mundial, sobressai por seu sentido de desmascaramento de heroísmos, ao desnudar a impossibilidade da narrativa depois da não experiência da guerra. Recordem-se os ensaios em que Walter Benjamin desvela como a baixa da experiência na modernidade implicou a impossibilidade da narração.[118] Ao opor ideologicamente pátrias e levar indivíduos a se tornarem assassinos de desconhecidos, seus semelhantes, a guerra destrói a experiência humana e a possibilidade de atividade narrativa — porém contraditoriamente a incita como exigência ética. A menção à obra sobre a guerra mostra, pois, no horizonte desses intelectuais modernos alagoanos, a atualidade crítica e a necessidade de mediação pela literatura, pelas artes, num mundo de violência.

Considerando que em geral se vê o provinciano de modo pejorativo, e etimologicamente *província* significa "vencida" (de *pro-*, "à frente", e *vincere*, "vencer"), interessa evocar os sentidos de *provinciano* e de *romance*, apreendidos de Ortega y Gasset, válidos para a compreensão da literatura como da vida. Avaliando que o romance europeu nos anos 1920 estava em decadência, o crítico espanhol a atribui à falta de temas. Resgata, argutamente, da palavra espanhola *novela* (em português, *romance*) a sua alma desgastada pelo uso: o traço semântico de *novidade*. Entretanto, por considerar que as melhores obras são criações das decadências, devido à experiência acumulada, o crítico ainda acredita no romance. Para além da trama, entende importar para o leitor a "invenção de almas interessantes". Segundo Ortega y Gasset, mais do que em horizontes vastos, o romance deve centrar-se na representação da "vida provinciana", pequeno horizonte hermético que, dotado de vitalidade, desperta o interesse do leitor. Embora o microcosmos e o macrocosmos se diferenciem pelo tamanho do raio, para quem vive dentro de cada um eles são igualmente cosmos, têm o mesmo tamanho absoluto. Daí Ortega y Gasset extrai uma lei vital, que, na ordem estética, torna possível o romance: "a relatividade entre horizonte e interesse", ou seja, "que todo horizonte tem *seu* interesse".[119]

Em termos da compreensão das relações humanas, é iluminador relativizar-se o sentido pejorativo atribuído à palavra *provinciano*. Perspectiva crítica, senso de *humour* e conhecimento de "certas gradações de valores", nas palavras de Manuel Bandeira,[120] constituem o bom provincianismo, de vitalidade central. É o caso dos "meninos impossíveis" da *Novidade*: formados criticamente ante a realidade alagoana, contribuíram com a cultura do país, residindo depois, em sua maioria, a partir do fim dos anos 1930, no Rio de Janeiro. Mas essa transferência para a capital federal, além de refletir o desejo de experienciar lugares outros e mais ricos em possibilidades, fala também do mau provincianismo do país, das injustas condições de vida, que obrigam as pessoas a emigrar para os grandes centros econômicos.

Quanto à compreensão do romance, é também iluminador vê-lo como criação da "vida provinciana". Tal concepção é próxima à de Paul Ricoeur, para quem a mediação pela literatura oferece ao leitor uma "proposição de mundo" que rompe com a linguagem cotidiana e abre novas possibilidades de ser no mundo. Compreender significa compreender-se diante da proposição de mundo do texto, "expor-se ao texto e receber dele um si mais amplo",[121] potencializando-se a metamorfose do sujeito e a do mundo.

Pensando no sentido de atualidade crítica, imprescindível à arte moderna, lembre-se, com Susan Sontag,[122] do alcance moral do romance, narrativa completa de uma história humana num mundo com "calculado encolhimento" de espaço e de tempo. Ela não apenas combate a ideia de que o romance nos moldes realistas não faria mais sentido (generalizada a partir das reflexões de Walter Benjamin no contexto do pós-guerra de 1914), como desvela o papel ético dessa forma artística: ao centrar-se num espaço determinado, o romance, nos limites da imaginação, atinge universalidade e cria solidariedade; cria a simultaneidade com a "dor dos outros", resistindo à simultaneidade habitual no mundo contemporâneo, de desgraças recebidas com indiferença.

Desse modo, entende-se o potencial de novidade da ficção, como também da poesia, formas artísticas que oferecem uma "proposição de mundo" e possibilitam a flexibilização do leitor. Logo, considerando-se o contexto brasileiro dos anos 1930, percebe-se como eram uma novidade singular as criações então apresentadas ao público, no geral romances de valor artístico, contrários à ênfase retórica e dedicados à representação da realidade social do país, das misérias sofridas pelo homem. No grupo de intelectuais que se encontraram em Maceió nos anos 1930 e tiveram na *Novidade* um de seus meios de expressão, estavam Graciliano Ramos e José Lins do Rego, futuros escritores desse romance novo brasileiro. Os três primeiros de Graciliano foram escritos em Alagoas (*Caetés*, 1933;

S. Bernardo, 1934; *Angústia*, 1936), bem como os de José Lins (*Menino de engenho*, 1932; *Doidinho*, 1933; *Banguê*, 1934).

No inquérito de 1942 aqui apresentado, Graciliano Ramos destacou que, se o modernismo de 1922 falhou quanto à prosa, após 1930 "começou um trabalho de criação dos mais brilhantes, até 1936". Em "Decadência do romance brasileiro" (1941), observa que o modernismo e a Revolução de Outubro, cuja importância é ora muito ampliada, ora negada, desobstruíram caminhos, cortaram amarras, exibiram coisas até então não enxergadas. Enfatiza que em 1930 surgiram desconhecidos de vários pontos, que escreveram numa língua próxima à do cotidiano, embrenharam-se pela sociologia e pela economia e revelaram a vida de trabalhadores e de vagabundos, as cadeias da roça, as bagaceiras, os canaviais, as fábricas. Entende que os melhores representantes do romance nordestino, Rachel de Queiroz, Jorge Amado, José Lins do Rego e Amando Fontes, tendo vivido na província, "miúdos e isentos de ambição", alcançaram êxito porque foram muito "sinceros" ao contar o que viram e ouviram: eram "observadores honestos" e "bons narradores". Revelando sua concepção de literatura, forma em que pesa a verdade da matéria e da perspectiva pessoal do escritor, Graciliano atribui a decadência, a perda de novidade dos romances a partir de 1935, à não representação das coisas vistas pelo sujeito, das "pequenas verdades, essas que são nossas conhecidas".[123]

Celebrando em 1972 os 40 anos de *Menino de engenho*, Rachel de Queiroz relembra o tempo em que José Lins e ela estrearam com seus "romancinhos". Segundo afirma, ela causara espanto sobretudo por ser uma escritora garota, de 18 anos, ao publicar *O quinze*, em 1930, trazendo os retirantes famintos da seca de 1915. Já o amigo, na casa dos 30 anos e conhecido até no Rio por seus artigos de crítica, surpreendia porque seu livro "era um marco, uma voz nova e clara a dar o seu recado como ainda não se dera — e ao mesmo tempo fazendo obra de arte e da melhor". Rachel observa terem sido eles, os da "chamada 'geração de 30'", os grandes beneficiários da "luta travada e afinal vencida pelos heróis da Semana de Arte Moderna". Passado o período de contestação e conquistado o direito à liberdade, também não eram necessárias estripulias com a língua, pois podia exprimir-se o falar brasileiro.[124] Repare-se que, nos romances mencionados, a novidade artística advinha da representação da realidade social do país, da qual não se dissociava um viés intimista — a expressão dos confrontos subjetivos da professora Conceição, em *O quinze*, e da memória do descendente de senhores de engenho Carlos de Melo, em *Menino de engenho*.[125] É interessante notar que, em 1934, a escritora também residia em Maceió, após ter-se casado com José Auto da Cruz Oliveira, que publicou poemas na *Novidade*.

Na revista, em artigo intitulado "O último livro do sr. Plínio Salgado", José Lins do Rego expressa preocupação com o romance brasileiro. Após ler *O esperado* (1931), recusa-lhe a abundância de palavras e de pessimismo: "Não é, portanto, um livro real, um livro onde a gente leia o drama que anda apontando por todo canto do Brasil." O crítico lamenta que um dos heróis dessa obra se revolte contra o medo dos novos escritores brasileiros em relação ao excesso verbal e faça uma apologia deste.

Cumpre, pois, dimensionar o caráter problemático dessa novidade representada pelos autores e temas do chamado romance nordestino. Como a *Novidade*, essa ficção de 1930 surgiu ante uma realidade cujo lugar-comum era a miséria, a violência do cangaceirismo, a falta de instrução, a política personalista. Por isso, a novidade dessa literatura, em especial a de Graciliano Ramos, é carregada da densidade dolorosa de um mundo velho, cujas injustiças combate. Sua autenticidade é construir artisticamente juntos o "problema moral" e o "problema social" da gente do país, conforme revela Otto Maria Carpeaux numa interpretação iluminadora:

> O romance brasileiro moderno não é, como parecem acreditar os leitores estrangeiros, o de um mundo novo em eclosão, mas o de um mundo velho em decomposição. Satisfaz à definição de Lukács: 'O romance é uma expressão de sem-abrigo transcendental, epopeia de um mundo que Deus abandonou'. *Essa definição faz transparecer o problema moral dentro do problema social (ou vice-versa)* (grifo nosso). Por isso, o romance brasileiro moderno já se elevou, em raros momentos, como em *Angústia*, à altura da tragédia. É o critério de sua autenticidade, como monumento da terra e da gente do Brasil.[126]

Em *Vidas secas* também se fundem artisticamente o problema social e o moral: explorado, pisado e preso injustamente, o vaqueiro resiste a se inutilizar e não mata o soldado, mas, em nome da família, tem de matar a cadela Baleia. Forma estética e ética, ao centrar-se no homem de uma região determinada, o romance, combinando observação e criação, atinge universalidade e possibilita a atenção à dor do outro.

Com base no romance de Fabiano, Marcos Rey observa que "A obra de Graciliano reflete a uniformidade árida do deserto", diferenciando-a da literatura de Oswald de Andrade, centrada na "irregularidade 'glamourosa' da metrópole".[127] Entende que, se o primeiro sempre foi "o escritor do cárcere, onde escreveu sua obra mais discutida", o segundo não suportaria ficar na prisão; afinal, era interessado na vida "com todas as suas libertações". Por isso, ao entrevistar o poeta modernista, Marcos Rey não se surpreende com sua resistência a incluir o autor de *Angústia* entre seus romancistas favoritos. Mas, mesmo sem ser "fã ardoroso" de Graciliano, estaria Oswald tão distante dele?

Graciliano e Oswald de Andrade:
entre búfalos do Nordeste e cavalões do Sudeste

Das cartas a Heloísa de Medeiros Ramos aqui incluídas, de 1937, e dos artigos "Conversa de livraria" e "O teatro de Oswald de Andrade", publicados na imprensa em 1939, depreende-se, metonimicamente, aos olhos de Graciliano, certa atitude de Oswald de Andrade no trato pessoal e como criador teatral: o recorrente desejo de garantir plenitude ao outro social, o qual, no entanto, se dispersa.

Nas cartas, Graciliano relata sua viagem a São Paulo, com destaque para Oswald: contou com ele no acolhimento em hotel luxuoso e na promessa, não cumprida, de um encontro com Sérgio Milliet, que lhe arranjaria um emprego. E, ao comentar as peças oswaldianas *O rei da vela* ([1933] 1937) e *A morta* (1937), o escritor alagoano exalta a força crítica do amigo paulista, voltada contra a redução de pessoas a mercadorias pelo capitalismo, mas reconhece a dificuldade de transposição dessa arte para os palcos. Graciliano aponta que o estilo dessacralizador das peças, povoadas por burgueses limitados a *good business*, famílias bandeirantes decadentes, milícias, gente esfolada, homossexuais — uma sociedade credenciada pelo dinheiro —, causaria incompreensão e descontentamento às "pessoas honestas".

Também os volumes em preparação do romance *Marco zero*, representação da sociedade paulista depois da crise de 1929, despertam a admiração de Graciliano. Na carta de 10 de março de 1937 e em "Conversa de livraria", ele ressalta o empenho de Oswald por tomar notas antes de se dedicar à escrita, contrastando-o com a atitude de José Lins do Rego, pouco afeito a se embrenhar em anotações e estudos para a criação ficcional. Diversamente, na resposta ao inquérito de Osório Nunes, "O modernismo morreu?", aqui incluído, Graciliano afirma que Oswald, assim como Mário de Andrade, havia falhado em suas tentativas de romance. Era 1942, e talvez ele imaginasse que as obras não seriam publicadas. Dos cinco volumes pretendidos de *Marco zero* — I. *A revolução melancólica*; II. *Beco do escarro*; III. *Chão*; IV. *Os caminhos de Hollywood*; e V. *A presença do mar* —, saíram apenas o primeiro, em 1943, e o terceiro, em 1945.

Certamente agradavam a Graciliano a perspectiva social crítica e o engajamento político do escritor paulista, bem como seu humor, repertório e inventividade: "Boa parte de seu talento se gasta em pilhérias: nesse homem espirituoso há um ator que representa, nas conversas mais agradáveis do mundo, as peças que não escreve." À lembrança de uma desavença entre Oswald e José Lins do Rego, sucede o alívio de que então, em 1937, a rusga estivesse dissolvida. Na trajetória do criador de *Serafim Ponte Grande* foram marcantes as contradições e as polêmicas, movidas por vaidade, oscilação ou volubilidade de ideias, interesses e afetos, com alternância entre momentos de amizade e de distanciamento para com outros intelectuais.

Da parte de José Lins do Rego, vale lembrar que, no já referido artigo "Espécie de história literária", publicado em 1938 em *Lanterna Verde*, ataca o caráter postiço da Semana de 1922, considerando-a um "desfrute" inventado por Oswald de Andrade para divertir seus "ócios de milionário".

Mas uma das polêmicas de Oswald com Zé Lins envolveu Paulo Emílio Sales Gomes: em artigo publicado na *Manhã* e na *Plateia*, o crítico recusara *O homem e o cavalo*, a pretexto de obscenidade e oratória romântica, e enaltecera *O moleque Ricardo*, romance do escritor paraibano então publicado.

A reação veio em "Bilhetinho a Paulo Emílio", de 22 de setembro de 1935:[128] Oswald o acusa de "piolho da Revolução", propagador de "besteira reacionária" que afastaria do público proletário os bons escritores. Distinguindo Santa Rosa, Portinari, Aníbal Machado e Jorge Amado como intelectuais e artistas sérios, aponta que os livros de Zé Lins, isto sim, teriam situações obscenas, "escabrosidade realista" à moda do *Padre Amaro* de Eça. Se Oswald realça *Banguê* por tecer a representação do processo de "transformação das forças produtivas em certa região do Brasil", reclama que surja individualizada numa "decadência feudal que vai da dor de corno à venda das terras patriarcais". Desfaz de Zé Lins, reduzindo-o a um "narrador" na forma e um "psicólogo" no conteúdo, incapaz de ir além do drama individual. Vê a queda do escritor em *Moleque Ricardo*, que traz um indivíduo a tomar consciência de sua classe, e lhe opõe *Suor*, de Jorge Amado, em que há o coletivo e seu drama, uma classe toma consciência de sua posição revolucionária.[129]

Oswald de Andrade define então *O homem e o cavalo* como uma peça de "alta fantasia", que pôs o homem na transição: "entre o cavalo de guerra e de turfe (sociedade burguesa) e o cavalo-vapor (sociedade socialista)", levando a gente mais reacionária a encontrar "o Fascismo, depois a Revolução e a Socialização". Contra as acusações de obscenidade, defende que seu livro tem expressões fortes, mas extraídas da linguagem diária, e interessa à massa, só causando constrangimento a um operário se for reacionário.

Em "Um discípulo de Oswald em 1935", texto de 1964 publicado em *Cinema e política*,[130] Paulo Emílio Sales Gomes conta que, na época da polêmica, tinha 18 anos, era amigo de Oswald de Andrade e ficou desnorteado com a peça: atraía-o seu aspecto subversivo e revolucionário, que profetizava a ascensão do proletariado, mas desconfiava do efeito de tantos palavrões e situações escabrosas para o público de operários. Com a distância do tempo, Paulo Emílio pondera que o desabafo do amigo continha também ciúme dos elogios tecidos a José Lins do Rego, só não tão forte quanto o nutrido em relação a Mário de Andrade. O crítico admite sua incompreensão quanto a pormenores e à concepção geral da peça. E explicita sua alegria de então, que afinal fortaleceu a amizade entre eles: a *Plateia* o chamara de intelectual e revolucionário, repreendendo a ambos porque os intelectuais revolucionários não deveriam brigar. Em 1941, Paulo Emílio veio a integrar o grupo da revista *Clima*, formado por acadêmicos da Universidade de São Paulo (USP), entre os quais Décio de Almeida Prado e Antonio Candido, chamados de *chato boys* pelo poeta modernista.[131]

Além desse momento de recusa da obra de José Lins do Rego e apreço pela de Jorge Amado, podem-se rastrear outros passos da recepção oswaldiana do chamado romance nordestino, que o conduziram inclusive à forte autocrítica quanto a uma indiferença social modernista. Na entrevista "Oswald de Andrade explica por que a Semana de Arte Moderna aconteceu em São Paulo", concedida a Heráclio Salles e publicada no Suplemento do IV Centenário de São Paulo no *Diário de Notícias*, a 24 de janeiro de 1954, o autor de *Serafim Ponte Grande* expõe seu gosto pela *Pauliceia desvairada*: confessa que, incapaz de criar versos medidos, viu uma oportunidade de escrever poesia nessa forma libertada concebida por Mário de Andrade autenticamente, com base no modelo dos futuristas italianos. E, sobretudo, expõe o "sentimento de culpa" que em 1930 "esmagou" os modernistas, levando-os a "arriarem a bandeira": os "Búfalos do Nordeste", expressão com que se refere aos romancistas nordestinos de 1930, trouxeram "nos cornos" a questão social e obrigaram os paulistas da Semana de 1922 a reconhecer que representavam, mesmo inconscientemente, "uma mentalidade capitalista exploradora".[132] Oswald observa de forma incisiva que, embora nem ele nem Mário fossem industriais, viviam das "sopas do capitalismo", e o ambiente os moveu a um tipo de pesquisa desvinculado do "problema social do resto do país".

O autor de *O rei da vela* não deixa de assinalar, contudo, que os modernistas, paradoxalmente, "abriram caminho" a uma "literatura de pobre", até então inexistente aqui; afinal, segundo ele sublinha, José de

Alencar e Coelho Neto foram populares, porém fizeram literatura de elite. E vê uma retomada da "pesquisa alta" modernista em Clarice Lispector e no Jorge de Lima prosador; do poeta, aprecia a fase nordestina e deplora *Invenção de Orfeu* como repetições de fórmulas ultrapassadas. Provocando polêmica, Oswald afirma que os "Búfalos do Nordeste" tinham talento mas quase todos escreviam muito mal. Curiosamente, uma falha tipográfica da edição do jornal impede saber a quem abria exceção. Aproveita para saudar a excelência de *Cangaceiros*, que o deixou reconciliado com José Lins do Rego, antes "intolerável", "coelhonetal". Também para o *Correio da Manhã*, do Rio de Janeiro, a 10 de novembro de 1953, elogia esse romance e fala com entusiasmo de *Memórias do cárcere*.[133]

Mesmo antes do referido balanço de 1954, ao se acompanharem declarações de Oswald de Andrade ao longo do tempo, notam-se momentos de autocrítica quanto à face aristocrática do modernismo de São Paulo e oscilações na avaliação de outros intelectuais e artistas.

Em registro de *Telefonema* de 19 de abril de 1939,[134] ironiza que as letras do "Estado líder", dos Prados, dependiam da alta do café: "do modernismo, cavalões, cavalinhos e potrancas continuaram a correr de vez em quando nos prados particulares que cercam seus *stands*." Então, ao apontar que a decadência do café e da literatura paulista fez ouvirem-se "as vozes angustiadas do Norte", destaca, além de Jorge Amado e Jorge de Lima, "esse admirável criador de homens que é Graciliano Ramos".

Outra referência elogiosa, ao homem e ao escritor, a quem indicou em cartas a editores norte-americanos, se lê na "Carta a um professor de literatura: meu prezado Erico Verissimo", de 30 de julho de 1943: "Não se esqueça mais de revelar o nosso admirável Graciliano Ramos, primeiro prêmio de modéstia e não menor da arte de romancear."[135]

Em crítica aguda, de validade atual, Oswald desnuda, em "Brasil Agreste", a 12 de março de 1944, a necessária penitência a que os poderosos, afeitos à bajulação e à naturalização das desigualdades sociais, deveriam obrigar-se diante do romance nordestino e sua força de representação da realidade de miséria brasileira:

> Se o panegírico e a adulação bem paga são o vidro cor-de-rosa e o realejo habitual que alimentam o otimismo dos poderosos, fazendo-os acreditar na longevidade de suas farturas, alguma coisa existe no Brasil que, se fosse tomada a sério, provocaria um retiro espiritual coletivo e obrigaria muito responsável a uma séria penitência. É o nosso romance social, começado aí por 30, talvez pelas mãos do sr. José Américo de Almeida, e que deu a mestria de Jorge Amado, Graciliano Ramos, José Lins e outros.[136]

Já em 8 de outubro de 1947, apesar de reconhecer a importância do ciclo da Bagaceira e da obra de José Lins do Rego, expressão do "Brasil marcado pela carne do flagelismo", Oswald defende que tal "jecacentrismo"[137] iniciado por Monteiro Lobato havia esgotado suas possibilidades, a não ser no "terno novo" de um escritor como Guimarães Rosa. E em entrevistas, de modo oscilante, declarou considerar da maior importância o romance nordestino, mencionando Jorge Amado, José Lins do Rego, Graciliano Ramos e Rachel de Queiroz,[138] também se referiu aos "búfalos do Nordeste" (que trouxeram a miséria nordestina como "novo fator", então desconhecido na literatura), como uma "onda", movimento que os modernistas julgaram "muito engraçado" e deixaram passar. E apontou como piores romancistas "o búfalo do Nordeste, José Lins do Rego, e o bem-te-vi do Sul, Erico Verissimo".[139]

E, em entrevista publicada na *Tribuna da Imprensa* em setembro de 1954, confessando abatimento e desilusão com a falta de resposta a seu "chamado" modernista, mostrou rispidez para com os romancistas nordestinos: afirma que o movimento de 1922, iniciado "tão bem" por Mário de Andrade e por ele, sofreu "retrocesso" com a literatura "linear e primária" do Nordeste. De forma presunçosa, chega a atribuir ao baixo letramento do país a incompreensão quanto a sua arte, modernista de fonte europeia, arrogando-a muito superior à dos romancistas nordestinos, a que se refere, em tom pejorativo, como cordel: "Evidentemente, o Brasil letrado (pouco letrado) estava muito mais preparado para receber o romance de cordel dos srs. José Lins do Rego e Graciliano Ramos do que as altas cogitações estéticas da Semana de Arte Moderna de 22."[140] A convicção da grande relevância do próprio movimento literário, patente no advérbio "evidentemente" e no adjetivo "altas", transparece também na constatação de que, embora tenha influenciado em "todas as atividades intelectuais", o modernismo não deixou herdeiros, por falta de escritores capazes da "Criação com C maiúsculo". Mas entende que o "retrocesso" do romance de 1930 foi um "mal necessário" no desenvolvimento da literatura brasileira e que o ritmo do movimento de 1922 seria retomado.

Também em uma de suas derradeiras entrevistas, estampada no *Diário de S. Paulo* em novembro de 1954, refere-se à literatura nordestina como retrocesso nos caminhos abertos pelo modernismo, porém reconhece a força e originalidade de seu apego à terra e ao social. E, perguntado sobre a permanência desses escritores na nossa história literária, destaca os nomes de Rachel de Queiroz e Graciliano, e logo acrescenta o de Zé Lins.[141]

Seleção de contos: velhos modernos

"Vocês o conhecem, raso como uma calçada! Formou-se, é verdade, é doutor, doutor na asneira, como já ouvi dizer de um. Incapaz de sustentar uma discussão, incapaz de abrir a boca que não diga tolice, que irá ele fazer na Câmara, na hipótese de ser eleito?"[142]

O ANTIMODERNISTA

Quem diria que essa caracterização irônica de um político nacional viria da pena do parnasiano Alberto de Oliveira (1857-1937)? Pois bem: o "príncipe dos poetas brasileiros",[143] em uma prosa curta e sugestiva, nos oferece a representação crítica desse candidato e da sociedade baseada em mentiras, traições e interesses pessoais em que disputa o poder. Se nos poemas de Alberto de Oliveira, medidos e afastados da realidade brasileira, o ímpeto descritivo se reduzia, citando aqui Mário de Andrade, à "vacuidade formal",[144] diversamente, no conto "Os brincos de Sara", ele serve de abertura imagética para criar a perspectiva crítica do narrador. E a sensibilidade social de Alberto de Oliveira flagra concisa e metonimicamente, na festa dos ricos, a presença e a exclusão dos criados: "Caras de criados irrompiam do corredor, espiando."

Atual, o conto "Os brincos de Sara" saiu na *Gazeta de Notícias*, do Rio de Janeiro, há 130 anos, a 20 de junho de 1892. Em outubro desse mesmo ano, em Quebrangulo, nasceu Graciliano Ramos, que escolheu essa prosa de Alberto de Oliveira para figurar na antologia *Contos e novelas*. Nos anos 1940, por encomenda da Casa do Estudante do Brasil, ele se dedicou a organizar essa seleção de contos por regiões do país, havendo pesquisado durante dois meses na Academia Brasileira de Letras e outros dois na Biblioteca Nacional. Tendo escrito a academias de letras e a diretorias de instrução pública em busca de contos, uma resposta áspera que recebeu de uma delas sintetiza a realidade brasileira de ignorância e descaso pela cultura letrada: "tratamos de assuntos graves, não nos ocupamos com tolices. Não amole."[145]

Marcas do mau provincianismo do país, desagradam a Graciliano esse desinteresse pela literatura, também o hábito de tantas pessoas de afetarem um conhecimento e leituras inexistentes, e sobretudo a retórica balofa, a desfaçatez patrioteira, de bacharéis, políticos, burgueses, sujeitos que se impõem por meio de maroteiras, crimes e da exploração do outro. Pense-se na criação de personagens como o deputado Evaristo Barroca, de *Caetés*, e o pseudoliterato Julião Tavares, de *Angústia*, inspirado em Armando Wucherer. Em carta a Heloísa, escrita de São Paulo, a 28 de fevereiro de 1937, Graciliano expõe sua perspectiva crítica contra a eloquência oca, a falsidade e a ignorância, comuns tanto em São Paulo como em Alagoas:

> Por onde me vire esses infames relatórios me perseguem. Ninguém leu *Angústia* mas vi pessoas que acham *Caetés* um excelente livro. Fiquei encabulado a princípio, depois lembrei-me de que estava em São Paulo, onde essa história de literatura não é muito melhor que em Maceió. Excetuando um número reduzido de criaturas, algumas decadentes, o resto não se afasta muito de Armando Wucherer. Um rapaz que acaba de virar doutor disse-me um horror de barbaridades.[146]

Como se sabe, essa mesma realidade de estupidez e iniquidades ocasionara a migração forçada de Graciliano para o Rio de Janeiro: ele foi preso em 1936 em Maceió, onde era diretor da Instrução Pública, secretário estadual da Educação, responsável por criar a merenda escolar e aumentar as vagas para crianças nas escolas, inclusive negras. Libertado no ano seguinte, tendo filhos pequenos a sustentar, trabalhou posteriormente como revisor do *Correio da Manhã* e como inspetor federal de ensino secundário, além de dedicar-se à escrita de contos e de artigos para a imprensa e a tarefas intelectuais como a organização dessa antologia.

O depoimento a Almeida Fischer e a entrevista a Homero Senna, aqui incluídos, e também a correspondência de Graciliano atestam seu empenho por encontrar narrativas de todos os estados brasileiros. Essa pesquisa da ficção curta brasileira lhe garantiu maior conhecimento de tal criação artística, de forma a ter um olhar relativizador quanto à divisão estrita entre escritores "velhos", acadêmicos, e "novos", modernos. Nas entrevistas, o autor de *Vidas secas* aponta a injustiça cometida pelos modernistas, que confundiram o ambiente literário do país com a academia e, assim, condenaram arbitrariamente os antigos. Comentando as leituras então feitas para a antologia, Graciliano destaca haver descoberto "novos" do século anterior, "contistas notáveis": Alberto de Oliveira e seu "Os brincos de Sara" aqui evocado; Raul Pompeia e seu "Tílburi de praça"; Domício da Gama e "Só"; Mário de Alencar e "Coração de velho"; Medeiros e Albuquerque e "O ratinho Tic-Tac". Inconformado com o esquecimento desses grandes autores pelos modernistas, acusa intencional o silêncio quanto a tais contos, a seu ver superiores às criações dos líderes modernistas.

Por problemas financeiros da Casa do Estudante do Brasil, a antologia *Contos e novelas* saiu por essa editora postumamente, em 1957, e depois com o título *Seleção de contos brasileiros*, pela Ediouro. Compõe-se de cem contos, distribuídos em três volumes: I, Norte e Nordeste; II, Leste; e III, Sul e Centro-Oeste. Interessavam a Graciliano criações de desconhecidos, desde o fim do século XIX, feitas em cidades, aldeias, atrás de balcões, em cartórios ou em casas-grandes, por pessoas de origens e posições sociais diversas. Quanto aos escritores consagrados, como Machado de Assis, Artur Azevedo, Lima Barreto, Monteiro Lobato, o propósito era publicar ótimos contos, não os muito conhecidos e até superiores a eles. A antologia inclui também nomes como Aníbal Machado, Augusto Meyer, Dyonélio Machado, Eneida de Morais, Fernando Sabino, Joel Silveira, Lia Correia Dutra, Mário de Andrade, Orígenes Lessa, Rubem Braga, Telmo Vergara.

Trabalhando como editor, portanto, a perspectiva moderna de Graciliano também se revela na pesquisa e na realização da antologia, em cujo prefácio ele expõe seu difícil desejo de apresentar as almas, por exemplo, de um criminoso e de um seringueiro, e de dentro para fora, "lançadas por gente pequenina, rebotalho social". Porém, se ele não obtém textos assim do Amazonas, nem do Mato Grosso, de todo modo os contos selecionados, como se observou quanto aos de Alberto de Oliveira e de Mário de Andrade, destacam-se por combinarem a representação social crítica e a expressão de conflitos subjetivos, por meio da construção de narradores originais e de entrechos baseados em personagens, imagens e questões bem elaboradas e articuladas com andamento conciso. Inferem-se tais critérios artísticos como norteadores das escolhas de Graciliano, que convida os leitores a não se contentarem com os nomes dos escritores consagrados, mas a entenderem a motivação estética de sua fama.

Dessa forma, sobressai um sentido de modernidade da atuação de Graciliano como escritor, organizador da antologia, intelectual, artista e político: o empenho por manter a consciência crítica, buscando compreender sempre a si e os outros, a realidade com seus fatores econômicos e psicológicos, e, assim, respeitar as singularidades e evitar generalizações e estereótipos, de forma a não cometer injustiças, nem ser empulhado.

Enormidade moderna: contos-capítulos

Fundamental para o estudo de escritores e movimentos literários, a busca por compreender as singularidades e seu contexto social, rejeitando generalizações e estereótipos, delineia um caminho ético, como o trilhado pelo romancista Graciliano Ramos. Recordem-se, das entrevistas aqui referidas, não só seu empenho por pesquisar e selecionar contos para a antologia, mas sobretudo o propósito de combater a perspectiva generalizadora modernista, que tachou de acadêmicos e desconsiderou escritores que compuseram contos admiráveis.

Percebe-se, portanto, a importância dos contos para a trajetória artística moderna de Graciliano. Vale evocar também que seus três primeiros romances nasceram de contos: em 1924 e 1925, ele escreveu

"Uma carta" e "Entre grades", prováveis versões iniciais respectivamente de *S. Bernardo* e de *Angústia*; e o terceiro conto se desenvolveu com diálogos e originou *Caetés*. Desde Alagoas, ele acenou com a tendência de criar capítulos com certa autonomia de contos, estampando-os em periódicos. Todavia, depois de sair da prisão, em 1937, a publicação desses textos, bem como de artigos, na imprensa tornou-se essencial em termos financeiros para o escritor. E tal estilo de contos autônomos e, a um tempo, vinculados a outros na composição de um romance constituiu a força de *Vidas secas*. Escritos numa pensão do Catete, dez dos treze capítulos da obra, a começar por "Baleia", saíram como contos na imprensa (em *O Jornal*, na *Revista Acadêmica*, no *Diário de Notícias*, em *O Cruzeiro*, em *La Prensa*, da Argentina),[147] e depois todos foram dispostos simetricamente no ciclo entre "Mudança" e "Fuga". Por isso, no "Discurso de um ausente", o cronista Rubem Braga, que morava na mesma pensão, chamou *Vidas secas* de "romance desmontável".

A novidade, como declarou Graciliano em entrevista a Brito Broca (publicada na *Gazeta*, de São Paulo, em março de 1938, e registrada no livro *Conversas*), foi fugir aos estereótipos dos sertanejos e dar voz aos pensamentos desse homem que sofre a "hostilidade do mundo físico e da injustiça humana". Com apenas cinco personagens, um homem, uma mulher, dois meninos e uma cachorrinha, ele criou seu mundo e representou a humanidade, despertando comoção e consciência social crítica.

Surpreende-se, pois, em *Vidas secas* uma forma artística concebida do valor singular de cada conto e, a um tempo, de sua inserção no conjunto. O sentido hermenêutico e ético dessa forma que dá voz às singularidades e busca sua justeza com o todo sobressai também em *Infância*, inclusive como poética, em capítulos como "Os astrônomos" e "Nuvens". Em conversa com Armando Pacheco,[148] Graciliano revela a ordem de escrita dos capítulos-contos dessa obra, a que se dedicou de 1936 a 1944. Logo na abertura, em "Nuvens", estampado a princípio na *Revista do Brasil*, em março de 1941, o adulto de *Infância* — menino que errou ao não distinguir laranjas de pitombas, ambas esféricas — aponta a necessidade de considerar as diferenças nos reinos das letras, das palavras, das coisas, dos seres. Semelhantes todos, têm no entanto valor particular: "A generalização era um erro."

Faltou dizer que, publicada a antologia *Contos e novelas* após a morte de Graciliano Ramos, o amigo Aurélio Buarque de Holanda nela incluiu o dolorosamente belo "Minsk", presente em *Insônia* (1947) e hoje também com a autonomia de obra ilustrada do público infantojuvenil (Galerinha Record, 2013). Escrito em julho de 1941, com o nome do gueto então estabelecido quando da ofensiva alemã contra a União Soviética, "Minsk" partilha conosco o amor da pequena Luciana por sua jandaia Minsk e seu gosto pela liberdade e pela novidade lúdica de caminhar de costas, para depois experienciarmos com ela o infortúnio de pisar o ser amado e tirar-lhe a vida. Nesse contexto, avulta a palavra "enormidade": "Horrível semelhante *enormidade* arrumar-se no coração da gente." Importa saber que, significando o desmesurado, *enormidade* carrega em sua etimologia a recusa do chavão, marca da modernidade do autor: "o que foge à norma." Com o desmedido da beleza e da dor, "Minsk" condensa a "enormidade" da arte moderna de Graciliano: a compreensão recíproca entre animais e crianças, o desejo de liberdade contra convenções e a tragédia de pisar o outro, em especial o ser amado.

Também alguns capítulos de *Memórias do cárcere* foram publicados inicialmente na imprensa. Em sua autonomia de sentido, o capítulo aqui incluído traz uma figura controversa, que despertou em especial a desconfiança e a prática de Graciliano de analisar caracteres, sua busca incessante de compreender o outro, a fim de não ser injusto, nem enganado. E, por meio da análise de tal figura, alcança revelar-nos "o mecanismo que impulsiona esquisitas celebridades vazias".

Bem colocado no Partido Comunista, Antônio Maciel Bonfim, pseudônimo Miranda, embora tivesse fama de vítima heroica, apenas se vangloriava, risonho, de supostas marcas de tortura. E Graciliano logo entreviu em sua linguagem um esnobismo semelhante ao que lhe desagradava no modernismo: com base em um "preconceito infantil", cometia erros de sintaxe e de prosódia, junto com os de sua própria ignorância, para se aproximar do operário e afetar-se revolucionário. Essa falsificação incluía o bordão "Isto é muito importante", a coroar a ausência de pensamentos e de domínio da língua. Para além da frivolidade e pavonice de Miranda, o fato de delatar o nome de uma companheira deixou ver que ele não passava de um impostor infiltrado. Ecoa a indagação de Graciliano: "Em quem deveríamos confiar?"

O contrário de heroísmos de aparência, de linguagem afetada e de auto-ostentação oca, impossível não recordar aqui outra figura trazida a nós por Graciliano Ramos, em texto de 1941, recolhido em *Viventes das Alagoas*: "O dr. Jacarandá." "Dom Quixote escuro" fugido da seca e da senzala em 1877, "desdenhando erudições e formalidades", fez-se *adevogado* ou *cosídico* para defender de injustiças os vagabundos e as meretrizes. Se a civilização moderna torna imprescindíveis jornais, rádios, aviões e a guerra, ele os desconhecia. Ignorava que as "bruxarias" barulhentas que lhe sobrevoavam a cabeça, levando passageiros e correspondência, podiam "transportar bombas, arrasar cidades". Tendo por arma sua "inocência resistente", bondade voltada para "as misérias alheias", significou para Graciliano a prova de não estarmos "definitivamente corrompidos".

À indagação "em quem deveríamos confiar", a resposta de Graciliano, em "O dr. Jacarandá", é a sua prosa moderna com ritmo de poesia crítica:

> Certamente houve muitas coisas belas, mas agora tudo é feio, triste. E falsificado. Alimentos falsificados e ideias falsificadas nos estragam as vísceras, superiores e inferiores. Verdades numerosas tornaram-se mentiras. E vice-versa. Infelizmente os sentidos funcionam: lemos jornais, ouvimos rádio. Poderemos ainda acreditar, admirar?[149]

I
CRÔNICAS

CHAVÕES[1]

Atacam por aí o lugar-comum. Não sei por quê. Sendo comum, deve ser conveniente ao público, e não valem contra ele as opiniões de alguns cavalheiros que não são comuns.

Se me dão licença, declaro que tenho predileção especial pelos clichês. E a minha razão está aqui: é mais cômodo viajar em automóvel por uma estrada de rodagem sem buracos que percorrer os caminhos sertanejos cheios de surpresas de espinho rasga-beiço.

Comparando mal (ou comparando bem, como quiserem), a literatura encrencada dos homens de talento é como as veredas de minha terra: tem curvas fechadas, rampas que escangalham um carro, tocos prejudiciais aos pneumáticos, pedras, atoleiros, riachos, precipícios, areais e ramos indiscretos que batem na cara da gente.

Tudo isso é desagradável e produz abalos e interrupções frequentes na viagem e na leitura.

Vejam agora a rodovia bem conservada e a crônica literária de um cidadão inofensivo. Ambas são planas, batidas, retas, extensas — e resvalamos por elas facilmente, com velocidade de oitenta quilômetros por hora, sem precisão de entendê-las. Quando muito, perguntamos ao chofer ou ao conhecido que entra no café: "Quem foi que fez isto?"

Com efeito, nenhum viajante ou leitor, por muito exigente que seja, sentiu nunca a necessidade de compreender uma estrada ou um artigo campanudo.

E precisamente pela sensação de preguiça que experimentamos lendo frases bombásticas simpatizo com certos autores. Sem eles, jornais e livros se tornariam depressa intoleráveis.

Imaginem a maçada de estar um cristão a catar pensamentos em todas as linhas que encontra. É trabalho penoso, porque há sujeitos que pensam bem, mas não se exprimem com clareza, outros que se agarram a assuntos terríveis e nos obrigam a olhar para cima e a procurar uma brecha que não aparece. Quase sempre detestamos mistérios.

Por isso lemos com imenso prazer os escritores que não dizem nada. Excelentes criaturas. Têm boas intenções e portam-se decentemente.

Ora vejam. Coberto de glória, o sr. Graça Aranha resolve morrer, o que é uma perda irreparável para a sua excelentíssima família e para a Academia Brasileira de Letras.[2]

Um doutor que há vinte e tantos anos leu *Canaã*[3] e entusiasmou-se, como então era costume, lembra-se de compor o necrológio do ilustre diplomata. Arma-se de gramáticas, dicionários e outros instrumentos análogos, senta-se, bebe café, fuma cigarros e atira quatro colunas em cima do finado. Pois essas quatro colunas, com pequenas modificações no tipo, no título e em alguns adjetivos, servem perfeitamente para defender o divórcio, para fazer declarações de amor e para insultar a Rússia. Têm minas de ouro, cachoeiras, florestas, a pátria, a bandeira, o céu, o mar, um grande número de instituições consideráveis que a gente lê pensando na vida, pensando no câmbio, ou não pensando em coisa nenhuma. É admirável.

Comparem um capítulo do sr. Oliveira Vianna sobre o Brasil colonial[4] a um desses artigos que por aí se publicam a respeito de Castro Alves ou da prefeitura municipal de Porto de Pedras. A primeira tem latifúndios, engenhos de banguê, nobreza rural, pecuária, mineração e governadores gerais; o segundo tem tudo. Ou não tem nada. É ótimo. Não nos perturba as ocupações ordinárias, pode ler-se no banho, em cima duma bicicleta, ou junto a um tabuleiro de xadrez. E adapta-se admiravelmente às nossas condições interiores. Se estamos zangados, afirmamos que aquilo é insensatez; se estamos de bom humor, achamos engraçado e útil como objeto de estudo. Os católicos levantam os olhos para o céu e sorriem docemente: "Pobrezinho, é um bem-aventurado"; os ateus rasgam o jornal e gritam: "Ora, sebo!"

Apresento uma sugestão aos homens inteligentes: deixem de escrever e entreguem a pena aos imbecis.[5]

O TEATRO DE OSWALD DE ANDRADE[1]

O velho Beaumarchais,[2] apesar das encrencas em que andou metido, foi mais feliz que Oswald de Andrade. Pôs o conde Almaviva no Teatro — e Almaviva comprou camarote e bateu palmas a todos os horrores que Fígaro disse dos sujeitos graúdos do fim do século XVIII.

Agora a coisa mudou. Oswald de Andrade é uma espécie de Beaumarchais brasileiro, mas estes últimos 150 anos fizeram um rebuliço no mundo — e o escritor revolucionário não conta com os aplausos da classe que ataca. Almaviva aplaudiu as inconveniências do barbeiro porque o supôs um pobre-diabo, mas Fígaro mostrou as unhas em 1789, e Almaviva encolheu-se.

As peças de teatro que Oswald de Andrade agora apresenta em volume[3] são dois botes medonhos: o primeiro aos arcaísmos, todos os gêneros de arcaísmos;[4] o segundo à exploração comercial e instituições anexas, entre as quais avulta o casamento, "a *good business*", na opinião dum americano que entra em cena para dizer esta frase. Oswald de Andrade pretende acabar os arcaísmos com fogo, remédio certamente eficaz também contra os males que enchem a segunda peça.

Enquanto não se aplica esse tratamento enérgico, uma família secular, bandeirante e encalacrada, tira-se de dificuldades como pode, aproveita a habilidade das meninas, que adquirem fama em apartamentos e hotéis, e um homem de negócios, não aguentando a concorrência, mete o pé no buraco e uma bala no peito. *Good business*. Podia ser melhor, porque aí houve uma perturbação, e isto é inconveniente para a ordem. Mas também podia ser pior, se a fortuna de Abelardo I fosse dividida entre muitos Abelardos. Não foi: passou tudo para as mãos de Abelardo II, o dinheiro e a noiva, com alegria da família secular e bandeirante, que se desencalacrou, e aprovação do americano.[5] *Good business*.

As mercadorias humanas que circulam nesse negócio são interessantes: há a mulher que não é mulher e o homem que não é homem, o literato que dança na corda bamba com medo de avançar ou recuar, a polaca que se tornou importante e virou polonesa, a sogra que não é de ferro, o sujeito que recebe dinheiro para organizar milícias, gente esfolada, completamente sem pele, e que ainda querem continuar a esfolar, como se isso fosse possível.

A primeira peça de Oswald de Andrade não poderia ir à cena, porque muito poucos a entenderiam. E a parte mais clara descontentaria as pessoas honestas, que o autor conhece tão bem.[6] Provavelmente a segunda peça também não será representada.[7] Há nela coisas abomináveis. "Sou uma fracassada."[8] Totó e outros semelhantes não gostariam de ouvir essas indiscrições.

Não faz mal. Nós as leremos — e talvez isto seja melhor que ouvi-las.

CONVERSA DE LIVRARIA[1]

Correu há dias a notícia de que Oswald de Andrade[2] regressava da Europa na terceira classe dum navio do Lloyd.[3] Isto nos arrepiou. Lembrei-me da tarde em que entramos num transatlântico inglês[4] para levar despedidas a esse amigo. Enquanto bebíamos uísque, Julieta Bárbara[5] distribuía volumes do seu último livro de versos e Oswald, entre *boutades* e risos, falava a respeito do congresso do PEN Club[6] que se ia reunir em Estocolmo.[7]

Veio a guerra, ninguém pensou mais em letras, certamente o congresso gorou. Mas de quando em quando, interrompendo a leitura dos telegramas de Londres e de Berlim, um literato esquecia por instantes a sorte do mundo e perguntava inquieto:

— Onde andará a esta hora o Oswald? Terá chegado à Suécia?

A história da viagem numa terceira classe de navio nacional, ficção evidente, caiu de chofre aqui na livraria. Coitada de Julieta Bárbara. Enjoando na travessia longa, sem nenhum conforto, pessimamente instalada entre malas, pacotes e gente horrorosa — que desgraça!

Oswald é que devia estar radiante, muito mais satisfeito que se tivesse representado a literatura brasileira em Estocolmo. Estranhas coisas iríamos ouvir quando ele chegasse, menos gordo e mais moço, terrivelmente moço, resistentemente moço, inutilizando a brincadeira que Gilberto Freyre[8] enviou dos[9] Estados Unidos sobre ele.[10] Cadernos riscados a lápis lhe pejariam a bagagem, viriam tornar mais alta a enorme pilha de anotações com que se prepara o romance *Marco zero*, lentamente composto, lentamente anunciado, espécie de mito literário, semelhante ao *João Ternura* de Aníbal Machado.[11]

Esses dois livros, coleções de pedaços de obras-primas, não serão conhecidos: talvez só fiquem deles os admiráveis fragmentos durante vários anos pingados em jornais e revistas.

Marco zero, no período extenso duma gestação complicadíssima, cresceu tanto que não pôde nascer. Prometia ser uma plaquete[12] como *Serafim Ponte Grande*, mas com o correr do tempo foi tomando proporções rocambolescas: em 1937 estirava-se por quatro volumes encorpados, e o material que o constituía derramava-se em oitenta cadernos.[13] Uma ótima datilógrafa, ótima em todos os sentidos, copiava interminavelmente essa abundância, de que vi uns capítulos, ótimos, no último andar duma esquina à praça Júlio de Mesquita, em São Paulo. Os cadernos e os volumes aumentaram: ocupam hoje parte dum arranha-céu em Copacabana.

Visitei-os há meses e pensei no processo de composição de José Lins do Rego.[14] Em toda a sua vida, de numerosa leitura e longa observação, José Lins nunca tomou uma nota. Quando se dispôs a fazer *Pedra Bonita*, armou-se duma brochura do século passado. Esse alfarrábio mostrava que em Pedra Bonita havia um culto imoral, mas o autor de *Banguê* teve preguiça de meter-se em negócio de religiões primitivas e, livre de erudições, arranjou em poucos dias uma história muito diferente da que se continha no folheto.[15]

O escritor paulista diverge do paraibano — e por isso viveram há tempo numa ligeira turra, que graças a Deus acabou.[16] Oswald registra com rigor todos os fatos dignos de interesse, traça um plano que se alarga continuamente e, nunca satisfeito com a sua forma, redige uma página quatro, cinco vezes. Depois de imenso esforço, deixa o trabalho em meio. Boa parte de seu talento se gasta em pilhérias: nesse homem espirituoso há um ator que representa, nas conversas mais agradáveis do mundo, as peças que não escreve. Se ele chegou a Estocolmo, o que é improvável, certamente irá contar-nos a respeito da Escandinávia coisas deliciosas, que ficarão inéditas.

José Lins nunca foi à Suécia, creio eu. Entretanto é na Suécia que se localiza a primeira parte do seu último livro, um romance magnífico.[17]

OS TOSTÕES DO SR. MÁRIO DE ANDRADE[1]

O sr. Mário de Andrade,[2] há algum tempo, lamentando o mau gosto e a imperícia que atualmente reinam e desembestam na literatura nacional, utilizou uma imagem espirituosa e monetária: dividiu os nossos escritores em duas classes — a dos contos de réis, pelo menos centenas de mil-réis, onde se metem alguns indivíduos que arrumam ideias com desembaraço, e a dos tostões, gavetinha que encerra criaturas de munheca emperrada e escasso pensamento.[3] O sr. Joel Silveira,[4] sergipano bilioso, incluiu-se modestamente na segunda categoria, tomou a defesa do troco miúdo, dos níqueis literários que enchem revistas, jornais, cafés, livrarias, cômodos ordinários em pensões do Catete.[5]

Enquanto o autor de *Macunaíma* exige acatamento à tradição e à regra, o jovem contista de *Onda raivosa* se mostra desabusado e rebelde: não chega a atacar a cultura, mas refere-se a ela com tristeza, julga-a remota e inacessível ao homem comum.

Há uma técnica na arte, diz o sr. Mário de Andrade. Romain Rolland[6] foi mais longe: afirmou, creio eu, que a arte é uma técnica. O moço nortista repele semelhantes exigências. Vivemos arrasados, o numerário foge, há dívidas abundantes e falta-nos vagar para os cortes, as emendas necessárias. Não faz mal que a produção artística saia capenga.

O que nos desagrada nessa questão, hoje morta, é notar que o crítico paulista, colando em alguns escritores etiquetas com preços muito elevados e rebaixando em demasia o valor de outros, vai tornar antipática a boa causa que defende, prepara terreno favorável ao paradoxo sustentado pelo sr. Joel Silveira. E teremos então uma demagogia louca. "Somos tostões, perfeitamente, um considerável número de tostões. Somem tudo isto e verão a quantia grossa que representamos."[7]

Não há nada mais falso. Mas os indivíduos que se imaginam com boa cotação no mercado naturalmente se encolhem, silenciosos,[8] por vaidade ou por não quererem molestar os níqueis comparando-se a eles. E as moedinhas devem andar rolando por aí, satisfeitas, areadas, brilhantes, pensando mais ou menos assim: "Joel Silveira é dos nossos, inteiramente igual a qualquer um de nós. Ignorante que faz medo, nunca leu um livro. Conversa mal, não vai além destas pilhérias que a gente larga nos cafés. Mora numa casa cheia de pulgas, é amarelo como flor de algodão e tem a fala arrastada. Pobrezinho, com certeza come pouco ou não come. Pensa pouco ou não pensa. Um tostão, como eu, como tu, como aquele. Podemos supor que Joel Silveira valha mais de um tostão? Não podemos, razoavelmente, porque ele chegou perto de nós e gritou: Eu sou um tostão. Entretanto Joel Silveira inventa uns negócios que sujeitos entendidos elogiam. Ora se Joel, tão arrastado, tão amarelo, tão barato, faz contos e crônicas interessantes, por que não faremos nós coisa igual? Mexamo-nos, fundemos sociedades e pinguemos em revistas os nossos cinco vinténs de literatura."

Um desastre. É necessário pôr fim a essa confusão, que nos pode render muito prejuízo. Já existe por aí uma quantidade enorme de livros ruins. E o sr. Joel Silveira não é tostão, nunca foi. Escreveu um excelente artigo para demonstrar que não sabe escrever.

OS SAPATEIROS DA LITERATURA¹

Foi uma questão muito séria que não chamou, como esperávamos, a atenção dos interessados e morreu logo² no nascedouro. O sr. Mário de Andrade, num dos seus excelentes rodapés do *Diário de Notícias*, condenou, entre amável e acrimonioso, a literatura feita à pressa, abundante nestes dias de confusão.³ Um dos nossos grandes homens de letras divergiu azedamente do escritor paulista.⁴ Este voltou à carga⁵ e afinal o sr. Joel Silveira, no hebdomadário *Dom Casmurro*, fechou a discussão rápida com uma nota curiosa que infelizmente não foi examinada pelos entendidos.⁶ Os telegramas de guerra mataram essa pendência que agora procuro desenterrar.

Em resumo, o sr. Mário de Andrade sustentou, com citações e argumentos de peso, esta coisa intuitiva: um sujeito que se dedica ao ofício de escrever precisa, antes de tudo, saber escrever. Há tempo o sr. Rubem Braga,⁷ num artigo curto, desprovido de citações e com poucos argumentos, tinha dito o mesmo.⁸ Isto é quase uma verdade lapalissiana.⁹

Dificilmente podemos coser ideias e sentimentos, apresentá-los ao público, se nos falta a habilidade indispensável à tarefa, da mesma forma que não podemos juntar pedaços de couro e razoavelmente compor um par de sapatos, se os nossos dedos bisonhos não conseguem manejar a faca, a sovela, o cordel e o ilhós.¹⁰

A comparação efetivamente é grosseira: cordel e ilhós diferem muito de verbos e pronomes. E expostos à venda romance e calçado, muita gente considera o primeiro um objeto nobre e encolhe os ombros diante do segundo, coisa de somenos importância.

Essa distinção é um preconceito.[11] Se eu soubesse bater sola e grudar palmilha, estaria colando, martelando. Como não me habituei a semelhante gênero de trabalho, redijo umas linhas, que dentro de poucas horas serão pagas e irão transformar-se num par de sapatos bastante necessários. Para ser franco, devo confessar que esta prosa não se faria se os sapatos não fossem precisos. Por isso desejo que o fabricante deles seja honesto, não tenha metido pedaços de papelão nos tacões. E espero também que os meus fregueses fiquem satisfeitos com a mercadoria que lhes ofereço, aceitem as minhas ideias ou pelo menos, em falta disto, alguns adjetivos que enfeitam o produto.

* * *

Evidentemente o sr. Mário de Andrade, homem de cultura e gosto, não iria aproximar um escritor dum operário. Mas agora estou pensando nos rapazes do *Dom Casmurro*. E não atino com a razão por que eles torceram o nariz à opinião do crítico.

Afinal, que são os rapazes do *Dom Casmurro*? Os sapateiros da literatura. Não se zanguem, é isto. Somos sapateiros, apenas. Quando, há alguns anos, desconhecidos, encolhidos e magros, descemos das nossas terras miseráveis, éramos retirantes, os flagelados da literatura. Tomamos o costume de arrastar os pés no asfalto, frequentamos as livrarias e os jornais, arranjamos por aí ocupações precárias e ficamos na tripeça, cosendo, batendo, grudando.

Certamente há outros que são literatos por nomeação. Necessitamos de[12] letras, como qualquer país civilizado, e escolhemos para representá-las um certo número de indivíduos que se vestem bem, comem direito, gargarejam discursos, dançam e conversam besteira com muita suficiência.

Os rapazes do *Dom Casmurro*,[13] uns pobres-diabos, não sabem fazer nada disso. Peçam ao sr. Joel Silveira ou ao sr. Wilson Louzada[14] uma conferência a respeito do namoro e verão o desastre: as mocinhas[15] da plateia se chatearão horrivelmente.

Restam, pois, a esses desgraçados, a essas criaturas famintas,[16] as sovelas e a faca miúda com que se corta o couro. Mas é preciso que a faca e as sovelas sejam bem manejadas. Quando lá fora disserem: "Esta crônica está bem-feita, este livro é mais ou menos legível", os autores, uns infelizes, pensarão: "Bem. Não há no mundo uma pessoa que tenha interesse em elogiar-nos. Fizemos qualquer coisa apreciável, é claro." E dormirão tranquilos um sono curto.

Enfim as sovelas furam e a faca pequena corta. São armas insignificantes, mas são armas.

UMA JUSTIFICAÇÃO DE VOTO[1]

O sr. José Carlos Borges[2] deseja uma apresentação para o seu livro *Neblina*, ou antes para a história que inicia o livro.

Não me agradam esses narizes de cera: revelam timidez no autor, penso eu, e dão ao prefaciador uns ares de padrinho, uma suficiência irritante. Pergunto a mim mesmo a serventia dum prefácio em obra de ficção. Se ela precisa dessa espécie de asbesto que a preserve da malevolência pública, não está realizada. Em geral as explicações de encomenda são inúteis.

Parece que solicitam a condescendência dos leitores, exagerando qualidades boas e escondendo defeitos. De algum modo são cartas de recomendação aos críticos. A estes compete escarafunchar, interpretar, julgar, trabalho que o encarregado do introito não poderia decentemente fazer, por falta de independência.

Ora, o sr. José Carlos Borges não me pede exatamente um par de muletas, objetos que não utilizaria, pois anda e corre com facilidade: quer apenas que me explique a respeito dum voto que dei, o ano passado. A resposta vai realmente ser publicada como prefácio, mas é um prefácio chinfrim, porque só se refere a algumas páginas do livro.

Bem. Acho conveniente narrar esse caso por miúdo e expor a minha opinião, que, brigando com a de pessoas capazes, deve estar errada. Há tempo o diretor do semanário *Dom Casmurro*[3] convidou-me para fazer parte dum júri que ia funcionar num concurso de contos.[4] Aceitei a incumbência, mas quando procurei os nomes dos outros juízes, soube que a revista adotara um processo esquisito de julgamento: os jurados, escolhidos em segredo, receberiam os trabalhos em casa, leriam todos ou alguns, se quisessem, e indicariam os melhores.

— Vai haver uma bagunça dos diabos, disse comigo.

E houve. Enviaram-me dois enormes embrulhos com milhares de folhas datilografadas. Horrível. Se eu conhecesse os outros membros da comissão e confiasse neles, não leria talvez aquela droga toda. Ocupado nas minhas encrencas ordinárias, bastante numerosas, deixaria em sossego as letras nacionais, que passam perfeitamente sem mim, e examinaria, livre de cuidados, as histórias selecionadas por inteligências de bom quilate. Chegaríamos assim a entendimento.

Mas o diretor da revista havia usado perfídia: era-me indispensável gramar, de cabo a rabo, aquela medonha papelada. Resignei-me. E vi o que os nossos patrícios, em Santo Antônio do Madeira, em Sant'Ana do Livramento, em Garanhuns e em Passa Quatro, estão fazendo em arte escrita. Comoveu-me a valentia do sertanejo que, em noite de festa, canta, dança, entra em barulho, quebra as forças da morena vestida de chita, depois se casa com ela, é enganado e mata dois meliantes. Essa tragédia foi contada muitas vezes, ocupou grande parte dos pacotes referidos. Contemplei vários poentes, ensanguentados, é claro, como todos os poentes que se respeitam, e reli as duas descrições úteis a românticos e realistas: a queimada e a enchente. A água e o fogo ainda são elementos no interior, pelo menos em literatura. Admirei períodos muito bem compostos, embalei-me com o ritmo binário e com o ritmo ternário. Vi de perto sequazes de Coelho Neto, de Humberto de Campos e (para que não dizer tudo?) de Catulo da Paixão Cearense. Junto a esses, alguns cidadãos, poucos, enveredavam pelo modernismo e, adotando cacoetes postos em moda de 1922 a 1930, arrumavam frases curtas, telegráficas, confusas, trocavam os lugares dos pronomes, começavam nomes próprios com letra minúscula.

Afastei isso tudo. E como era necessário escolher treze contos, separei casos simples e humanos, alguns bem idiotas, mas sem francês, sem inglês, sobretudo sem a ponta de faca da honra cabocla, mentirosa e besta, sem ritmos infalíveis, o binário e o ternário, sem enchente e queimada, sem as tapeações do modernismo. Remeti uma lista ao semanário — e foi um desastre. Os homens do júri (creio que eram cinco) mandaram listas diferentes umas das outras, e, se não houve alguma coincidência na votação, devem ter surgido, em vez de treze, sessenta e cinco histórias dignas de prêmio.

— Como é isso? perguntará um leitor bisonho de Nossa Senhora de Sapucaí. Não existe um critério para avaliar essas coisas? uma bitola para medi-las? Cada um tem o direito de afirmar que isto ou aquilo presta ou não presta, à vontade?

É isso mesmo, amigos de Sapucaí, de Araraquara e de Palmeira dos Índios. Cada um tem o direito de considerar bom ou ruim isto ou aquilo. Entre nós é assim: declaramos o que nos vem à cabeça. Nesse negócio do *Dom Casmurro* o diretor deve ter ficado numa atrapalhação:

— Diabo! Nem para o prêmio grande há dois votos concordantes?

Mas deve ter dado boas gargalhadas. Seria necessário arranjar novo júri? Talvez não valesse a pena. Em vez de sessenta e cinco votos diferentes, apareceriam cento e trinta — e a dificuldade se agravaria. Nomeou-se um desempatador, um crítico, o sr. Almir de Andrade. E as histórias que escolhi foram premiadas.

A do sr. José Carlos Borges, "Coração de d. Iaiá", obteve o primeiro lugar.[5] Por que seria que outros julgadores não haviam gostado dela?, perguntei a mim mesmo. Talvez, no momento da leitura, estivessem friorentos ou esquentados, satisfeitos ou aborrecidos, com os estômagos cheios ou vazios. Reli o conto em diversos estados — e ele resistiu ao frio, ao calor, à raiva, à alegria, à fome, ao ciúme e à dor de dentes. E pensei que Deus Nosso Senhor, antes de nos dar a literatura, nos deu a cárie, a mulher, a pele e numerosas entranhas para sabermos se um conto é bom ou ruim.

Veio a lume "Coração de d. Iaiá" — e surgiram quiproquós.

Vários cavalheiros entendidos me vieram interpelar, alegando que ao trabalho escolhido faltavam coisas indispensáveis: a cadência, o adjetivo grudado ao substantivo e o advérbio engatado ao adjetivo. Expliquei-me como pude. Que havia pretendido revelar-nos o autor? Uma senhora cacete, que atrapalhava os amores do filho com horríveis conselhos, sempre os mesmos. Pois a pretensão estava realizada. Meia dúzia de cartas malucas, exercício de chateação e uma alma cândida se manifestava, cheia de escrúpulos e sustos, desesperadamente virtuosa, a exagerar os perigos que assaltavam o moço da roça desgarrado na cidade grande.

Assim era, concordaram alguns espíritos sisudos. Achavam, porém, que o escritor pernambucano, desprezando a regra, conseguira resultados imprevistos. Escolhera um bom tipo, e esse tipo começara a mexer-se e a viver, não obstante as deficiências da narrativa. É uma opinião da plateia — e o maior elogio que se pode fazer ao sr. José Carlos Borges. Involuntariamente o defensor da regra afirma a falência dela.

Nestes últimos tempos, em consequência dos excessos do modernismo, vozes se têm levantado condenando a impureza da linguagem e exigindo a restauração das boas normas literárias. Infelizmente, ou felizmente, os pregoeiros da sintaxe e do estilo escorregam às vezes no solecismo e no lugar-comum. É uma incongruência natural neste país, onde os indigentes evitam qualquer alusão à pobreza e os mulatos ignoram o preto.

O sr. José Carlos Borges não comete os deslizes em que são férteis os campeões da lei gramatical. Também não pratica os erros voluntários de certos cidadãos que, escrevendo sistematicamente às avessas, são puristas falhados, tentaram forjar uma língua capenga e falsa. Exprime-se direito, sem penduricalhos, e isto dá à sua prosa uma aparência de naturalidade que engana o leitor desprevenido. Não percebemos o artifício, temos a impressão de que aquilo é espontâneo, foi arranjado sem nenhum esforço. Justificam-se, pois, as restrições e o enjoo dos amigos da forma.

Certamente houve paciência e demora na composição. Descrevendo-nos uma alma simples, vulgar, que se apresenta em cartas, o autor correu o risco de tornar-se vulgar também. Escapando a isso, mostra-se um técnico. Percebe os atoleiros disfarçados que é preciso evitar e os tocos insidiosos que nos arrancam a unha em topadas funestas. Conhece perfeitamente a sua personagem, mas não se confunde em nenhuma passagem com ela. D. Iaiá é matuta, honesta, duma honestidade rigorosa e de pedra. O sr. José Carlos Borges compreende-lhe a moral e a dureza. E fixa-as em cartas que d. Iaiá faria se soubesse escrever. Se ele nos exibisse os bilhetes dessa criatura, com a sua ortografia e a sua pontuação, a história seria horrorosa. A redação não é da velha, mas parece-nos que é. A correspondência tem, portanto, verossimilhança, uma verossimilhança obtida à custa de repetições oportunas e dum vocabulário pequeno, presumivelmente o que adotam as senhoras de escassos recursos intelectuais e muita devoção. O sr. José Carlos Borges repetiu as frases indispensáveis.

Estão admiravelmente expostos no conto, não só os temores da protagonista, mas também alguns pedaços da vida no interior: as relações do coronel com a política dominante, os progressos do rapaz que toca bombardino na filarmônica, as esperanças da moça que se candidata a professora municipal e é barrada pelas parentas do juiz e do prefeito.

O epistolário é monótono — e por aí vemos que d. Iaiá tem bastante gordura, fala arrastado, reza novenas e cria os filhos no temor de Deus. Se tomamos conhecimento disso, sem que o autor tenha precisado gastar em demasia papel e tinta, penso que o conto é bom.

DECADÊNCIA DO ROMANCE BRASILEIRO[1]

Prudente de Morais Neto, crítico muito agudo, alarmando-se justamente com a qualidade má da nossa literatura de ficção, dizia, em 1930, que nos faltava material romanceável. Alguém afirmou, em resposta, que possuíamos excelentes romances e não tínhamos romancistas.[2]

Contrariando essas duas opiniões, logo surgiram livros que foram recebidos com excessivos louvores pela crítica e pelo público. Havia material e havia pessoas capazes de servir-se dele. Tínhamos, porém, vivido numa estagnação. Ignorância das coisas mais vulgares, o país quase desconhecido. Sujeitos pedantes, num academismo estéril, alheavam-se dos fatos nacionais, satisfaziam-se com o artifício, a imitação, o brilho do plaquê. Escreviam numa língua estranha, importavam ideias, reduzidas. As novelas que apareceram no começo do século, medíocres, falsas, sumiram-se completamente. Uma delas, *Canaã*,[3] que obteve enorme êxito, dá engulhos, é pavorosa.

Dois sucessos contribuíram para dar cabo disso: o modernismo e a Revolução de Outubro, que, graças à nossa infeliz tendência ao exagero, se ampliaram muito ou se negaram. Certamente não criaram o material a que se referia Prudente nem o engenho necessário ao aproveitamento dele, mas abriram caminhos, cortaram diversas amarras, exibiram coisas que não enxergávamos. Desanimados, com enjoo, líamos a retórica boba que se arrumava no congresso e nos livros.

Os modernistas não construíram: usaram a picareta e espalharam o terror entre os conselheiros. Em 1930 o terreno se achava mais ou menos desobstruído. Foi aí que de vários pontos surgiram desconhecidos que se afastavam dos preceitos rudimentares da nobre arte da escrita e, embrenhando-se pela sociologia e pela economia, lançavam no mercado, em horrorosas edições provincianas, romances causadores de enxaqueca ao mais tolerante dos gramáticos. Um escândalo. As produções de sintaxe presumivelmente correta encalharam. E as barbaridades foram aceitas, lidas, relidas, multiplicadas, traduzidas e aduladas. Estavam ali pedaços do Brasil — Pilar, a ladeira do Pelourinho, Fortaleza, Aracaju.

Rachel de Queiroz, Jorge Amado, José Lins do Rego, Amando Fontes. Há outros, certamente. Há os que principiaram descrevendo coisas que viram e acabaram descrevendo coisas que não viram. Criaturas inteligentes e inquietas não confiaram nos seus sentidos e entraram resolutamente a delirar. As suas personagens, vagas, absurdas, não comem, não bebem, não sentem as necessidades comuns dos viventes ordinários: mexem-se, ou antes estão paradas num ambiente de sonho, procedem como loucos, falam como os loucos. E há dezenas de imitadores, simples copistas.

Quero apenas referir-me aqui aos representantes máximos do romance nordestino, observadores honestos, bons narradores. Ora, se atentarmos na obra desses quatro novelistas originais, perceberemos nela uma curva. Fizeram, quase sem aprendizagem, ótimas histórias, com tanta sofreguidão que pareciam recear esgotar-se. Não se esgotaram talvez, mas estacaram, como se tivessem perdido o fôlego, ou publicaram trabalhos inferiores aos primeiros. E convém notar que essa queda se deu quando cessou a agitação produzida pela Revolução de Outubro. Subiram até 1935. Aí veio a decadência, o que veremos facilmente.

Rachel surgiu em 1930, com uma novela escrita aos 18 anos, *O quinze*, onde existem passagens notáveis: o roubo de uma cabra, um montão de retirantes esfomeados. Em *João Miguel*, de 1932, exibem-se as cadeias da roça. Um preso se embriaga — e a escritora nos dá um capítulo admirável. As personagens já sabem andar. E sabem falar, grande novidade. Realmente fora dos contos de Artur Azevedo, hoje esquecidos, poucas vezes acharemos na literatura velha um diálogo razoável. As figuras de Rachel conversam direto sem consultar o dicionário. *João Miguel* não teve a divulgação que merece. Ainda está na primeira edição. Uma vergonha. Em 1936 saiu *Caminho de pedras*, livro demagógico. Tem partes excelentes — a morte de uma criança, o monólogo de uma criatura que deixa o marido — mas quase sempre é intencional e frio. Em 1940 Rachel publicou *As três Marias*, o mais bem construído dos seus romances. Existe, porém, aí uma tese muito clara. E as personagens têm menos liberdade que João Miguel, um infeliz prisioneiro.

Jorge Amado começou com *O País do Carnaval*, na adolescência. *Cacau*, de 1932, ainda hesitante, já revela o escritor que adquiriu celebridade em pouco tempo, nestas paragens e em lugares cultos. *Suor*, coleção de tipos magnífica, veio em 1934. Com *Jubiabá*, de 1935, chega o romancista ao ponto mais elevado. Existe aí uma sentinela de defuntos, das melhores coisas que nos deu. *Mar Morto*, de 1936, é um recuo. Tem páginas ótimas, a morte de Esmeralda por exemplo, mas está longe de *Jubiabá*. A poesia que há neste muda-se em toada agradável ao ouvido, e certos estribilhos ("É doce morrer no mar") dizem o contrário do que o autor pretende sustentar. *Capitães da Areia*, publicado em 1937, não vale *Mar Morto*.

José Lins do Rego fez o Ciclo da cana-de-açúcar, conjunto de cinco romances muito sérios: *Menino de engenho* (1932), *Doidinho* (1933), *Banguê* (1934), *Moleque Ricardo* (1935), *Usina* (1936). Não podemos isolar nenhum desses: movem-se aí as mesmas personagens, apresentam-se os mesmos interesses, as mesmas lutas. O romancista não ideou um plano. Escreveu uma novela de cento e tantas páginas, julgou-a incompleta e resolveu acrescentar-lhe um segundo volume. Sempre insatisfeito, foi adiante — e assim veio a lume a narração do banguê vencido pela usina, do capital estrangeiro absorvendo as economias do senhor de engenho. Em 1937 José Lins do Rego nos deu *Pureza*, que é um salto para baixo. Em 1938, com *Pedra Bonita*, desceu novo degrau. Ainda outro em 1940, com *Riacho Doce*. As admiráveis qualidades do escritor somem-se quase aí, ou seus defeitos avultam, agravados pelo fato de se mostrarem lugares e acontecimentos que ele não conhece bem. José Lins do Rego nasceu na zona da indústria açucareira, lá se criou, lá se educou. Ofereceu-nos cinco livros cheios de vida, numa língua forte, expressiva, a língua velha dos descobridores, conservada no Nordeste, com poucas corrupções. Largou isso e arriscou-se a digressões perigosas. *Pureza* é uma pequena estação que ele viu de longe, da janela do trem. Em *Pedra Bonita* desejou estudar a epidemia religiosa que houve em Pernambuco o século passado, mas teve preguiça e inventou beatos e cangaceiros. Sacrificou até a geografia: pôs a sua gente numa vila do Anum,[4] que não existe. A primeira parte de *Riacho Doce* passa-se toda na Suécia. Embrenhando-se nessas regiões desconhecidas, José Lins do Rego repetiu muito do que já havia dito. A figura principal do Ciclo da cana-de-açúcar, homem agitado, vacilante, cheio de pavores, ressurge com diversos nomes nos últimos livros.

Amando Fontes publicou em 1933 *Os Corumbas*, obra onde há passagens horríveis, uma conversa de professores de escola normal de Aracaju, por exemplo, ingênua e pedante. Contrastando, porém, com essas falhas, acham-se no livro páginas intensas e humanas que logo o salientaram na abundante literatura do decênio passado: a morte de uma tuberculosa, a confissão de certa rapariga que entra no mau caminho. Amando Fontes não explorou a sua natural aptidão. Encolheu-se. E ao recomeçar estava na outra ladeira, em 1937, quando todos desciam. Trabalhou muito em *Rua do Siriri*, novela certinha, conveniente. O meio é o bairro das prostitutas numa pequena capital do Nordeste, mas esse lugar de safadeza foi rigorosamente policiado na sintaxe e na moral. A devota intransigente e a colegial afoita que buscarem ali motivo de censura soltarão o volume decepcionadas. Acharão os quartos severamente fechados, não perceberão saias erguidas, gestos equívocos, rumores suspeitos. As meretrizes não brigam, não jogam, não bebem, nunca se dedicam à profissão, falam como senhoras e, todas iguais, possuem sentimentos nobres. Referem-se à desgraça em que vivem, mas com injustiça. Se os lupanares fossem aquilo, venceriam, em austeridade, em recato, os mais inflexíveis estabelecimentos de educação feminina.[5]

Essas mulheres de Amando Fontes representam bem os nossos romances atuais, direitos, comedidos, inofensivos. Desapareceram os mocambos, os sobradões onde se alojavam trabalhadores e vagabundos, as cadeias sujas, as bagaceiras e os canaviais, as fábricas, os saveiros, a escola da vila. E a nossa literatura começou a comportar-se, na moral e na sintaxe, como as mulheres da Rua do Siriri. Baniu-se o palavrão, verdadeiro e bíblico. Afastou-se o negro. As personagens branquearam. E, timidamente, aproximam-se da Academia.

Alguns críticos acham que existem dois gêneros de romance: os da cidade, bons, e os do campo, ordinários.

O que se tem feito é secundário, chinfrim. Não vale a pena falar em mocambos, bagaceiras, cadeias, negros do cais. Insignificâncias. É necessário apresentarmos ao público sutilezas e complicações, as que existem no cassino da Urca e nos banhos de Copacabana.

Os nossos melhores romancistas viviam na província, miúdos e isentos de ambição. Contaram o que viram, o que ouviram, sem imaginar êxitos excessivos. Subiram muito — e devem sentir-se vexados por terem sido tão sinceros. Não voltarão a tratar daquelas coisas simples.

Não poderiam recordá-las. Estão longe delas, constrangidos, limitados por numerosas conveniências. Para bem dizer, estão amarrados. Certamente ninguém lhes vai mandar que escrevam de uma forma ou de outra. Ou que não escrevam. Não senhor. Podem manifestar-se. Mas não se manifestam. Não conseguem recobrar a pureza e a coragem primitivas. Transformaram-se. Foram transformados. Sabem que a linguagem que adotavam não convém. Calam-se. Não tinham nenhuma disciplina, nem na gramática, nem na política. Diziam às vezes coisas absurdas — e excelentes. Já não fazem isso. Pensam no que é necessário dizer. No que é vantajoso dizer. No que é possível dizer.

DOIS MUNDOS[1]

Dois mundos, o livro de Aurélio Buarque de Holanda,[2] vem desmantelar um preconceito difundido nestes últimos anos entre reformadores da literatura indígena: a ideia de que sintaxe e bom gosto são incompatíveis.

Esse engano deriva provavelmente duma observação imperfeita. Vistas, julgadas, condenadas com rigor e sem apelação numerosas obras nacionais, decidiu-se que todas se achavam redigidas em português direito — e isto se considerou uma das razões da falência delas. Tornou-se a razão principal, chegou a ser a razão única. Desdenharam-se exames atentos, exigências de pouca monta para afirmações categóricas. Não se provou a ruindade completa dos livros postos no índex. Alguns tinham páginas legíveis. Também não se demonstrou existir neles ausência de incorreções. Vários capengavam. Mas foram reputados inteiramente corretos — e péssimos. Essas generalizações muitas vezes são indispensáveis, quando alguém precisa defender tese difícil. Originou-se uma certeza — e sobre ela se ergueu parte da nossa literatura contemporânea. Liberdade. Carta de alforria. Abaixo o galego. Os direitos do homem. Caímos no exagero. Desejando libertar-nos, reforçamos a dependência escrevendo regularmente contra as normas. Nossos avós ignoravam os pronomes. Estudamos agora essas miudezas e colocamo-las sempre às avessas, não raro em desarmonia com a linguagem popular, invocada como autoridade suprema.

Os contos de Aurélio Buarque de Holanda desfazem abundantes confusões. Têm as palavras que o sentido requer, instaladas nos lugares convenientes e com as flexões exigidas pela regra. Aurélio, professor de gramática, não lesou o seu ofício desdobrando-se, parecendo um homem no colégio, outro na revista e na livraria. Conservou-se ligado à tradição, atitude razoável, pois se erigíssemos em lei tudo quanto ouvimos em conversas, resvalaríamos na mais tremenda anarquia.

Certo é necessário renovar a língua culta, não deixá-la perecer e mumificar-se nos alfarrábios, fixar nela os subsídios que a multidão lhe oferece. Não se conclui daí que devamos tartamudear em livros uma infeliz algaravia indigente, apenas compreensível quando percebemos a entonação e o gesto.

O autor de *Dois mundos* não nos quis impingir corruptela e gíria como instrumentos de arte. Também não se agarrou ao Fernão Mendes,[3] ao Damião de Góis,[4] a outros veneráveis fósseis. Entre a expressão erudita e a vulgar, escolheu esta se nela enxergou a possibilidade de ganhar raiz, vingar, substituir a coisa aristocrática e pedante. Procedeu assim com método, pesando, medindo, comparando, levando a literatos avançados em demasia a convicção de que um professor de gramática não é necessariamente imbecil, produtor de lugares-comuns. Suas histórias — não tenho a intenção de analisar nenhuma, nesta rápida nota, destinada apenas a indicar um dos aspectos do livro — são admiravelmente simples e claras. Com certeza não foram concebidas nesse estado de sonambulismo, indispensável, segundo alguns pensam, à execução da obra sublime. Fizeram-se em plena lucidez — e por isto são sublimes. São porém, humanas, revelam-nos figuras admiráveis — Molambo, João das Neves, o otimista Gonçalo, Maria Araquã, d. Cândida Rosa, sobretudo d. Cândida Rosa, grande velha, personagem que ficaria bem numa literatura sólida.[5]

Esses tipos foram construídos pacientemente, peça por peça. Mas então? O gênio, o sobrenatural, o estalo? Nada. Somente paciência. E, no fim, clareza, simplicidade. Simplicidade e clareza obtidas com esforço. Na ordem. Não podemos dispensar a ordem. O que nos desagrada em nossa pequenina revolução é que promotores dela não conseguem explicar-se. Um solecismo? Isto não tem importância. O leitor corrige o solecismo e passa adiante. O pior é a anfibologia, consequência natural de tanta balbúrdia. Às vezes lemos adivinhando, como se decifrássemos charadas.

Certamente Aurélio Buarque de Holanda Ferreira utiliza muita observação e muita imaginação. Mas utiliza também o dicionário, o que talvez lhe proporcione remoques de espíritos superiores e emancipados. O dicionário, em certos meios, é tão desconsiderado como os palavrões obscenos que a crítica pudibunda repele. Contudo não poderíamos trabalhar sem ele, como não poderíamos trabalhar sem couro ou tijolos se fôssemos sapateiros ou pedreiros.

DISCURSO À CÉLULA
TEODORO DREISER I[1]

Aqui trazemos algumas observações relativas à tarefa que nos foi confiada em sessão de 16 de julho. Como podem servir ao Partido os trabalhadores intelectuais?[2]

Para começar, distinguimos aí dois grupos: o dos que se dedicam à erudição, o dos que se votam à criação. Decerto um indivíduo figura às vezes nos dois grupos, mas em geral isto não se dá: por natureza ou em consequência da especialização, esses homens pendem para um lado ou para outro, fixam-se, dificilmente conseguiriam modificar-se.

De que modo se realiza a produção? Evidentemente é razoável que os eruditos se associem: não conceberíamos a *Enciclopédia Britânica* redigida por uma pessoa. A criação, porém, é rigorosamente individual: absurdo imaginarmos quadros e poemas compostos por diversas criaturas; tentativas malograram-se; aqui há tempo alguns literatos fabricaram, com infelicidade notável, uma espécie de romance — um desastre.[3]

Afirmamos, pois, que o artista é um trabalhador solitário. E como nos entregamos à ficção, é dela que vamos tratar.

Consideramo-nos artesãos, nem chegamos a admitir que um dia sejamos outra coisa. Afirmações contrárias, lançadas por um profissional, revelam insinceridade: sabemos que só nos é possível trabalhar no isolamento.

Há quem diga que isto sucede por não estarmos identificados com a massa, ideia inexata. Enxergamos nela confusão entre sujeito e objeto. Sem dúvida é necessário conhecermos e sentirmos a matéria de que nos ocupamos. Para transformarmos em obra de arte uma cadeia ou uma fábrica, por exemplo, é indispensável termos vivido em algum desses lugares. E citamos um caso que ilustra essa asserção. Em 1936 José Lins do Rego, excelente observador dos engenhos de banguê, resolveu exibir-nos uma prisão e, em longo capítulo, sapecou Fernando de Noronha, onde nunca esteve. Inquilinos do Pavilhão dos Primários e da Sala da Capela viram isso com espanto verdadeiro.[4] Por que assim procedeu o escritor admirado? Porque alguém achou, com injustiça, que ele era um simples memorialista, autor de relatórios sobre a cana-de-açúcar. O rapaz quis mostrar que tinha imaginação e extravagou. Depois se arriscou a digressões mais perigosas: descreveu a península Escandinava e certa vila sertaneja inexistente.[5] Essa mistificação, é claro, muito se distancia dos canaviais e das moendas, assunto explorado com vigor nos primeiros livros do romancista.

Mas uma coisa é falar aos cabras do eito, ao moleque empregado em lançar bagaço na fornalha, outra coisa é atirar essa gente no papel, fazê-la mexer-se direito. Se nos abalançamos a reproduzir um carnaval, não exteriormente, mas o interior dele, a bagunça que turba os espíritos, com certeza manejamos serpentinas e lança-perfumes, gritamos, bebemos chopes, declamamos tolices, perdemos a cabeça; quando escrevemos, porém, não conservamos a máscara no rosto, não nos atordoa o cheiro do éter, estamos livres da influência dos cordões. Ninguém pensará que formamos uma passagem de romance trepados num automóvel, sob nuvens de confete, ouvindo berros e toques de clarim. E estamos longe da prisão, da oficina, da caserna ao selecionar e dispor o material que esses pontos nos sugeriram. Dormimos na esteira do cárcere, familiarizamo-nos com as máquinas, volvemos à direita e à esquerda, em obediência à voz do instrutor, nos exercícios militares, fomos partículas da multidão; achamo-nos, entretanto, fora dela no ato da criação artística: nessa hora estamos sós, de pijama e chinelos, em silêncio: temos horror às campainhas, ao telefone, ao próximo. Houve uma desintegração. E até se nos ocupamos de nós mesmos, se fazemos autobiografia, desdobramo-nos, somos, por assim dizer, o nosso próprio objeto. Afinal isto sempre ocorre, pois o mundo exterior não nos surge diretamente, e, observando-o, o que em última análise fazemos é examinar-nos.

Cairemos então no idealismo? Não cairemos: naturalmente a coisa externa preexiste, para nós, e a interna é apenas um reflexo dela, imagem com certeza deformada. Evitamos as deformações voluntárias. Contudo, por muito realistas que sejamos, não temos a pretensão de apanhar a realidade pura. Dela sabemos o que os nossos nervos transmitem, mas como a experiência alheia não nos desmente, apossamo-nos de uma pequenina verdade relativa, verdade contingente e humana, aceitamos o céu azul e os montes verdes, enojamo-nos à passagem dos caminhões de lixo da Prefeitura, declaramos horrível o pão atual.

Ora, há alguns anos, brotou aqui uma literatura presumidamente misteriosa, sombria, infernal, que abusa das palavras mistério, sombra e inferno, mas onde não percebemos mistério, nem sombra, nem inferno. Filiaram-se a ela talentos disponíveis, mobilizaram-se recrutas inéditos, escondidos em cidadezinhas. Esses cavalheiros reciprocaram vastos elogios, e, sempre, misteriosamente umbrosos e infernais, condenaram a novela de costumes, o estudo social, o documento. Na verdade pretendiam anular o fator econômico, fugir a materialismos inconvenientes — e em consequência apresentaram-nos fantasmas e proclamaram-se donos do romance introspectivo. Afirmamos repetidamente a esses homens que o mundo subjetivo não exclui o objetivo; pelo contrário, baseia-se nele; e se dispensarmos o fato concreto, só nos restarão falsidades: mistérios duvidosos, sombras vãs, um inferno glacial.[6]

De certa maneira, toda a literatura de ficção é introspectiva, pois somos espelhos da natureza.

Julgamos que realizaríamos introspecção razoável se, esquecendo as nossas dores miúdas e as nossas alegrias escassas, refletíssemos e tentássemos reproduzir os numerosos sofrimentos espalhados em redor de nós. E assim pensamos admitindo a suposição de que as buscas íntimas, os profundos mergulhos na alma, superassem de fato as infelizes letras caídas em desprestígio, desdenhosamente consideradas reportagens. Na verdade não tínhamos alma. Para quê? Sem possuí-la, fazíamos sérios exames de consciência e, em caso de necessidade, ouvíamos as confissões do vizinho, explicávamos e perdoávamos tudo. Inocentamos o criminoso e o vagabundo, mostramo-los vítimas de uma ordem social corrupta. Nenhum interesse tínhamos em esconder mazelas. Fomos ásperos e pessimistas. A crítica burguesa nos censurou; viu, portanto, que estávamos certos. Não somos românticos — e naturalmente desejamos destruir muita coisa. Outros usarão mais tarde o prumo, o nível, a colher de pedreiro. O nosso instrumento agora é a picareta. Mas está visto que não nos serve qualquer picareta.

É esta literatura que devemos oferecer ao Partido, se não nos enganamos. Habituamo-nos a ela, e nenhuma conveniência notamos em suspender as nossas atividades. Temo-las em conta de armas, abominamos a arte neutra. Se exigirem de nós conferências, discursos, artigos, conseguiremos atamancá-los, sem vantagem apreciável: o nosso meio de expressão é o romance, é o conto. Seria proveitoso abandoná-los, apoiar o reacionário que diz sermos inimigos da cultura? De ordinário os nossos camaradas nos supõem fazedores de brinquedos inúteis, quando muito esquisitices dignas de exposição, motivo de surpresa e inveja ao burguês:

— Também aqui produzimos isso.

E como somos hábeis em juntar frases, esperam que nos estiremos pelos mais diversos assuntos. Sobretudo consideram o nosso trabalho fácil em demasia. Nascimento, secretário de uma célula na Tijuca, anunciava uma noite, em sessão:

— O companheiro Fulano gastou meia hora arrumando aí uns troços que a gente pediu.

Os troços haviam consumido exatamente dois dias de esforço. A Jorge Amado, que lamentava não ter vagar para concluir um romance, alguém retrucou:

— Se você escrever com vontade duas horas pela manhã, em pouco tempo acaba a história.

O desconhecimento das responsabilidades que pesam sobre nós é pasmoso. De fato algumas criaturas gostam de encher papel sem muita reflexão. Fabricaram aí numa semana um romance, que naturalmente não circulou. Certo poeta se vangloriava de ter composto vinte e cinco poemas de assentada. Em oposição a essas aves de voo assombroso, há os ruminantes, que pezunham com paciência no terreno, hesitam na escolha dos caminhos, andam ronceiros.

Seria bem difícil prescrever tarefas a esses viventes. Os que aqui se acham têm tido fraca utilidade e de alguma forma justificam a má opinião existente a respeito deles. Despertamos desconfiança, por nossas indecisões, inconformações, atitudes esquivas, falsa modéstia, suscetibilidade. Intimamente nos valorizamos em excesso; compreendo que não temos razão para isto, fingimos humildade, resvalamos em autoflagelação hipócrita. É isto herança de certa forma de sectarismo há tempo usual, na ilegalidade. Por volta de 1935 o pequeno-burguês simpatizante queria depressa eliminar as suas tendências, necessidades, linguagem, até os seus hábitos mentais: rosnava palavrões, deixava de lavar-se, raspar a barba e escovar os dentes, abandonava a gravata, por vezes afundava num amoralismo idiota e dava a impressão de deitar remendos em roupa nova. Esse esnobismo frequentemente descambava em admiração palerma ao trabalho simples e desprezo ostensivo ao trabalho complexo. Necessário combater simulações estúpidas ainda resistentes.

Os defeitos mencionados vêm da nossa classe e da nossa profissão. Quase todos pertencemos à pequena burguesia. Asseveramos que ela seja realmente classe? É uma camada vacilante, e diremos talvez sem contrassenso que o que a caracteriza é a falta de caráter. Subindo um pouco, tenta insinuar-se no capital — e é favorável à violência, detesta reuniões, pensa em conformidade com a polícia, teme a foice, o martelo, a cor vermelha, afeiçoa-se ao golpista e ao delator; largando o emprego, esgotada a caderneta da caixa econômica, avizinha-se do proletariado — e entra nas filas, é pingente de bonde, assiste a comícios, descompõe a Light, excede-se em parolagem demagógica. Isto e o isolamento a que nos condenamos, inevitável quando produzimos, explica[7] as nossas deformações. Originários dessa camada oscilante, somos induzidos ora a defender uma classe, ora a outra.

E aqui não seria inoportuno dizermos que não existe arte burguesa nem existe arte proletária. Concepções da pré-história ainda se conservam. Ignoramos a idade do ritmo ternário: sabemos que é velho e dificilmente nos livraríamos dele. Entretanto seria absurdo imaginar uma arte estática. Modificações leves, acumuladas, com certeza ocasionam saltos. E se a arte não é de supetão forjada por uma classe, está sempre a serviço de uma classe.

Indispensável, pois, resguardar com zelo a técnica literária de que a burguesia se aproveita. Até certo ponto um revolucionário é o mais ferrenho conservador. As liberdades excessivas que o modernismo nos trouxe foram utilizadas por muito fascista. Repelimos a desordem, a indisciplina, a composição fácil, a novela redigida como noticiário.

Voltamos à pergunta do princípio: como trabalharemos? Ficou dito que somos artesãos, nunca deixaremos de ser artesãos, parece-nos. Mas não será impossível, executando o plano aqui exposto, mutuarmos auxílio. Um intercâmbio necessário. Alguém objetará que isso não é função da célula. Responderemos que as células diferem: uma célula do sistema nervoso não se assemelha às dos outros tecidos. E na verdade tencionamos realizar trabalho de massa. Em geral se considera massa um ajuntamento de indivíduos. Consertemos o dicionário. Mil espectadores a bocejar, a cochilar num teatro, não constituem massa. Julgamos a plateia massa quando a peça a comove. Se, porém, essas mil criaturas, metidas em suas casas, lerem a mesma peça e experimentarem o entusiasmo que diante do palco sentiriam, por que não constituirão massa? Talvez consigamos animar os trabalhadores da palavra escrita, estimular vocações, achar alguma preciosidade na abundância do cascalho. Difícil? Desejamos tentar a experiência, examinar a produção dos nossos camaradas.

DISCURSO NA ABDE[1]

Esta seção da ABDE foi desfalcada: perdeu algumas centenas de sócios num dia, e isto significa para nós um golpe de que não nos podemos com facilidade curar. O prejuízo ainda hoje nos abala, pois se é verdade não serem todos esses homens discrepantes os donos genuínos da literatura nacional, como diversos afirmaram imodestos, não podemos negar valor a muitos deles. É impossível preencher direito as vagas deixadas: seria absurdo tentarmos improvisar ficcionistas, poetas, críticos. As nossas dificuldades, sensíveis a princípio, aumentaram.

Ninguém esperava há dois anos aquela desgraçada pendenga.[2] Vários companheiros achavam conveniente afastarmos da associação qualquer sombra de política — e, em consequência, a política anuviou os espíritos: caímos num bate-papo horrível.

Quanto a nós, talvez tenhamos sido muitas vezes injustos. Por outro lado, velhos amigos nossos entraram a considerar isto um grêmio recreativo e uma sociedade revolucionária. Não precisamos exibir a incongruência, mostrar ser inconcebível juntar a revolução e o recreio. É necessário, porém, examinarmos os dois remoques isolados, vermos se um deles é razoável.

Estaremos aqui a procurar divertimento?[3] Se quiséssemos isso, iríamos buscar refúgio no carnaval e no futebol. Certas acusações, diretas e indiretas, a livros nossos têm por motivo sermos tristes, encararmos a parte má da vida. Mas a parte boa está longe, e se não conseguimos observá-la, não chegaremos a trazê-la para os nossos escritos. Pessoas levianas se esforçam por imaginar coisas agradáveis — e pintam lugares nunca percorridos, criaturas diferentes de nós ou se abrigam no céu antes do tempo. Alguém xingou desastradamente a arte — sorriso da sociedade. O otimismo falaz nos indigna: seria tolice andarmos sorrindo à toa. Se descrevêssemos a glória, a nobreza, a renúncia, o altruísmo, faríamos trabalho cômodo, ao gosto do fornecedor e do senhorio, personagens que de ordinário não nos sorriem. Por que iríamos oferecer-lhes amabilidades, cantar loas, mentir?

Cerca-nos um pequeno mundo contraditório, a desgraçar-se — e o nosso dever, parece-me, é referir miudezas e misérias, chagas e farrapos de almas, estudados, sentidos. E o vasto mundo, lá fora, também não nos predispõe ao ócio contente. Se um indivíduo sorri ouvindo no rádio ou lendo nos telegramas os bombardeios da Coreia, as greves da Itália, da França, da Espanha, é intuitivo que está doido. Contudo, na opinião de cavalheiros prudentes, não convém pensarmos em tais casos: graças a Deus, estamos distantes deles, e as ideologias exóticas não se acomodam entre nós.

Desviemos a atenção para negócios próximos: os direitos autorais, por exemplo, o aumento das tiragens. Isso nos preocupa, decerto. Como, porém, alcançarmos vantagens pecuniárias, embora miúdas? Ao terminar um livro, o autor se convence de haver realizado obra-prima. Difícil é achar editor que tenha o mesmo pensamento e arrisque dinheiro numa empresa duvidosa. Ao cabo de viagens, canseiras, empenhos, surge nas vitrinas o volume, excelente no parecer de jornais camaradas. O público é teimoso — e ignora suplementos literários e revistas. As brochuras ficam dois dias junto aos vidros, empilham-se em seguida nos balcões, alinham-se nas prateleiras, somem-se enfim nos caixotes dos depósitos, e daí ninguém as tira. A visita a esses túmulos dá-nos terríveis surpresas: a nossa pobre edição de mil exemplares encalhou. Experimentamos agrura imensa, entram-nos alfinetes no amor-próprio, e, com forte razão, atacamos a burrice do editor e a incúria do livreiro. Quem irá mandar agora à tipografia os originais que temos na gaveta?

    E ainda sonhamos com longas tiragens, reedições. Como obter isso? Instituam-se prêmios, aconselham-nos, façam-se conferências. Bem. Conferências. Ouvindo-as desatentos, raros sujeitos bocejam e cochilam nas barbas do orador. E os prêmios, em geral, não nos apresentam valores. Aliás não há meio de forçar o comprador a aceitar a decisão de um júri. E estamos diante de uma simples questão de oferta e procura. A respeito disso os dirigentes da ABDE gostariam de lançar aqui um programa, bom para ser repetido o ano vindouro, com pequenas variantes. Seriam capazes de efetivar as promessas? Poderiam criar artificialmente um mercado? Os nossos livros são mercadorias. Esprememos o cérebro com desespero, ganhamos corcunda, palidez, cabelos brancos, temos as vísceras em cacos — e somos fabricantes de poesia, de novelas. O freguês enjoado nos folheia torcendo o nariz, olha-nos o interior, deixa-nos, como se, na sapataria, notasse pregos dentro de um sapato. Juramos não haver pregos nas nossas infelizes páginas. Mas como levar aos outros esta convicção? Afinal reconhecemos com tristeza: somos deficientes, não expomos artigo de boa qualidade. Indispensável aperfeiçoar-nos. De que modo, se exercemos três, quatro ofícios? Somos diletantes. E rodamos num círculo vicioso: a produção é falha por falta de venda, e existe venda escassa por ser defeituosa a produção. Isto se aplica a todos os escritores indígenas, presumo. São advogados, engenheiros, professores, médicos, funcionários públicos — e às vezes escrevem. Assim ou assado, quebramos a cabeça perguntando se é exequível qualquer melhora nas condições dos literatos. Perdemos o sono a remoer isso. E se nada conseguirmos, a culpa não será nossa.

    Como veem, senhores, não estamos alegres — é um contrassenso dizerem que formamos um clube recreativo.

    O segundo boato forjado contra nós é sério, revela o claro intuito de embrulhar-nos, apontando-nos à beca e à farda. Somos, em conformidade com a denúncia, um organismo revolucionário.

Isso nos desagrada em excesso. De fato não há riscos. Evaporaram-se, mas, no juízo dos nossos adversários espontâneos, devíamos estar enredados. Para evitar novas balelas, confessemos o nosso horror às violências. Habituados a manejar papéis, não temos o desígnio de jogar dinamite às casas desses acusadores de maus bofes, e se uma delas, amanhã ou depois, voar pelos ares com móveis e gente, assegurem às vítimas, no purgatório ou onde se hospedarem, que estarão limpas as nossas mãos. Viventes de ordem, evitamos barulho, acatamos o governo, a Santa Madre Igreja e a sintaxe, e se não pagamos impostos, não é por desleixo ou birra: é por ausência de fazenda.

Nunca trouxemos desarranjos às letras. De 1922 a 1930 obstinaram-se em virá-las pelo avesso. Só num estado, São Paulo, de uma revolução partiram quatro sub-revoluções. E em toda parte moços apressados e afoitos compuseram romances numa semana e dúzias de poemas num dia. Aperrearam a gramática, buliram com palavrinhas inofensivas. O pronome, bambo, mesquinho, oblíquo, afeito a escorar-se, a meter-se nos cantos dos períodos, foi obrigado a servir de porteiro. Um sarapatel medonho, em suma.

Rolaram anos. Vieram rugas, embotaram-se os dentes — e numerosos homens sem rei nem lei, partidários da liberdade completa, entraram no bom caminho, e hoje, cristãos-novos exaltados, impõem a norma.[4]

Aqui todos nós, ou quase todos, recusamos a moda fácil de achincalhar os preceitos; nenhum de nós, creio, exigiu o direito singular de meter os pés pelas mãos. Por mim, assevero honestamente que, se **deixo de flexionar o infinitivo conforme as regras**, ofendo a regência, atrapalho modos e tempos, não sou arrastado por ideias subversivas, mas apenas pela ignorância.

São estas, senhores, as rápidas observações que me ocorreram a propósito do segundo ataque feito à ABDE.

Não somos de briga. Desejamos a paz. Falando ou escrevendo, temos defendido a paz. E — vejam só — provocam-nos por defendermos a paz.

UMA PALESTRA[1]

Não me aventuro a discussões: limito-me a dar alguns palpites, que provavelmente não serão aceitos, pois contrariam juízos bastante espalhados. Acho-me talvez em erro, mas arrisco-me a falar, procurando fugir a dificuldades que possam comprometer-me. Vamos ao essencial.

Ouvi, com espanto, um escritor afirmar que, em literatura e noutras coisas, era necessário suprimir a técnica. Não nos disse por quê: referiu-se apenas à necessidade. Essa economia de razões levou-me a impugná-lo do mesmo jeito: declarei, simplesmente, o contrário do que ele declarou. E o caso morreu, sem perda nem ganho para o auditório.

Não é conveniente, porém, ficarmos aí: reconheceremos sem esforço que o dito desse homem não tem pé nem cabeça. Se no trabalho simples não nos eximimos da aprendizagem, como evitá-la em trabalho complexo, na produção de um livro?

Ali por volta de 1935 realizou-se em Moscou uma enquete sobre a literatura soviética. Lembro-me da resposta de Romain Rolland.[2] Havia nela uma frase de arrojo: "A arte é uma técnica" — o avesso do que ainda neste país asseveram, reproduzindo conceitos em moda entre 1922 e 1930. Com certeza o romancista exagerou: se a definição dele fosse justa, qualquer pessoa alcançaria bom êxito folheando um desses manuais que nos ensinam, em duzentas páginas, a maneira favorável de escrever. Isso não basta, suponho.

Em conversa, um crítico português jogou-me esta fórmula: dez por cento de inspiração e noventa por cento de transpiração. Chega-me também à memória a receita do espanhol a propósito de versos: maiúscula no princípio, rima no fim, talento no meio. Mas pergunto a mim mesmo se a busca da rima não influirá no talento, se a transpiração demasiada não será vantajosa à inspiração. Acho que sim. É o pensamento de um sujeito medíocre, estão julgando os senhores. De acordo, mas se me for possível, em rija labuta, reduzir um pouco a mediocridade, considero-me bem pago.

Um cavalheiro nos amola querendo atenuar os prováveis defeitos de uma novela forjada em quinze dias. Falhas naturais, não é verdade? Foi a pressa. Quem exigiu tanta pressa? O nosso autor exporia obra mais aceitável se aguentasse dois anos, teimoso e paciente, o suadouro mencionado pelo crítico português. O dever do tipo que se dedica a este desgraçado[3] ofício é diminuir as suas imperfeições. Impossível dar cabo delas. Bem, já é um triunfo minorá-las. Não devemos confiar às cegas num amável dom que a Divina Providência nos ofereceu. Em primeiro lugar não é certo havermos recebido tal presente. E, admitindo-se a dádiva, sabemos que a Divina Providência[4] não nos ensinou as regras indispensáveis à fatura de um romance.

Essas miudezas são na verdade horrivelmente chatas. Surgiram na aula primária, alongam-se, originam complicações — e não conseguimos livrar-nos delas. Não conseguimos, que o pensamento vem daí, dessas pequenas arrumações de insignificâncias. Se não tivéssemos o verbo, seríamos animais, na opinião dos entendidos. O grito — emoções traduzidas em berros. Depois a interjeição. Em seguida a onomatopeia. Tornamo-nos afinal palradores, distanciamo-nos dos nossos irmãos mais velhos — e no fim da semana bíblica Deus viu que isto era bom. E aqui estamos a remexer ideias, impossíveis há alguns milênios, quando a humanidade vivia em nudez.

Temos o direito de achar desagradáveis as palavras que nos impingiram na infância, a maneira de flexioná-las e juntá-las. Mas é com essa matéria-prima, boa ou má, que fabricamos os nossos livros.

No Brasil, nesse infeliz meio século que se foi, indivíduos sagazes, de escrúpulos medianos, resolveram subir rápido criando uma língua nova do pé para a mão, uma espécie de esperanto, com pronomes e infinitos em greve, oposicionistas em demasia, e preposições no fim dos períodos. Revolta, cisma, e devotos desse credo tupinambá logo anunciaram nos jornais uma frescura que se chamaria[5] *Gramatiquinha da fala brasileira.*[6]

Essa gramatiquinha não foi publicada, é claro: não existe língua brasileira. Existirá, com certeza, mas por enquanto ainda percebemos a prosa velha dos cronistas. De fato, na lavoura, na fábrica, na repartição, no quartel, podemos contentar-nos com a nossa gíria familiar. Seria absurdo, entretanto, buscarmos fazer com ela um romance. Às vezes a expressão vagabunda consegue estender-se, dominar os vizinhos, alargar-se no tempo e no espaço.

Homens sabidos queimam as pestanas para dizer-nos por que uma palavra se fina sem remédio e outra tem fôlego de sete gatos. Respeitamos esses homens, e[7] quando eles metem uma delas no dicionário, respiramos com alívio. Estamos na presença de uma autoridade. No correr do tempo, achamos falhas na autoridade e vamos corrigindo, com hesitações e dúvidas, um ponto, outro ponto. Mas afinal é bom que ela nos oriente. Desejamos saber o que nos diz, embora, depois de refletir, a mandemos para o inferno com muitos desaforos, redigidos, está visto, na sintaxe que abominamos. Enfim —[8] paciência. O homem tem rugas e cabelos brancos.

Não toleramos é que um novato nos ordene, esquecendo a regra, desrespeito aos frades. Por quê? Os frades não nos fizeram mal — e não terem morrido em automóveis, em aeroplanos, não é motivo para que os matemos no papel. Já não existem galeões nem caravelas, mas a gente da minha terra abrasada, população que nem se pode lavar, conserva expressões dos mareantes aqui desembarcados no século XVI.

Perguntaram-me há dias por que uma personagem sertaneja, esquecida em livro meu, se mexe *de vante a ré*.⁹ Sei lá! Sei que ela fala assim. Perdida no interior, longe da água, a minha parentela exprime-se desse modo. — "Como vai, seu Fulano?" — "Assim, assim. Por aqui, *navegando*." Navegar ali é impossível; contudo a palavra persiste, como no tempo das galés e dos bergantins. — "Anda *ao socairo* dele." Talvez isso em Portugal se tenha arcaizado, mas no sertão do Nordeste descendentes dos marujos que endureceram manejando socairos ainda guardam a locução esquisita, hoje corrompida. Não dizem *ao socairo*, dizem *assucár*.

O que não existe, ao sul, ao norte, a leste, a oeste, são as novidades que pretenderam enxertar na literatura, com abundância de cacofonias, tapeações badaladas por moços dispostos a encoivarar duas dúzias de poemas em vinte e quatro horas e manufaturar romances com o vocabulário de um vendeiro.

Ninguém por estas bandas, que me conste, usou na linguagem falada preposições em fim de período.¹⁰ Essa construção inglesa não nos dará nenhum Swift. Porque em francês se diz *jouer avec*, o literato nacional descobre a pólvora escrevendo: "Temos aqui uma coisinha para a gente brincar com." Tencionarão justificar isso lembrando a sintaxe dos índios, mas a verdade é que não falamos nheengatu,¹¹ e a composição insensata, alegremente recebida por garotos propensos a conquistar a glória num mês, é falsa.

De nenhum modo insinuo que devemos escrever como frei Luís de Sousa,¹² mas isto não é razão para acolhermos extravagâncias. Nos dois casos há pedantismo e ausência de clareza. E se não conseguimos ser claros, para que trabalhamos? O nosso interesse é que todas as pessoas nos entendam, *de vante a ré*.

Fevereiro de 1952.

II
ENTREVISTAS

O MODERNISMO MORREU?[1]

Osório Nunes,[2] Dom Casmurro,[3] *1942*

Desapareceu em 1930, diz o romancista Graciliano Ramos — Preparou o caminho às novas gerações — Oportunidade aos burros e medíocres — Os romances em uma semana — "Não sou modernista" — Os maiores poetas e prosadores da atualidade brasileira — "Talvez seja necessária uma nova rebelião contra os gramáticos!", exclama o autor de *Angústia*

O nome de Graciliano Ramos está inscrito entre os romancistas que melhor definiram o gênero, no Brasil, de vinte anos para esta data. A obra literária que tem criado assume expressão de grande atualidade. É sempre um espírito em busca de horizontes. Daí, talvez, ou muito provavelmente, a posição em que tacitamente o coloca o conceito geral: entre os "modernistas", ou seja, no seio dos emancipados de e após 1922. Essa enquadração não lhe satisfaz e empenha razões em contestá-la. Mesmo assim, continua a ser julgado desse modo. Tristão de Ataíde considera-o um escritor eminentemente do momento. E essa é a situação que, de fato, ocupa na literatura nacional.

À porta da Livraria José Olympio, encontramos o escritor nordestino em um grupo de confrades. Graciliano Ramos é quase arredio.

Tem mesmo um ar reservado de sertanejo. Sua cabeça grande, onde os cabelos brancos começam a absorver os fios pretos, quase não se move. Está sempre na mesma atitude de pesquisa silenciosa. Apenas o olhar se agita e vem para baixo dos óculos de leitura, toda vez que uma observação mais curiosa se faz digna de exame.

O modernismo morreu em 1930

O autor de *Angústia* responde com precisão à primeira pergunta:

— O modernismo morreu em 1930. Aliás, não se pode fixar, rigorosamente, esse ano como o do seu perecimento. O que se observa é que, pelo menos nas cercanias de 30, o modernismo surgido com a Semana de Arte Moderna desapareceu.

Graciliano Ramos explica as razões de sua afirmativa:

— De 1922 a 1930, verificou-se um movimento de destruição dos cânones que precisavam desaparecer. O movimento não nasceu em 1922. Concretizou-se no aludido ano. Era um sentimento que tomou expressão e foi ao combate. Desde então — acentua o romancista — nada pôde ser realizado até 30, quando começou um trabalho de criação dos mais brilhantes, até 1936.

Perguntamos qual a contribuição que o modernismo ofereceu à inteligência nacional.

— Como reação, foi excelente. Mas, dentro do ciclo que já mencionei, não vejo outra realização de vulto que não a libertação das cadeias do espírito. Creio que é o seu melhor fruto. Porque na prosa nada conseguiu realizar. Mário de Andrade e Oswald de Andrade tentaram o romance. Mas sem êxito. Enquanto a poesia adquiria expressão, o romance modernista não tinha conteúdo. Creio, entretanto, que se não houvesse a independência do modernismo, José Lins do Rego não teria conseguido realizar o seu romance, tal como o é. A revolução concretizada na "Semana de São Paulo" teve um serviço: limpar, preparar o terreno para as gerações vindouras.[4]

Não só os medíocres — burros, também

— O modernismo fracassou — prossegue Graciliano Ramos, atendendo a uma pergunta sobre a mediocridade no movimento de há vinte anos. Pois fracassada está uma rebelião literária cujos soldados acabam na Academia. Renegaram a atitude do passado. Uns, de público. Outros sub-repticiamente. Nenhum dos seus poetas faz mais, a rigor, poesia modernista. Nem mesmo Manuel Bandeira, que, por sinal, escreveu os "Sapos" em 1918.[5] O próprio Mário de Andrade está escrevendo direitinho, bem-comportado. Só de longe em longe, surgem umas expressões que lhe são típicas. Oswald de Andrade modificou-se. Menciono apenas a camada superior da gente de São Paulo. E o grupo secundário? Nesse nem se fala…

As portas largas do modernismo abriram caminho não só às mediocridades: a autênticas burrices. Todo indivíduo que não sabia ou não podia escrever certo agarrou-se a liberalidades e extravagâncias. Queriam imitar Manuel Bandeira. Não possuíam, entretanto, a cultura e os conhecimentos deste. Daí o falso valor que certos cavalheiros ostentam orgulhosamente por aí, trepados na glória que de outro modo não teriam conquistado. E o outro resultado: todo menino saído do liceu pôde escrever poemas em cinco minutos e romances em uma semana.

E as escolas do passado?

— Em face das escolas que repudiou, qual seria então, a seu ver, a posição do modernismo? — pergunta o jornalista.

O nosso interlocutor detém-se um instante. Retruca:

— O movimento impunha-se. As restrições e a improdutividade do ambiente que cercava os novos animaram a rebelião. Na poesia, o grande era Bilac. Por aí, pode-se inferir o que eram os demais. No romance, apenas Lima Barreto. O resto não merece consideração. O modernismo viria derrubar, num autêntico trabalho de menino, os gigantes de pé de barro, os ídolos sem consistência. Começou com as irreverências de Agripino Grieco[6] e marcaria a sua data com o transporte de Graça Aranha aos ombros de Augusto Frederico Schmidt[7] e Tristão de Ataíde.[8]

Não é modernista

— Eu vendia fazendas no interior quando soube do movimento. Naquela época, lia tudo e acompanhava o barulho de longe. Apenas aplaudi.

— E não se sente, portanto, ligado à rebelião? — perguntamos.

— De modo nenhum. Não fui modernista, nem sou "pós-modernista". Sou apenas um romancista de quinta ordem. Estava fora e estou.

— Como pode explicar, então, as versões que o classificam entre as expressões consequentes à "Semana"? — queremos saber.

Graciliano Ramos esboça um sorriso divertido e diz:

— O modernismo presta-se, admiravelmente, a todas as confusões...

O favor público

Fala, agora, o nosso entrevistado sobre a indiferença do público em relação à poesia modernista:

— O favor público nem sempre é expressivo. O povo ainda lê, com muito interesse, *A moreninha*.

Os nomes atuais

— Não obstante, há nomes que se impõem. Encontramos na poesia Manuel Bandeira, Augusto Frederico Schmidt, Carlos Drummond de Andrade, Jorge de Lima e Vinicius de Moraes. O romance apresenta José Lins do Rego, Rachel de Queiroz, Jorge Amado, Erico Verissimo, Octávio de Faria, Lúcio Cardoso, Amando Fontes e Cyro dos Anjos. O conto — uma das excelentes realizações do movimento — dá Luís Jardim, Marques Rebelo, Aurélio Buarque de Holanda, Telmo Vergara, João Alfonsus e Oswaldo Alves. No pensamento filosófico não vejo ninguém. E não sei por que ligar, na sociologia, o nome de Gilberto Freyre ao modernismo.

Abaixo os gramáticos

Para finalizar, Graciliano Ramos confia-nos uma observação, que denota o seu espírito investigador e penetrante:

— Receio que tudo isso — tão criadora agitação — desapareça e que o período que virá seja talvez pior do que em 1920. Voltará a crítica Duque Estrada, que já se ensaia, manhosamente, nos restabelecidos consultórios gramaticais pela imprensa.

Graciliano Ramos detém-se para acentuar o efeito da sugestão:

— E será preciso outro movimento modernista contra os gramáticos!...

DEPOIMENTO DE DUAS GERAÇÕES[1]

Almeida Fischer,[2] A Manhã,[3] *1946*

Graciliano Ramos, o grande romancista de *Vidas secas, Angústia, S. Bernardo* etc., não quis concordar com o nosso critério de separação das gerações literárias:

— Na minha opinião, o modernismo terminou em 1930. Estendeu-se de 1922, ano da Semana de Arte Moderna, até fins de 1930, quando apareceu a geração pós-modernista. Entretanto, não concordo com a estreiteza dos conceitos de geração nova ou velha, não posso admitir tais limitações. Estou organizando uma antologia de contos brasileiros e tenho encontrado mesmo muitos "novos" do século passado, e "velhos" do movimento modernista. Encontrei mesmo muitos "novos" dentro da própria Academia Brasileira de Letras. Encontrei "velhos" escrevendo sem vírgula e iniciando os períodos com letra minúscula... Estou encantado com as mulheres da geração pós-modernista. Pela primeira vez as mulheres começam a pensar, em nosso país. É excelente essa geração feminina. Em 1936 o romance brasileiro estava em decadência. A geração pós-modernista o reergueu e o valorizou.[4]

COMO ELES SÃO FORA DA LITERATURA: GRACILIANO RAMOS[1]

Homero Senna,[2] Revista do Globo,[3] *1948*

De Buíque, no interior de Pernambuco, a Palmeira dos Índios, em Alagoas — Primeira viagem ao Rio — Vendedor de chita — Fazendo versos para aprender a fazer prosa — Sempre achou o modernismo brasileiro uma tapeação desonesta — Prefeito de Palmeira dos Índios — *Caetés* escapou de ir para o fogo — "Provincianismo" é luxo dos estados grandes — Não há talento que resista à ignorância da língua — Considerações sobre o "exército do Pará" — Ainda não se pode viver, no Brasil, da profissão de escritor — A posteridade contrariará o romancista

Para iniciar uma série de entrevistas com os nossos escritores, focalizando de preferência o lado humano e o cotidianismo de suas vidas, nenhum nome, por certo, mais indicado que o de Graciliano Ramos — o romancista que se tornou um mestre da prosa e do exame psicológico e profundo.

À primeira vista talvez pareça exagerado e fútil esse interesse pela vida íntima dos escritores, e mais de uma pessoa já tem censurado as indiscretas devassas que os repórteres, sobretudo de uns tempos para cá, periodicamente insistem em fazer nos hábitos, nas predileções, nas esquisitices de poetas, romancistas e críticos. A verdade, porém, é que vivemos uma época que tudo deseja conhecer daqueles homens que, pelo talento, pelo saber ou por suas ações, se destacam de seus semelhantes.

Aqui se coloca, até, um dos mais graves problemas do escritor moderno: o problema do fã. Se uma das finalidades de quem escreve é comunicar-se com o próximo, dar expansão aos seus sentimentos e ideias, o escritor que, a despeito de todos os recursos que para isso o progresso da indústria põe ao seu alcance, não possui fãs — falhou, de certo modo, a sua missão...

E o fã de hoje é incerimonioso e exigente. Não se contenta em possuir as obras dos seus autores prediletos, nem em colecionar-lhes os retratos que a imprensa vai publicando. Quer mais: quer conhecer-lhes a letra, os hábitos de trabalho, as ocupações que têm fora da literatura, as preferências, as idiossincrasias, sua vida pessoal e de família...

Culpadas disso terão sido, talvez, as biografias de escritores ilustres, que Zweig e Maurois tanto popularizam no mundo inteiro, e nas quais é mostrado ao público o arcabouço, a estrutura de grandes vidas. E também certa ciência moderna, que põe o comportamento do adulto na dependência de pequeninos e obscuros fatos de sua vida infantil, e que, com grande aparato de termos técnicos, veio afinal sancionar aquilo que o nosso Machado de Assis já havia dito: "O menino é pai do homem."[4]

De qualquer maneira, não será exagero afirmar que o escritor moderno que não tem fãs vive um drama: o drama do indivíduo que procura comunicar-se e que apesar de todos os aperfeiçoadíssimos recursos técnicos existentes para isso — livro, jornal, revista, rádio — não consegue fazer que suas palavras, ou sua "mensagem", como se costuma dizer, atinja o objetivo, isto é, o leitor... Daí o cabotinismo, a mania da demonstração, que entre intelectuais e artistas reveste, não raro, formas insuspeitadas, o que no fundo outra coisa não visa, senão a despertar a atenção do possível leitor, e permitir que o círculo se complete...

Esse não será, por certo, o caso de Graciliano Ramos, talvez o mais discreto dos nossos escritores. É que ao autor de *Angústia* não faltam fãs — que até às vezes se tornam importunos e maçantes — e trechos de obras suas vão entrando tranquilamente para as antologias — garantia de que terão curso forçado e de que ele, portanto, se comunicará também com as gerações futuras.

Virá daí, quem sabe, a sua serenidade diante dos meios usuais de propaganda, a despreocupação pela "política" do seu nome e a naturalidade com que fala aos jornalistas.

Vocação para as coisas inúteis

Principio por pedir-lhe que me diga alguma coisa sobre os começos de sua vida, no interior de Alagoas, na cidade onde nasceu, cujo nome geralmente se pronuncia como esdrúxulo, quando não é: Quebrangulo.

— Mas isso tudo está contado em *Infância*... Valeria a pena repetir?

E como eu dissesse que sim, resumiu:

— De minha cidade natal não guardo a menor lembrança, pois saí de lá com um ano. Criei-me em Buíque, zona de indústria pastoril, no interior de Pernambuco, para onde, a conselho de minha avó, meu pai se transferiu com a família. Em Buíque morei alguns anos e muitos fatos desse tempo estão contados no meu livro de memórias.

Abro o volume, para conferir, e, entre outras coisas, lá encontro este perfil psicológico do velho Ramos, traçado pelo filho: "Tinha imaginação fraca e era bastante incrédulo. Aborrecia os ateus, mas só acreditava no contas-correntes e nas faturas. Desconfiava dos livros, que papel aguenta muita lorota, e negou obstinadamente os aeroplanos. Em 1934 considerava-os duvidosos..."[5]

De quem o romancista teria herdado, então, o gosto pela literatura? Talvez do avô paterno, cujo retrato desbotado costumava admirar no álbum que se guardava no baú, e de quem admite tenha recebido em legado "a vocação absurda para as coisas inúteis".[6] De sua mãe, o cérebro infantil recolheu esta impressão: "uma senhora enfezada, agressiva, ranzinza, sempre a mexer-se, bossas na cabeça mal protegida por um cabelinho ralo, boca má, olhos maus que em momentos de cólera se inflamavam com um brilho de loucura", ente difícil que na harmonia conjugal "se amaciava, arredondava as arestas, afrouxava os dedos que nos batiam no cocuruto, dobrados, e tinham dureza de martelos".[7]

De Buíque, onde o romancista frequentou a primeira escola, experimentou os primeiros desânimos diante dos livros didáticos do barão de Macaúbas e viveu algumas das inesquecíveis aventuras da sua meninice, a família mudou-se para Viçosa, não a de Minas, terra do presidente Bernardes, mas a da zona açucareira do interior de Alagoas. O que foi a extensa caminhada, de dezenas de léguas, desde os campos ralos, povoados de xiquexiques e mandacarus, até uma nova paisagem, de vegetação densa e muito verde, longa viagem feita em lombo de animal, está contado numa das melhores páginas de *Infância*.

De Viçosa Graciliano passou a Maceió, onde frequentou um colégio mau; voltou e, aos 18 anos, foi morar em Palmeira dos Índios, no interior do estado. Em Palmeira dos Índios, Graciliano chegaria a prefeito, e foi graças a dois relatórios que, nessa qualidade, escreveu, que se tornou conhecido. Mas não precipitemos os acontecimentos.

Primeira viagem ao Rio

Estamos ainda em 1914. Nesse ano realiza Graciliano sua primeira viagem ao Rio, tendo trabalhado aqui como "foca" de revisão. No *Correio da Manhã*[8] e n'*O Século*,[9] de Brício Filho, não passou de suplente de revisor, trabalhando apenas quando o revisor efetivo faltava. N'*A Tarde*,[10] porém, um jornal surgido naquela época para defender Pinheiro Machado,[11] chegou a revisor efetivo. Morou em várias pensões, naquele Rio dos princípios do século, que tantos cronistas já têm descrito. Os antigos endereços ficaram-lhe na memória, e sem qualquer esforço o romancista os vai citando: Largo da Lapa, 110; Maranguape, 11; Riachuelo, 19... Todos numa zona então muito pouco recomendável, porque bairros de meretrício, de desordeiros e boêmios.

— A pensão do Largo da Lapa está em *Angústia* — confessa-me o escritor. — Dagoberto foi meu vizinho de quarto...

— Nessa sua primeira viagem à "corte" procurou aproximar-se de algum escritor, fez camaradagem literária?

— Nenhuma. Os escritores daquele tempo eram cidadãos que, nas livrarias e nos cafés, discutiam colocação de pronomes e discorriam sobre Taine. Machado e Euclides já haviam morrido, e os anos de 1914--1915, em que estive aqui, assinalam, na literatura brasileira, uma época cinzenta e anódina, de que é bem representativo um tipo como Osório Duque Estrada, que então pontificava...

Comerciante estabelecido

— Ficou aqui até quando?

— Até 1915. Depois de curta e nada sedutora permanência na capital, achei melhor voltar para Palmeira dos Índios, onde já havia deixado um caso sentimental e onde minha família estava toda sendo dizimada pela bubônica. Num só dia perdi dois irmãos. Alarmado, e também desgostoso com a vida que aqui levava, tratei de voltar para Alagoas. Em outubro de 1915 casei-me e estabeleci-me com loja de fazendas em Palmeira dos Índios. A mesma loja que fora de meu pai.

— Nessa ocasião já tinha preocupações literárias?

— Lia muito e escrevia coisas que inutilizava ou publicava com pseudônimos.

— Quer revelar alguns desses pseudônimos?

— Você é besta...

— Fazia versos?

— Aprendi isso, para chegar à prosa, que sempre achei muito difícil. Tendo vivido quinze anos completamente isolado, sem visitar ninguém, pois nem as visitas recebidas por ocasião da morte de minha mulher eu paguei, tive tempo bastante para leituras. Depois da Revolução Russa, passei a assinar vários jornais do Rio. Desse modo me mantinha mais ou menos informado, e os livros, pedidos pelos catálogos, iam-me daqui, do Alves[12] e do Garnier,[13] e principalmente de Paris, por intermédio do *Mercure de France*.[14]

Nunca foi modernista

— Então, se procurava manter-se tão bem informado a respeito do que se passava no Rio e no resto do mundo, deve ter acompanhado, lá de Palmeira dos Índios, o movimento modernista.

— Claro que acompanhei. Já não lhe disse que assinava jornais?

— E que impressão lhe ficou do modernismo?

— Muito ruim. Sempre achei aquilo uma tapeação desonesta. Salvo raríssimas exceções, os modernistas brasileiros eram uns cabotinos.

Enquanto outros procuravam estudar alguma coisa, ver, sentir, eles importavam Marinetti.

— Não exclui ninguém dessa condenação?

— Já disse: "salvo raríssimas exceções". Está visto que excluo Bandeira, por exemplo, que aliás não é propriamente modernista. Fez sonetos, foi parnasiano. E o "Solau do desamado"[15] é como as "Sextilhas de frei Antão".[16] Por dever de ofício, pois estou organizando uma antologia de contos brasileiros,[17] antologia que rola há mais de três anos, tive de reler toda a obra de um dos próceres do modernismo. Achei dois contos, de cinco ou seis páginas cada um. E pergunto: isso justifica uma glória literária?

Franze a testa, detém-se um instante, mas logo prossegue:

— Os modernistas brasileiros, confundindo o ambiente literário do país com a Academia, traçaram linhas divisórias rígidas (mas arbitrárias) entre o bom e o mau. E, querendo destruir tudo que ficara para trás, condenaram, por ignorância ou safadeza, muita coisa que merecia ser salva. Vendo em Coelho Neto a encarnação da literatura brasileira — o que era um erro — fingiram esquecer tudo quanto havia antes, e nessa condenação maciça cometeram injustiças tremendas. Nas leituras que tenho feito, para a organização da antologia a que me referi, encontrei vários contos, de autores propositadamente esquecidos pelos modernistas e que seriam grandes em qualquer literatura. Lembro-me de alguns: "O ratinho Tic-Tac", de Medeiros e Albuquerque; "Tílburi de praça", de Raul Pompeia; "Só", de Domício da Gama; "Coração de velho", de Mário de Alencar; "Os brincos de Sara", de Alberto de Oliveira. Nas antologias que andam por aí essas produções geralmente não aparecem, e de alguns dos autores citados são transcritos contos que não dão ideia exata do seu talento e do domínio que tinham do gênero. Só posso atribuir isso, como já disse, a desonestidade. Porque, se os compararmos aos produtos dos líderes modernistas, estes se achatam completamente.

— Quer dizer que não se considera modernista?

— Que ideia! Enquanto os rapazes de 22 promoviam seu movimentozinho, achava-me em Palmeira dos Índios, em pleno sertão alagoano, vendendo chita no balcão.

Na prefeitura de Palmeira dos Índios

— E como foi que chegou a prefeito da cidade?

— Assassinaram o meu antecessor. Escolheram-me por acaso. Fui eleito, naquele velho sistema das atas falsas, os defuntos votando (o sistema no Brasil anterior a 30), e fiquei vinte e sete meses na prefeitura.

— Consta que, como prefeito, soltava os presos para que fossem abrir estradas…

— Não era bem isso. Prendia os vagabundos, obrigava-os a trabalhar. E consegui fazer, no município de Palmeira dos Índios, um pedaço de estrada e uma terraplenagem difícil.

Dois relatórios famosos

— Em que ano foi isso?

— Em 30.

— O ano do relatório…

— Os relatórios são dois: há o de 29 e o de 30.[18]

— Relatórios do prefeito ao governador do estado, dando contas de sua administração, não é?

— Justo. Apenas, como a linguagem não era a habitualmente usada em trabalhos dessa natureza, e porque neles eu dava às coisas seus verdadeiros nomes, causaram um escarcéu medonho. O primeiro teve repercussão que me surpreendeu. Foi comentado no Brasil inteiro. Houve jornais que o transcreveram integralmente.

— E assim nasceu o escritor...

— Não. Nasceu antes. Mas tinha o bom senso de queimar os romances que escrevia. Queimaram-se diversos. *Caetés*, infelizmente, escapou e veio à publicidade.

— Numa edição Schmidt.

— Exato. Por intermédio de Rômulo de Castro, Schmidt, que aqui no Rio lera os meus relatórios, pediu-me que lhe enviasse artigos para a imprensa. Como não me interessasse fazer carreira no jornalismo, nem construir nome literário, recusei-me. Aliás, nessa ocasião já estava de mudança para Maceió, pois fora nomeado diretor da Imprensa Oficial. Com a revolução, quis demitir-me, mas não pude. E lá fiquei até dezembro de 31. Não suportando os interventores militares que por lá andaram, larguei o cargo e voltei para Palmeira dos Índios, onde, numa sacristia, fiz *S. Bernardo*. Estava no capítulo XIX, capítulo que escrevi já com febre, quando adoeci gravemente com uma psoíte e tive de ir para o hospital. Do hospital ficaram-me impressões que tentei fixar em dois contos — "Paulo" e "O relógio do hospital" — e no último capítulo de *Angústia*. No delírio, julgava-me dois, ou um corpo com duas partes: uma boa, outra ruim. E queria que salvassem a primeira e mandassem a segunda para o necrotério. Estava convalescendo, em janeiro de 1933, quando tive notícia da minha nomeação para diretor da Instrução Pública. Não acreditei.

— Qual o interventor que o nomeou?

Graciliano sorri e satisfaz a minha curiosidade:

— O capitão Afonso de Carvalho, hoje coronel. Foi disparate.

ENTREVISTAS

Memórias do cárcere

E depois de uma pausa:

— Permaneci no cargo até 3 de março de 1936. Em 1933 Schmidt lançara *Caetés*, que eu trazia na gaveta desde muito tempo. Naquele dia do mês de março de 1936, porém, sem qualquer explicação, fui preso e remetido para o Recife, onde passei dez dias incomunicável. Depois fui metido no porão do *Manaus* e vim para cá. Tive dez ou doze transferências de cadeia.

— Qual o motivo da prisão?

— Sei lá! Talvez ligações com a Aliança Nacional Libertadora, ligações que, no entanto, não existiam. De qualquer maneira, acho desnecessário rememorar estas coisas, porque tudo aparecerá nas *Memórias da prisão*,[19] que estou compondo.

— Foi assim, então, que veio para o Rio?

— Foi. Arrastado, preso.

— Mas valeu a pena, não?

— Sinceramente, não sei. Nunca tive planos na vida, muito menos planos de sucesso. Depois daquela experiência da mocidade, o Rio não me atraía. No entanto vim, no porão do *Manaus*, e aqui vivo.

Um "antipará"

Estávamos, portanto, diante de um "antipará". Os "parás", na saborosa classificação de Jaime Ovalle-Manuel Bandeira (v. "A nova gnomonia", in: *Crônicas da Província do Brasil*), são "esses homenzinhos terríveis que vêm do Norte para vencer na capital da República; são habilíssimos, audaciosos, dinâmicos e visam primeiro que tudo ao sucesso material, ou à glória literária, ou ao domínio político".[20] Que pensaria Graciliano dessa fauna? Lanço a pergunta e a resposta não tarda:

— Está claro que existe um "Exército do Pará". Na maioria dos casos, porém, os seus milicianos já chegam feitos do Norte. Aqui vêm apenas colher os louros, ou, mais positivamente, as vantagens. E no Rio em geral definham, tornam-se mofinos. Ignoro se também sou "pará". Nunca fiz coisa que prestasse, mas ainda assim o pouco que fiz foi lá e não aqui, onde a vida não nos deixa tempo para nada. Hoje leio apenas jornais, um ou outro romance. De manhã escrevo; à tarde saio para as minhas ocupações (inclusive para o "papo" na Livraria); à noite trabalho. Onde iria achar tempo para leituras? E se não tivesse lido um pouco no interior, onde os dias são intermináveis, seria inteiramente analfabeto.

— Quer dizer que acha preferível, para o escritor, a vida na província?

— No Nordeste não podemos falar em "provincianismo", luxo dos estados grandes: São Paulo, Minas, Rio Grande do Sul... Nós, do Nordeste, temos de ser "municipais" ou "nacionais". E, a ter de morar em qualquer dos estados daquela região, acho preferível o interior às capitais, porque estas, seus mexericos, seus grupinhos literários, suas academiazinhas, seus institutos históricos, são sempre muito ruins. Já no interior poderá um homem entrar em contato íntimo com a terra e o povo. É, por exemplo, de onde vem a força de um José Lins do Rego, de uma Rachel de Queiroz, de um Jorge Amado.

Leitor de dicionários

A conversa já ia longa, mas o questionário do repórter guardava ainda várias perguntas:

— Sabe que é apontado como um dos nossos escritores modernos que melhor manejam o idioma?

— Conversa. Talvez, se houvesse alguma verdade nisso, eu devesse muito aos caboclos do Nordeste, que falam bem. É lá que a língua se conserva mais pura. Num caso de sintaxe de regência, por exemplo, entre a linguagem de um doutor e a do caboclo, não tenha dúvida, vá pelo caboclo — e não erra. Note que me refiro ao caboclo do sertão. O do litoral vai-se estrangeirando.

— Mas não me venha dizer que seu aprendizado da língua se fez apenas com os caboclos de Buíque e Palmeira dos Índios.

— Claro que não... Muitas coisas não poderiam eles ensinar-me. Está visto que tive de chatear-me lendo gramáticas. E arrepiei-me com a leitura dos frades.

— Consta que você, como Euclides da Cunha e Monteiro Lobato, é grande leitor de dicionários...

— Consta e é verdade. Dicionário, para mim, nunca foi apenas obra de consulta. Costumo ler e estudar dicionários. Como escritor, sou obrigado a jogar com palavras. Logo, preciso conhecer o seu valor exato.[21]

— Acha isso uma qualidade?

— Não sei... O que sei é que não há talento que resista à ignorância da língua...

Nunca saiu de dentro de si mesmo

— Poderia, hoje, deixar de escrever?

— Quem me dera poder deixar...

— Sua obra de ficção é autobiográfica?

— Não se lembra do que lhe disse a respeito do delírio no hospital? Nunca pude sair de mim mesmo. Só posso escrever o que sou. E se as personagens se comportarem de modos diferentes, é porque não sou um só. Em determinadas condições, procederia como esta ou aquela das minhas personagens. Se fosse analfabeto, por exemplo, seria tal qual Fabiano...

Inspetor do São Bento

— Já se pode viver, no Brasil, da profissão de escritor?

— Não creio. A última edição de minhas obras rendeu-me cinquenta contos.[22] Da edição americana de *Angústia*,[23] recebi dez contos apenas. Tenho também três livros traduzidos para o espanhol.[24] Mas os negócios na Argentina e no Uruguai andaram mal. Como não tenho o hábito de frequentar os suplementos e as revistas ilustradas, a literatura me rende pouco.

— Que outras coisas faz?

— Trabalho no *Correio da Manhã* e sou inspetor de ensino secundário.

— Que ginásio inspeciona?

— O Ginásio São Bento.[25]

E como eu achasse curiosa a circunstância de um comunista ser inspetor de um colégio de frades, explicou-me logo:

— Damo-nos muito bem. Os beneditinos não são como os vigários do interior.

— Gosta do emprego que tem?

— É-me indiferente. Trata-se de uma sinecura como outra qualquer. Em todo caso, nunca tive uma falta nem tirei licença.

— E no *Correio da Manhã*, qual o seu serviço?

— Corrijo a gramática dos repórteres, topiquistas e articulistas.

— Trabalho cacete...

— Nem tanto.

— Gosta do jornalismo?
— Não. Nem me considero jornalista.
— Com essa vida de jornal, naturalmente dorme tarde...
— À uma hora, via de regra. E me levanto às sete.
— Nos seus livros trabalha, portanto, apenas de manhã.
— Exato. Até às onze, mais ou menos.
— E para trabalhar, exige um bom ambiente ou não liga a isso?
— Trabalho em qualquer parte. *Angústia* foi escrito em palácio, quando eu era diretor da Instrução Pública de Alagoas. *S. Bernardo*, em péssimas condições, numa igreja. Qualquer canto me serve. Mas disponho, hoje, em casa, de uma confortável sala de trabalho: isso que os burgueses costumam chamar "escritório".
— Gosta da casa onde mora?
— Em qualquer lugar estou bem. Dei-me bem na cadeia... Tenho até saudades da Colônia Correcional. Deixei lá bons amigos.

Já faz muito em pagar

Casado duas vezes, Graciliano tem seis filhos e duas netas. Pergunto-lhe se costuma ajudar a mulher em casa, e ele se espanta:

— Já faço muito em pagar as despesas... Aliás, tenho horror a compras. E quando ouço o telefone, tranco-me.
— Aos domingos, o que costuma fazer?
— Em geral escrevo pela manhã e à tarde durmo.

O autor de *Vidas secas* não faz visitas, não vai a concertos nem a conferências e não gosta de música. Tem, entretanto, um velho hábito: vai diariamente à Livraria José Olympio, na rua do Ouvidor, e fica lá várias horas, num banco que já é quase propriedade sua, localizado no fundo da loja.

— Muitas vezes vou lá dormir — esclarece-me. — Mas aparecem amigos, conhecidos, e toca-se a conversar.

Em virtude desse hábito, muita gente pensa que Graciliano dá a vida por um "papo". Ele, porém, desfaz-me essa impressão:

— Quase sempre converso forçado, porque chegam pessoas. Mas na verdade muitos dias preferiria ficar quieto, sem trocar palavra. Também é fato que lá aparecem bons amigos, desses que a gente revê com prazer. De um modo geral, porém, sou uma vítima dos cacetes.

A praga dos originais

Como Manuel Bandeira, Graciliano recebe inúmeros originais para ler e dar opinião.[26] A Bandeira dirigem-se sobretudo os jovens poetas ainda incertos quanto à própria vocação. E os que se iniciam na prosa geralmente procuram mestre Graciliano. Este, assim, tem sempre uma quantidade enorme de originais para ler.

— É maçada. Recebo dezenas de originais. São principiantes, geralmente dos estados, que desejam, é claro, alguns elogios. Já me aconteceu receber, na mesma semana, originais do Piauí e de Goiás. Eu devia fazer como José Lins: afirmar, sem leitura, que tudo é magnífico.

Os escritores jovens do Brasil, que dos mais distantes estados remetem originais para Graciliano Ramos, em busca de uma opinião, e nem sempre recebem resposta, ou a resposta que esperavam, podem, entretanto, considerar-se vingados: na própria casa do romancista surgem originais, e originais que ele tem, forçosamente, de ler, e talvez percorra com olhos mais benignos: os contos de seu filho Ricardo, de 19 anos, e de sua filha Clara, quatro anos mais moça que o irmão. Ambos têm vocação para as letras. Ricardo, jornalista, já tem publicado alguma coisa, naturalmente com a chancela paterna. E, ainda que Graciliano nos afirme o contrário, nos diga que nenhum deles lhe pede opinião, é divertido imaginar o romancista, cansado de emendar o português dos noticiaristas do *Correio da Manhã*, e de ler originais que lhe chegam, às dezenas, de todo o país, ter, em casa, de dar opinião sobre os trabalhos dos filhos.

Pergunto-lhe que tal os contos de Ricardo Ramos, e ele não se nega a opinar:

— Regulares. Tem jeito e poderá fazer coisa que preste.

— E Clara?

— É ainda criança. Tem 15 anos apenas e está findando o curso secundário.

Despedindo-me de Graciliano, depois da longa conversa que aqui tentei reproduzir, faço-lhe uma última pergunta:

— Acredita na permanência de sua obra?

E sem qualquer "pose", sem nada que deixasse transparecer falsa modéstia, antes dando a impressão de que falava com sinceridade, esse pessimista seco e amargo respondeu-me:

— Não vale nada; a rigor, até, já desapareceu.

Acontece, porém, que nesse ponto quem terá a última palavra não será o autor, mas a posteridade. E se por enquanto não podemos colher o seu depoimento, é quase certo que contrariará o romancista...

CARTA DO BRASIL
GRACILIANO RAMOS FALA AO *DIÁRIO POPULAR* ACERCA DOS MODERNOS ROMANCISTAS BRASILEIROS[1]

Castro Soromenho,[2] Diário Popular,[3] *1949*

"Foi um escândalo. Não sabiam escrever
Mas estavam ali pedaços do Brasil"

Rio de Janeiro, agosto. Ao fundo da Livraria José Olympio, no mesmo banco onde o encontrei há onze anos, sentado, as pernas cruzadas, em mangas de camisa, o casaco dobrado sobre as pernas, Graciliano Ramos como que continua uma conversa interrompida durante esse lapso de tempo. Tenho a impressão de que o deixei ontem, que adiara por algumas horas a nossa conversa, que onze anos foram onze horas, tão presentes são os problemas dessa época, em relação à literatura. Mas isto é só aparência, porque a realidade é muito diferente, dado que as situações mudaram por completo, no Brasil e em Portugal, quanto à evolução e à decadência do romance.

— Vocês não têm um grande romancista moderno — diz-me Graciliano. — A vossa projeção está na crítica e na poesia.

— Sim, isso é verdade. A minha geração ainda não revelou um grande romancista, mas, desde 1938, formou-se um movimento literário que vem marcando apreciável ascensão. Esse movimento vale muito mais como grupo do que por unidades, e, entre estas, as mais reclamadas são precisamente as menos qualificadas. Razões de circunstância... que você não aceita, nem eu, nem o Casais Monteiro,[4] a quem você se refere com tanta admiração... Vocês, brasileiros, têm um grande romancista, que é você, Graciliano; mas onde está, por onde se perdeu o vosso movimento literário, que encontrei, em plena ascensão, há onze anos?[5]

— Não; há onze anos, nós já estávamos no período da decadência do romance, iniciado em 1935.[6] Você não sentiu isso, porque vivíamos da projeção do movimento de 1930-1935, intenso, forte e, ao mesmo tempo, anárquico.

Graciliano Ramos, o mais respeitado e apreciado romancista brasileiro, no seu país e no estrangeiro, começa por se referir ao movimento modernista, que pôs termo a uma literatura "fabricada" numa língua estranha, com ideias importadas, falsa e medíocre. Uma literatura feita por sujeitos pedantes, balofos e ridículos, amarrados a um academismo estéril, de todo alheados dos fatos nacionais, sem arte nem vida.

— Olhávamos para esse panorama com desânimo, e com enjoo líamos a retórica boba que se arrumava em livros que nada significavam, nada traduziam, que não eram brasileiros nem de parte alguma — uma imitação e falsificação incompreensíveis.

— Mas, Machado de Assis...

— Machado estava longe — atalhou Graciliano. — Foi após essa época que se caiu em período de estagnação, no academismo estéril, na imitação, na retórica. Mas o mais grave era que essa literatura tinha grande aceitação do público e da crítica. Recordo-me do extraordinário êxito que teve *Canaã*, uma novela medíocre e falsa, pavorosa, que dá engulhos. Da literatura do começo do século, muito pouco, quase nada se salvou.[7]

— E os modernistas?

— Devemos muito aos modernistas, que, embora nada tivessem construído, souberam empunhar e meter a fundo a picareta, espalhar o terror e abrir caminho. Abrir caminho foi tudo, e muito, o que eles fizeram. Em 1930, o terreno estava mais ou menos desobstruído.

"Empalhados" os literatos do começo do século e preparado o caminho pelos modernistas, abre-se novo e largo horizonte à literatura brasileira. O que desde então se passou na vida literária pertence à história dos nossos dias, onde pela primeira vez se fez a revelação do verdadeiro Brasil, em muitos dos seus mais característicos aspectos, trazendo o homem e seus problemas à literatura, a realidade e contradições de sua própria vida, enquadrado no seu meio social.

Mas deixemos Graciliano Ramos, grande prosador e grande romancista, falar sobre esse novo movimento literário, marcar-lhe as suas características, dando-nos, em síntese, a evolução e a decadência do romance brasileiro aparecido depois de 1930:

— Foi nessa época que de vários pontos surgiram, em número apreciável, escritores desconhecidos, que se afastavam dos preceitos rudimentares da nobre arte da escrita. Mas a verdade é que, sem saberem escrever, trouxeram qualquer coisa de novo à literatura brasileira. Meteram-se pela sociologia e economia e lançaram no mercado romances causadores de enxaqueca ao mais tolerante dos gramáticos. Foi um escândalo. Mas estavam ali pedaços do Brasil, e isso já era alguma coisa de importante. A literatura enriquecia-se de novos assuntos, novos problemas, nova vida, mas tínhamos que lastimar a maneira absurda e inclassificável como se escrevia. E este foi um grande mal. As barbaridades foram aceitas, lidas, relidas, multiplicadas, traduzidas e aduladas. Havia uma pureza e uma coragem primitivas nos escritos da arrancada, e daí o êxito dessa literatura. Porém, a sua decadência começou cedo, porque se perderam essas qualidades. Começaram descrevendo coisas que viram e acabaram descrevendo coisas que não viram. E, por desgraça nossa, a maioria não aprendeu a escrever. Raros são os que estudaram os problemas e a língua.

Deixamos o grande romancista de *S. Bernardo*, porque a vida chamou-nos para o caminho de Buenos Aires, mas em breve continuaremos a nossa conversa para nós mesmos e para o público.

NOSSOS ESCRITORES — GRACILIANO RAMOS

"SEMPRE FUI ANTIMODERNISTA"; "TRAÇOS DE IDENTIDADE"[1]

José Tavares de Miranda,[2] Folha da Manhã,[3] *1951*

Dificilmente poderemos escrever sobre Graciliano Ramos sem incidir nos mesmos lugares-comuns, repisados já há alguns anos de norte a sul do país, não somente sobre a obra do autor de *Angústia*, mas também sobre a sua vida, marcada por vicissitudes e fatos que não encontramos na maioria de seus pares — se é que se pode, em plena consciência, achar um par para o velho Graça, como chamam a Graciliano Ramos os seus amigos de porta de livraria e também os seus companheiros de jornada.

Sim, porque a vida deste homem, que é considerado por amigos e inimigos, por todos, como o maior romancista contemporâneo do Brasil, é realmente uma saga de sofrimentos suportados com estoicismo digno de admiração e de respeito. Por isso seria perfeitamente dispensável, e é mesmo inócuo, tratarmos da vida de Graciliano Ramos em simples reportagem de divulgação popular, jogando com frios dados e datas, que assinalariam, quando muito, simples episódios no tempo, destituídos da grandeza de que eles se revestiram.

Mas Graciliano Ramos vive. Nasceu, teve infância, adolescência, juventude, maturidade e agora beira os 60 anos, respeitado e admirado. Vai entrar o velho Graça no sexagésimo ano da existência com um vigor intelectual e uma disposição para a luta que fazem inveja à grande e amorfa maioria de nossa juventude intelectual, hoje, mais do que em qualquer tempo de nossa história, como que atacada de esquecimento de sua própria condição.

Um fato digno de assinalarmos também na carreira literária de Graciliano Ramos é o de que somente se tornou escritor na maturidade. A sua estreia foi em 1933, com o romance *Caetés*. Tinha nessa época 41 anos de idade. Isto é um fato muito importante, sobretudo em um país como o Brasil, onde a grande maioria de escritores e poetas realiza-se antes dos 30 anos. Aí estão os exemplos de Álvares de Azevedo, Castro Alves, Gonçalves Dias, Casimiro — para falarmos somente nas gerações mais antigas — que tão moços se firmaram no conceito de seus contemporâneos. Por isso, é espantoso num país que apresenta tantos casos de precocidade, um homem de mais de 40 anos apareça com o vigor com que surgiu Graciliano Ramos. A sua obra não é de afogadilho impressionista. Pelo contrário, é a construção de um mundo perdido. É o testemunho de um homem que viveu adversamente, não somente contra a paisagem árida de sua terra natal, mas também contra a aspereza dos semelhantes, nem sempre irmãos na dor e no sofrimento.

O princípio

Graciliano Ramos nasceu na cidade de Quebrangulo, estado de Alagoas, no dia 27 de outubro de 1892, filho de Sebastião Ramos e Maria Amélia Ferro Ramos. Seu pai era um pequeno comerciante. Muito criança ainda, Graciliano saiu de Quebrangulo para Buíque, no sertão de Pernambuco, onde seu pai comprara uma fazenda. Quando Graciliano tinha 7 anos de idade, a sua família, fugindo da pobreza, mudou-se para Viçosa, e ali o menino cursou várias escolas. Aos 10 anos, pegou o vício da leitura. Leu bastante, sobretudo o teatro clássico. Saiu da escola primária conhecendo Molière, Racine, Corneille, Camões, Zola, e não sabendo nada de matemática.

Se Viçosa, em Alagoas, era diferente de Buíque na paisagem, pois em plena Zona da Mata as terras são tão desoladas pelas secas, ali Graciliano sentiu a prepotência do criador de gado sobre o lavrador e a luta dos pequenos proprietários que procuram de armas na mão resolver os conflitos de terras. Esse drama o romancista fixou com muita propriedade no seu segundo livro, *S. Bernardo*.

Foi para Maceió fazer o curso ginasial no Colégio Agnelo. Todavia, não quis concluir o curso, porque não confiava nos professores. Quando retornou a Viçosa compunha sonetos, ou melhor, alguns versos que publicava nos jornais locais, sob pseudônimos. No entanto, lia poesia. Aprendera versificação para escrever prosa.

Quando tinha 18 anos, mudou-se para Palmeira dos Índios, associando-se ao seu pai na loja de fazenda. Escrevia e estudava sempre. Lia selecionando a leitura. Nesse tempo não lia os escritores brasileiros. Os seus preferidos eram os franceses, os ingleses, os russos, os italianos. Comprava os livros aqui em São Paulo, por intermédio da Agência Chiaves, sobretudo os livros italianos. De Paris recebia livros de todas as livrarias, comprando-os por intermédio do *Mercure de France*.[4] Desde este tempo começou a ter preferência por Balzac e Tolstoi.

Em 1914 leu Karl Marx — *O capital*[5] — numa tradução italiana recebida da agência de São Paulo. Concomitantemente também lia Kropotkine e Nietzsche.

ENTREVISTAS

Para o Rio

Também neste 1914 rumou para o Sul. Tinha o desejo de ser um literato, e o Rio era o sonho de todo rapaz da província que quisesse vencer nas letras.

— Pensei naquele tempo que dava para a literatura. Verifiquei que não dava e voltei para minha Alagoas, depois de um ano.

Sim, durante um ano o moço da província, introvertido, viveu penosamente o sonho deslumbrante da capital, como foca de revisão em vários jornais, como o *Correio da Manhã*, *O Século*, *A Tarde*.[6]

Felizmente não ficou no Rio. Um dia chegou a notícia de que sua família estava lá no Nordeste morrendo de peste bubônica. Regressou imediatamente, para viver o drama. E esta volta o reconduziu não somente à paisagem áspera e comum, mas também ao convívio de seus livros e estudos. Deixou o Rio e a fauna de subliteratos que então comandava o Brasil. Daqueles medíocres, nem os nomes sabemos hoje ao certo. Essa seria a época de Lima Barreto... mas, naquele tempo, ele vivia desconhecido nos bares, como um vagabundo.

De volta, Graciliano meteu-se novamente no comércio e casou-se um mês depois com Maria Augusta, uma costureira, filha de um trabalhador de enxada. Teve quatro filhos e enviuvou depois de cinco anos. Oito anos depois casou-se novamente, com Heloísa Medeiros, com quem teve mais quatro filhos. E ali, em Palmeira dos Índios, ficou obscuramente, estudando, estudando. Escrevia também romances, mas os queimou todos.

— Também *Caetés* deveria ter sido queimado.

Mas felizmente não o foi, é o que pensamos. Graciliano diz que não gosta de nenhum de seus romances. Ele o diz sinceramente e acreditamos, mesmo porque neste escritor não percebemos a falsa modéstia dos medíocres. Se o diz é porque sente que ainda poderá nos dar muito mais do que já nos deu. E esta é a verdade do artista legítimo.

Prefeito

Um dia os seus conhecidos fizeram-no prefeito de Palmeira dos Índios. De suas atividades como prefeito da pequena cidade, temos a destacar apenas um relatório[7] que fez ao governador do estado, relatório contrário a todas as normas burocráticas, que lhe deu imediatamente uma notoriedade que não esperava, lançando-o nos meios intelectuais do país. Terminou impressionando os homens públicos de Alagoas, e um dia foi nomeado diretor da Imprensa Oficial do Estado. Também exerceu a função de diretor da Educação. Sua obra como reformador do ensino no estado tornou-se suspeita aos elementos conservadores.[8] Intrigas e mais intrigas barraram o seu caminho. Explode o movimento revolucionário de 1935 (novembro) e no dia 3 de março de 1936 a polícia bateu em sua porta.

Prisioneiro político

Neste dia começou o seu inenarrável martirológio. Preso, foi para a Colônia Correcional. Passou por doze presídios. Percorreu as cadeias de Alagoas, Pernambuco, Ilha Grande e Distrito Federal. Rasparam-lhe a cabeça na ilha. Passou doze dias sem comer e travou realmente contato com a miséria sob vários aspectos. Muito aprendeu.

Doze dias sem comer. A comida era podre: os companheiros de prisão — ladrões, proxenetas e vagabundos — atirados na mais vil promiscuidade, sujos, repelentes, não pareciam homens com alma e corpo à imagem e semelhança de Deus, mas, apenas, répteis chafurdando nas próprias fezes, sangue apenas, visto que a dosagem de potassa no feijão a fim de diminuir a vitalidade daqueles "bichos" era para matar...

Na hora da boia o vozerio da fome, o bater nas tábuas que serviam de mesa, as colheres em repique sobre os pratos de alumínio encardido pelo manuseio e a sujeira predispunham o seu estômago para o vômito.

Tapava os ouvidos para não ouvir as imprecações com os polegares e fechava as narinas com os médios... mas assim mesmo ouvia o vozerio de 950 bocas famintas e cheias de ódio, e sentia o nauseabundo e fétido cheiro que emanava dos caldeirões fumegantes... Mesmo de olhos fechados sabia que o parceiro da direita ou da esquerda na mesa já havia lhe roubado o prato.

Um dia, Cubano,[9] um delinquente da ilha que era tido como chefe dos presos, disse ao velho Graça:

— Doutor, o senhor vai comer.

— Mas não quero.

— Vai. Nem que eu tenha de lhe dar uma surra. O senhor não pode morrer de fome, está sob a minha responsabilidade.

— Como você quer que eu coma? — E Graciliano apontou um negro deitado esvaindo-se em sangue, com um enxame de moscas em torno...

— Mas, vai — e desceu o braço sobre o corpo esquálido do grande romancista. A luta foi desigual. Durante alguns minutos, escritor e ladrão rolaram na terra.

— Eu tinha que fazer isto, doutor, o senhor me desculpe.

Passou Graciliano Ramos um ano preso sem processo. Um dia foi solto da mesma maneira que fora preso: sub-repticiamente.

Não conheciam o velho Graça. Poderiam tê-lo matado, mas nunca lhe dobrariam a espinha. Se o matassem, o que teria sido possível, nada aconteceria por certo. Apenas, o Brasil perderia o seu maior escritor.

Antimodernista

Graciliano Ramos é antimodernista. Ele confessa com firmeza e orgulho:

— Sempre fui antimodernista.

Diz que nunca escreveu a palavra *gostosura*[10] nem preposições em fim de período. Não acredita no enriquecimento da língua com essas inovações. Acha que escrever desse modo é apenas burrice.[11]

— Quando eu cometer um erro, podem considerar que o cometi por burrice.

Ele é por excelência um escritor antirromântico. Talvez por isso sinta-se tão à vontade dentro do nacionalismo marxista. Para Graciliano quando a literatura fala em céu ou prostíbulos podemos aferir imediatamente: chegamos a um período de decadência. Mostrou-nos que os elementos de vanguarda do modernismo, ou ditos de vanguarda — como Manuel Bandeira, que depois de deitar vários "abaixo!" escreve o "Solau do desamado"[12] —, apenas desejam movimento...

A ele não interessam escolas e modas literárias. O que quer é escrever novas lembranças e libertar-se através da palavra, enriquecendo cada vez mais a nossa literatura com a mais violenta experiência da ficção brasileira.

Os amigos de Graciliano Ramos contam sempre uma anedota à guisa de roteiro do caráter do autor de *Vidas secas*. Dizem que José Lins do Rego, certa vez ao entrar na Livraria José Olympio, encontrou o velho Graça confabulando com Otto Maria Carpeaux, esse notável crítico que felizmente hoje em dia é um escritor brasileiro, e disse num daqueles seus rompantes albuquerquianos:[13]

— O mundo vai se acabar...

Isto dizia o Zé Lins, porque considera os dois citados homens de letras como inexoráveis pessimistas a propósito de tudo e de todos. Todavia, pelo menos quanto a Graciliano Ramos, achamos que a aludida anedota não afina muito.

Graciliano Ramos é um homem de fé. Crê no futuro do mundo e no excepcional papel do Brasil neste mundo futuro: crê nos homens seus irmãos e semelhantes e em verdade acredita como ninguém em sua verdade.

ENTREVISTAS

Traços de identidade

É magro, anguloso. Cabelos: branco-cinza. Altura: 1 m e 70.

Colarinho: 38. Usa óculos.

Não tem cores preferidas, todavia as escuras levam vantagem no seu gosto.

Não tem preferências de comida.

Gosta e come pimenta como se fosse salada. Não tolera doces e não suporta o açúcar.

Não gosta de café.

Bebe de tudo, de preferência aguardente.

Não tem tempo para ir ao teatro e por isso não tem opinião formada sobre o teatro contemporâneo.

Do cinema a mesma coisa. Há cerca de três anos não vai ao cinema. Diz que não entende de música.

De artes plásticas também não entende. Não dança.

Fuma muito. O seu cigarro é "Selma" (ponta de cortiça). No mínimo, três maços por dia.

Não tem preferência pela noite ou pelo dia. Vive. Gosta de frio.

Da chuva, prefere não se molhar.

É muito supersticioso. Por exemplo: não entra em casa com o pé esquerdo. Não sobe degraus também com o pé esquerdo.

Não tem tipo de mulher preferido. Adora crianças.

É um homem de idiossincrasias. Por exemplo: não tolera lugar-comum, campainha e telefone.

Não conhece os vizinhos.

Não entende de poesia, por isso não tem poetas preferidos.[14] Romancistas de sua preferência: Tolstoi, Balzac, Swift e Cervantes. Quanto aos romancistas brasileiros admira todos. Sabe que Machado de Assis é bom, mas não gosta.

Falando de contistas, acha que Machado de Assis é um dos grandes. Atualmente prefere Marques Rebelo e João Alphonsus. Diz ainda que os modernistas foram responsáveis por muitas injustiças. Citou o fato de haver encontrado em Alberto de Oliveira um ótimo conto — "Os brincos de Sara" — e em Medeiros e Albuquerque "O ratinho Tic-Tac". Gosta muito de um conto de Raul Pompeia — "Tílburi de praça" — e também de um outro, de Domício da Gama: "Só."[15]

Falando sobre a literatura brasileira, disse textualmente: "É uma boa esperança a literatura brasileira. Não sou derrotista. Acho que ela já foi pior do que é."

Sobre o modernismo, disse: "O modernismo nunca me interessou."

Considera-se suspeito para falar na crítica brasileira, visto que sempre foi bem tratado por ela.

GRACILIANO RAMOS: ROMANCE É TUDO NESTA VIDA[1]

José Guilherme Mendes,[2] Manchete,[3] *1952*

Um homem de cabeça, tronco, membros e coração — "A literatura brasileira não está em decadência: ela nunca existiu" — Tem quase terminado um livro sobre a sua recente viagem à União Soviética e diz: "Quero escrever uma coisa diferente: nem céu, nem inferno. Pois não há isso, não é?" — Um grande escritor faz 60 anos e declara: "Sou dos menores. Eu não tenho imaginação."

Graciliano Ramos — magro, vestido de pijama, com um robe azul — chegou à sala modesta onde a sobriedade dos móveis e quadros lhe oferecia a moldura mais adequada. Não conhecia o repórter moço que o ia entrevistar e, evidentemente, a vista do complicado aparelho levado pelo fotógrafo que acompanhava o jornalista deixou-o mais sem jeito ainda. Sentou-se e imediatamente enfiou a mão no bolso, apanhando um cigarro de ponta de cortiça. Não fitava o repórter, a quem dissera, apenas: "Sente-se", fazendo um gesto com a cabeça. Começou a preparar o cigarro, batendo-o na mesa. Arregalou os olhos durante alguns segundos, como se esforçasse. Depois colocou na boca o cigarro cujo fumo fora socado de forma a deixar a extremidade amarela inteiramente vazia. A mão, longa e fina, com a ponta dos dedos amarelecida pelo sarro, movia-se com agilidade. O corpo procurava ajeitar-se na poltrona em meio aos dois travesseiros que sua companheira de tantos anos arrumava com indisfarçável ternura. Um suspiro mais fundo encheu e esvaziou o peito magro daquele homem de 60 anos. O repórter esperava. Sabia que ele sofria e tinha medo de aumentar-lhe, por qualquer forma, a dor física. Havia um silêncio incômodo naquela sala de um primeiro andar que dava para uma área bloqueada pelos fundos de outros prédios semelhantes, baixos e de construção recente, onde, em longas fileiras, viam-se roupas estendidas para enxugar.

Graciliano Ramos falou, afinal, com voz seca:

— Bem: o que é que o senhor deseja saber? Soube que o senhor queria uma entrevista.

O repórter, inseguro, tentou explicar que desejava conversar com o romancista. Mas, uma conversa um tanto longa e em que se abordassem questões sobre a literatura em geral e o romance em particular; o romance, no Brasil e no resto do mundo; pontos de vista do romancista sobre a literatura brasileira atual e suas perspectivas; informações a respeito dos trabalhos do escritor de *S. Bernardo*. Esta era a ideia geral do que desejava o repórter, que quase gaguejava ao enunciá-la.

Graciliano Ramos tornou a arregalar os olhos, como se uma lente tivesse sido colocada diante dos mesmos. Não olhava para o repórter. O clarão do magnésio do fotógrafo iluminou-lhe o rosto. Virou-se para a esposa, d. Heloísa, e perguntou:

— Você não tem alguma coisa para a gente tomar? Arranje uma coisa qualquer para nós.

— Só se for vinho seco. Aquele chileno serve?

— Está bem. O senhor aceita um pouco, não é? Nós não temos café — disse, sem olhar para o jornalista. E tirou do bolso outro cigarro, que submeteu à mesma preparação anterior, antes de começar a sugá-lo em longas tragadas. Recebeu o primeiro cálice de vinho e passou para o repórter. Depois que o fotógrafo também foi servido, ergueu a taça e bebeu a metade, dum gole; logo, em seguida, tomou o resto.

— O que o senhor quer é muito vago — falou, afinal, com voz metálica, cortante. — Falar sobre o romance: isto é muito vago. Se o senhor quiser fazer perguntas sobre questões concretas eu posso responder. Doutra forma é impossível.

Suas palavras soaram extremamente ásperas. Ele não procurava disfarçar a impaciência diante do desajustamento daquele primeiro encontro. O repórter, às vezes, sentia-se embotado. Talvez ressentisse um pouco ter de fazer uma entrevista formal com aquele homem de quem desejava captar algo mais e a quem gostaria de transmitir uma sincera mensagem de admiração e carinho pelo que ele é para todos os que lutam e creem que a literatura não é condomínio de meia dúzia de pândegas e compadres. O repórter gostaria de dizer-lhe simplesmente: "Bom vinho, Graça." E ficar calado. E falar talvez dentro de meia hora, talvez no minuto seguinte: mas que aquele hiato não fosse espinhoso.

Graciliano Ramos começou a massacrar o repórter: cada pergunta que o jornalista buscava desesperadamente era respondida quase como a chicotadas. Atingiu em cheio o frágil queixo do jornalista; golpeou-o no estômago, no olho, na cabeça; a cada nova tentativa do repórter, a pancada soava, rápida e cortante.

Durou um tempo que pareceu não ter fim a sova do romancista no jornalista. Este fazia perguntas sem sentido e recebia respostas desconcertantes. Foi um verdadeiro castigo.

Chama-se Graciliano Ramos, nasceu em Quebrangulo, Alagoas. Foi prefeito de Palmeira dos Índios e diretor da Imprensa Oficial em Maceió. Em 1936 foi preso, teve a cabeça raspada, foi jogado no porão dum navio e conservado durante dez meses na Ilha das Flores, sem qualquer processo judicial, como era costume. Publicou seu primeiro livro em 1933, por iniciativa do então editor Augusto Frederico Schmidt, que, ao ler seu relatório de prefeito, percebeu logo que "o homem deve ter algum romance na gaveta". Depois desse primeiro romance, *Caetés*, vieram: *S. Bernardo*, *Angústia*, *Vidas secas*; o livro de memórias: *Infância*; e o de contos: *Sete histórias verdadeiras*. Não gosta de *Caetés* — "Não devia ter sido publicado", diz, acrescentando: "É um livro muito ruim." Afirma não ter preferência por qualquer deles, mas há quem diga ser *S. Bernardo* o favorito. A respeito de *Vidas secas*, declara: "Foi um livro muito fácil de escrever. Escrevi-o em três semanas." É a história nascida de seus meses de prisão.

Em 1945 entrou para o Partido Comunista do Brasil. Este ano, assistiu ao Primeiro de Maio em Moscou e, de volta, resolveu escrever um livro sobre sua viagem à União Soviética e outros países da Europa. Já tem 34 capítulos prontos, gostaria de escrever mais dez ou onze.[4] É casado pela segunda vez, tem duas filhas e três filhos. Seus livros têm sido traduzidos em várias línguas, especialmente para o francês, o inglês e o espanhol. O romancista José Lins do Rego, na sessão pública realizada na Câmara Municipal desta cidade em homenagem ao sexagésimo aniversário do romancista, declarou: "Nós viemos aqui para dizer que o Graciliano Ramos é o maior de todos nós." O velho Graça, como é chamado, porém, costuma repetir: "Nunca fiz nada que preste." Mas ama seus livros como seres vivos. Porque sabe que o são.

Na sala que adquire uma estranha tonalidade azulada, como se captasse reflexos do invisível céu de outubro, subitamente deu-se o milagre. Eu não saberia dizer quanto tempo se passara. De repente, porém, não mais estava ali o homem áspero, agressivo e impaciente, a castigar o repórter bisonho. Desapareceu aquela angustiosa necessidade de impedir o silêncio. Desapareceu a voz cortante. Desapareceram as palavras frias e hostis. De repente, tive diante de mim o homem chamado Graciliano sem a sua armadura antiga. Vi que tinha cabeça, tronco, membros e coração.

Conversamos durante mais de uma hora. Às vezes, eu lhe perguntava qualquer coisa; outras, nem era preciso. Pediu a sua filha Luiza que lesse um capítulo do livro sobre a viagem à União Soviética. Quando ela terminou, ele olhou-me e com indisfarçável ansiedade perguntou: "Que é que achou?" Pedi à moça que nos lesse outro capítulo, que descreve uma visita ao Kremlin. Era como se fôssemos velhos amigos.

E, de nossa conversa, aquele dia, ficou uma importante entrevista. Tomei notas, para não esquecer. E, assim, posso apresentar a opinião de um dos poucos escritores realmente grandes deste país a respeito de coisas e pessoas ligadas ao ofício a que se dedicou e deu nobreza.

Naquele mesmo dia, por coincidência, uma senhora fazia uma conferência sobre "A crise do romance brasileiro".[5] Falamos nisso e disse Graciliano:

— Crise eu não sei se há. Os que escreviam há vinte anos escrevem ainda hoje. Estão vivos, produzindo. Não afirmaria que há crise.

— Mas, em sua opinião, temos algum grande romancista na chamada geração atual?

— Não sei se os que apareceram há vinte anos eram grandes — respondeu com uma risada curta.

Mais adiante, Graciliano desenvolveria o seu ponto de vista, ao dizer:

— A literatura, no Brasil como em todo o mundo, está relacionada ao grande adiantamento do país. E, como nós todos sabemos, o Brasil não é um país independente. A literatura acha-se sempre a serviço duma classe. E, uma vez que em nosso país a classe dominante — que é a burguesia — está em decadência, também a literatura está decadente. Aliás, dizer que está decadente talvez não seja certo: ela nunca existiu.

É verdade que estamos numa fase pior e é por isso que os escritores brasileiros procuram fazer a chamada "literatura de fuga".

A respeito da necessidade que tem o escritor brasileiro de dedicar-se sempre a outras profissões, a fim de conseguir meios de subsistência, Graciliano (que é inspetor de ensino e jornalista) disse:

— Está claro que escritor também pode dedicar-se a outros trabalhos. Um sapateiro, por exemplo, pode ser um escritor: nada há de contraditório nisso. O ideal, porém, seria que o escritor pudesse dedicar-se apenas à sua arte, estudar mais e aperfeiçoar-se.

— Em sua opinião, Graciliano, a gente poderia dizer que "o romance é tudo, nesta vida"?

— E por que não? O romance é uma forma superior de vida, assim como a arte, em geral, representa uma estratificação da vida humana. Da minha parte eu não poderia nunca conceber um romance abstrato, um romance de fuga. Meus romances são todos sobre o Nordeste porque ali vivi a minha mocidade, é o que eu realmente conheço e sinto. Moro no Rio há vinte anos e não conseguiria fazer um romance sobre o Rio porque não conheço a cidade.[6] Enquanto que o Marques [Rebelo] pode e faz, porque é carioca.

E sobre as chamadas escolas literárias, disse Graciliano:

— Sou realista. Faço exatamente o contrário dessa nova moda, o chamado abstracionismo.[7] Evidentemente, se gostasse disso — de abstracionismo — só faria esse tipo de literatura. Podia até pintar o Céu e o Inferno...

Mais, ainda, sobre o modernismo:

— Nunca me preocupei com o modernismo. Nem com o de 22, nem com este de agora.[8] Sou velho e não posso me preocupar com esses "ismos".

Outra informação de Graciliano. Muita gente tem escrito sobre como ele elabora os seus romances, como os prepara, trabalha e acaba. Diz o escritor:

— Tenho um ponto de partida e outro de chegada. Na minha terra se diz: "Todo caminho dá na venda."⁹ Eu sou assim: sei como começo e onde acabo. Não tenho esses personagens arrumadinhos.

A respeito das influências que teria sofrido, do ponto de vista da literatura, Graciliano fala em Dostoievski, Tolstoi, Balzac, Zola e, também, inadvertidamente, cita o nome de Victor Hugo, mas corrige logo: "Não, Victor Hugo, não." Pergunto-lhe se, entre os russos, teria preferência especial por Tolstoi ou Dostoievski: qual dos dois considera maior?

— Tolstoi — responde prontamente, acrescentando: — Mas Tolstoi eu não considero apenas o maior dos russos: é o maior da humanidade.

Eu já estava tão acostumado com a falsa fera que é o homem fraternal chamado Graciliano Ramos que me arrisquei a uma provocação:

— Mas há muita gente que diz: no Brasil, o maior é o velho Graça.

— Eu, o maior?! Não concordo com isso, não. Sou até dos menores. Eu não tenho imaginação.

O escritor (comunista) confessa que um dos seus livros de cabeceira é a Bíblia:

— É um livro que fez um povo. Sem a Bíblia, os judeus não mais existiriam hoje. Basta lembrar o que sucedeu aos moabitas, aos fenícios e a outros mais: desapareceram. Ficou o judeu, porque tinha um monumento escrito.¹⁰

Sobre o livro que está escrevendo a respeito de sua viagem à União Soviética, declara Graciliano com a mesma franqueza e aquela honestidade que fazem dele um dos mais extraordinários exemplos de dignidade humana:

— Certas pessoas vêm achando que aquilo lá é o Paraíso; outras voltam caluniando e dizendo horrores. Quero ver se escrevo uma coisa diferente: nem céu nem inferno. Pois não há mesmo isso, não é?

Tudo isso conversamos. Conversamos mais, de outras vezes que lá voltei. A certa altura, por exemplo, Graciliano haveria de observar que Balzac pintava muito bem as suas mulheres: "Ele, apesar de tudo, deve ter lido alguma coisa de feminino"; logo, em seguida, porém, o escritor sacudiria a cabeça e, contraindo a boca agridoce, concluiria: "Qual, o homem era mesmo gênio. A explicação é esta."

Finalmente, indaguei-lhe sobre a solução, a saída para os escritores brasileiros, e Graciliano respondeu:

— Só existe uma: a revolução. Os escritores de hoje e de amanhã têm que ser os escritores da revolução.

III
CARTAS

CARTA A JOAQUIM PINTO DA MOTA LIMA FILHO

Palmeira, 18 de agosto de 1926[1]

Meu velho Pinto:[2] Se te casaste depois que recebi tua carta, já deves andar em vésperas do primeiro filho. Por preguiça, fui retardando a resposta até hoje. Falta de ocupação — desculpa-me. E aborrecimentos de toda a casta.

Por aqui, uma chusma de calamidades: crise, revoltosos, bandos de criminosos pela vizinhança, praticando horrores, suicídios, assassinatos, o diabo.

Foi realmente Paulo que me contou tudo aquilo. Tens uma penetração imensa. Senti um grande desgosto quando o encontrei — não o reconheci. Como a gente envelhece!

Quem diabo te falou em viagem minha a S. Paulo? Não é verdade. Se eu andasse por lá, naturalmente iria ao Rio e havia de ver-te. Estação de águas! Que lembrança! Isso é luxo de gente rica, meu velho.

Li hoje uma poesia que tem este começo:

> Neste rio tem uma iara…
> De primeiro o velho que tinha visto a iara
> Contava que ela era feiosa, muito![3]

Isto é bom, com certeza, porque há quem ache bom. Naturalmente os meus netos aí descobrirão belezas que eu não percebo. Questão de hábito. Se me não engano, é opinião de M. Bergeret.[4] Acreditas que no Brasil possa aparecer alguma coisa nova? Em vista da amostra, eu dispensava o resto.

Afinal, quando o sujeito não tem inteligência para compreender essas inovações, o mais prudente será, talvez, seguir o velho preceito do alcorão de Lilliput: "Cada qual quebrará os seus ovos pela parte que achar mais cômoda."[5] Como toda a gente até hoje tem quebrado os ovos pelo lado grosso, não sei que vantagem há em experimentar quebrá-los pelo lado fino.

Outra coisa: vê se me arranjas aí uma gramática e um dicionário de língua paulista, que não entendo, infelizmente. E manda-me dizer se é absolutamente indispensável escrever sem vírgulas. Faço-te esta consulta porque em Palmeira, compreendes, não encontro quem me possa orientar. Um sertanejo daqui foi o ano passado a Bauru, ao café. De volta, confessou-me que o que lá havia mais extraordinário era se falarem mais de vinte línguas, difíceis, principalmente a "língua paulista e a língua japão". Parece que são duas línguas realmente difíceis.

Segundo me disseram, os jornais do Rio publicaram que a instrução em Alagoas é obrigatória. Manda-me dizer se é, que às vezes quem está longe sabe melhor as coisas do que quem está perto. Não leio decretos, não leio nada, uma desgraça.

O que li ultimamente foi um livro[6] que a imprensa daí levou aos cornos da lua, uma enredada em que se trata de amazonas, astecas, incas, franceses e alemães. Há um caboclo do Nordeste, que não é caboclo nem é do Nordeste, uma índia que fala francês, uma francesa comida pelas piranhas e o dr. Moreau, de Wells, cortando gente e cortando bichos. Não percebi o fim. No livro de Wells, que serviu de modelo, o doutor consegue dar aos animais caracteres humanos, mas os caracteres não se fixam e os brutos voltam ao que eram. Parece que Deus, ou o que quer que seja, é uma espécie de dr. Moreau — e os bichos somos nós. Mas nos livros brasileiros quase nunca se entende a intenção do autor.

Desculpa-me estar a injetar-te estas maluqueiras. Realmente pouco tem a dizer quem vive por estas brenhas.

Os meus rapazes, bem, graças a Deus.[7] O mais velho anda agora apaixonado pelo *Melro*, de Guerra Junqueiro,[8] e por uma pequena da vizinhança, a quem escreve umas cartas engraçadas, que me traz para consertar, pois a literatura epistolar dele é um tanto futurista. Hoje queria saber o que é um ministério. E depois que soube, perguntou-me se seria difícil arranjar uma colocação num ministério. Aconselhei-o a que aprendesse a ler e te escrevesse depois pedindo informações.

Não recebi nenhuma carta do dr. Mota,[9] mas tenho-me correspondido regularmente com ele por via telepática. Em planos superiores (vi isto nos teosofistas do *Jornal*) as nossas almas encontram-se, a dele banhada na luz do Nirvana, a minha cheia de sarna, infelizmente, e fedendo a enxofre. Dá-lhe um cento de abraços. Outros tantos no Rodolfo, no Doca, no Paulo.[10] Muitas recomendações a d. Zefinha, a d. Nane, a Joaninha.

Fotografias não tenho, que não quero meter medo a ninguém. Atendendo a uma parte do teu pedido, mando-te uma dos pequenos. Malfeita, foi o que se arranjou.

Adeus, meu velho. Toda a minha grei se recomenda.

Graciliano.

Se aparecer alguma alteração no teu endereço manda-me dizer.

CARTA A HELOÍSA DE MEDEIROS RAMOS

São Paulo, 1º de março de 1937¹

Ló:²

Findei à pressa a carta de ontem. Oswald de Andrade chegou às oito horas e, feitos uns elogios a *Usina*, reconciliou-se com Zélins, de quem era inimigo terrível.³ Deu-me umas notícias de fazer dormir em pé. Depois que transmiti a ele um recado do Rubem, que foi convidado para trabalhar num jornal daqui, Oswald voltou a tratar da minha vinda para S. Paulo. Falou-me de Sérgio Milliet,⁴ que ainda não conheço e a que já me referi em uma das minhas cartas. Quando conheci Oswald no Rio, pelo carnaval, ele passou meia hora calado, depois me disse de supetão que Sérgio Milliet tinha feito ao *Angústia* umas referências de espantar. Ao avistar-me com Mário de Andrade aconteceu coisa parecida: o autor de *Macunaíma* não conhecia *Angústia*, mas Sérgio Milliet lhe havia dito do livro isto, aquilo etc. O Murilo⁵ e os outros rapazes da *Revista*⁶ já me tinham dito que esse homem dava ao livrinho um valor excessivo. Bem. Não pedi nada ao Oswald, mas, ao sair do Rio, ele me garantiu que encontraria meio de trazer-me para aqui. A promessa justificaria a viagem que fiz, mas realmente não pensei nela quando embarquei. Várias pessoas torciam para que me mudasse para S. Paulo, entre elas o Prado,[7] excelente rapaz de quem me tornei camarada, apesar de ele ser político e deputado perrepista. Eu ignorava que Sérgio Milliet fosse troço. Pois é chefe aí de qualquer coisa.[8] Oswald me disse que tinha falado com ele a respeito dum lugar que me serve. Não sei de que se trata. A coisa depende de Sérgio Milliet e de outro que não conheço nem de nome, mas que é meu amigo na opinião de Oswald. Não creio muito nisso, que está me parecendo fácil demais, o que nunca me acontece, mas enfim talvez tenha sido bom eu ter perdido ontem o trem para o Rio. E também foi bom não ter ficado em casa pelo carnaval, procedimento que você censurou à toa. Bem. Vamos aos acontecimentos de ontem. Descemos com Oswald. No andar térreo encontramos os dois rapazes da companhia de publicidade e mais o Rubens do Amaral,[9] jornalista velho, sujeito de valor. Eles tinham um programa complicado. Fomos à casa do Oswald buscar Bárbara.[10] Entre outras coisas, lá vimos uns quadros maravilhosos. Saímos, passamos o dia na Rivière, almoçamos num restaurante à beira da represa, que é uma espécie de lago da Suíça. O almoço não foi grande coisa, mas a paisagem, com toda aquela literatura, era magnífica. Demos um passeio a barca no lago. Mas aí caiu uma trovoada dos mil diabos. Bárbara desembarcou vestida no paletó do marido. Andamos a rodar pelo campo, visitamos Santo Amaro, depois percorremos estas ruas vendo casas. Jantamos em casa de Oswald. Um jantar maravilhoso que a Baiana, uma preta que nos foi apresentada na cozinha, preparou. Ele tem dois filhos: um rapaz, que é pintor,[11] e um pequeno de 6 anos, da Pagu.[12] Leitura dum capítulo do romance *Marco zero*,[13] do dono da casa. Parece que vai ser uma obra notável. Pela manhã ele nos tinha dado volumes do *Serafim Ponte Grande*,[14] e na viagem Rubens do Amaral teimava em ler uns pedaços horríveis em voz alta, parando sempre nos lugares que Bárbara não podia ouvir. Parava sempre, não havia página que pudesse ser lida. Durante o jantar os dois rapazes se levantaram algumas vezes e telefonaram a um terceiro a respeito das nossas passagens de volta. Saímos. No hotel uma surpresa: só havia passagem para um. Acompanhamos Zélins à estação, depois entramos num cinema, onde vimos o *Gordo e o Magro*. E agora, oito da manhã, estou aqui no hotel, só, à espera do café e sem saber como empregar o dia. Não quero importunar Franchini,[15] um dos dois rapazes. Não conheço estas ruas. Em todo caso preciso falar com Oswald de Andrade e ver se encontro o Sérgio Milliet, que chega hoje. Não sei, pode ser que esta viagem me seja útil. O número 13 tem-me perseguido. O lugar onde me deitei no *wagon* era número 13, a cadeira onde me sentei no banquete número 13. No bilhete de volta, que já me chegou, parece que a cama também é 13. Estou ficando supersticioso. É um bom número, nunca me fez mal. Aqui ninguém me conhece, não encontrei o meu livro em parte nenhuma. Veja que sou um cidadão perfeitamente desconhecido do público. Há apenas essas exceções de que falei, duas ou três pessoas que me leram, ou dizem ter lido. Em um milhão de criaturas que vivem em S. Paulo, isso é pouco. Será possível que esses dois ou três leitores me tragam alguma vantagem? Não há nada mais ridículo que fazer romances em semelhantes condições. Os volumes que encontrei no José Olympio estão lá todos. Todos e mais alguns, porque não se vendeu um em dois meses e tem havido devoluções. Quando entro lá, conto os volumes, e noto espantado que eles aumentam. Depois trocam-me o nome: viro Gratuliano de Brito. Mas a impostura é própria do homem, sinha Ló. Tenho visto sujeitos amáveis e risonhos que me dizem: "Os seus livros são muito admirados em S. Paulo." Não é engraçado? Eu nunca disse que era mentira, porque é falta de educação desmentir um homem assim na tábua da venta, mas tenho vontade de brigar. Apesar de tudo não me sai da cabeça a ideia de escrever essa história comprida que você sabe, em quatro volumes. Penso naquela gente que vi o ano passado, uns tipos ótimos. Falei no projeto a alguns conhecidos daqui, excelente projeto na opinião deles, está claro. Tudo é excelente. Se me arranjar aqui, farei o romance em dois anos.[16]

E adeus, Ló. Talvez amanhã lhe escreva de novo contando os acontecimentos de hoje. Agora vou tomar um banho. Lembranças a Valdemar,[17] Aurélio,[18] Barreto,[19] Luccarini[20] etc. Abraços para você, Márcio, Júnior, Maria, seu Américo e Helena. Beije os pequenos.[21]

Graciliano.

CARTA A HELOÍSA DE MEDEIROS RAMOS

Rio, 3 de março de 1937[1]

Lozinha:

Era indispensável mandar-lhe uma carta hoje, porque faz precisamente um ano que o patriotismo alagoano me considerou um perigo nacional e porque necessito concluir a reportagem sobre S. Paulo. Bem. Julgo que, na minha carta de anteontem, fiquei ali por volta de nove horas, sentado na cama enorme do Hotel Terminus,[2] à espera do café e do banho. Vamos principiar nesse ponto. De volta da banheira, telefonei para a casa de Oswald de Andrade. Como ele não estava, pedi que o avisassem da minha permanência de mais um dia em S. Paulo. Às dez horas os dois rapazes da linha de jornais me perguntaram por que não tinha aparecido cedo no escritório deles, como havíamos combinado na véspera. Ia desculpar-me, mas Oswald de Andrade, que estava com eles, me convidou para almoçar. Desci, andei pelas ruas, tomando bondes, pedindo informações a toda a gente. Levei as suas cartas ao correio e fui à casa de Oswald, onde me recebeu uma datilógrafa bonita que tem uma mancha escura, quase preta, debaixo do olho esquerdo. Estava acabando de bater na máquina um capítulo de romance destinado à *Revista*. Almoçou conosco um Pisa, sobrinho desse do Café, rapaz engraçado que me falou sobre um vago romance que prepara. Fomos depois ao ateliê de pintura do filho do Oswald, moço que veio da Europa, inteligente e simpático como o diabo. Separamo-nos, fiquei de aparecer à tarde, para jantar e para receber umas coisas destinadas ao Rio. Estive algum tempo a fazer despedidas, mas os rapazes da companhia de publicidade não quiseram despedir-se: prometeram ir buscar-me no hotel às nove da noite. Depois do jantar, Bárbara me leu dois contos que fez para o concurso do Ministério da Educação. Tinha mandado três cópias ao Santa Rosa,[3] mas como o Santa não tinha respondido, deu-me outras cópias para a comissão. Sérgio Milliet não havia voltado. Oswald queria que eu demorasse mais um dia para encontrar-me com ele, mas receei tornar-me importuno. Mais um dia de hotel e amolações seria demais para as pessoas que me receberam sem conhecer-me. O autor de *Serafim Ponte Grande* falaria com Sérgio Milliet a respeito dessa história de colocação, história que saiu da cabeça dele e em que não acredito muito, como lhe disse. Houve ainda umas conversas, leituras, abraços às oito horas, amabilidades etc. Tomei o elevador. Embaixo encontrei um automóvel esperando-me. Isto aqui está muito bem organizado: os automóveis aparecem quando são necessários e os *chauffeurs* não recebem dinheiro. Às nove horas achava-me no *hall* do hotel, com um livro aberto e com os olhos fechados. Despertaram-me os dois rapazes, que iam pagar as despesas. Minutos depois estávamos na estação. Insistiram para que eu colaborasse na empresa deles.[4] Consideram a colaboração de Gilberto[5] e Zélins coisas extremamente honrosas para a companhia e para os duzentos jornais que ela serve. Disseram-me que o representante deles aqui me procuraria a fim de combinar o pagamento e o número de artigos, artigos miúdos, que eles não querem trabalho extenso. Às dez horas deixei S. Paulo. A minha cama, segundo previ, tinha mesmo o número 13. Diga isso a seu Américo. Apesar de trancado na cabine, senti frio. Acordei cedo, tomei café, estive algum tempo espiando a paisagem através da vidraça e cheguei ao Rio. Como desembarcássemos antes da Central, andei uma hora olhando as placas das ruas e os letreiros dos bondes, procurando orientar-me. Afinal fui cair na Lapa e de lá rumei para o Catete, cheguei à pensão e lavei-me. Depois Naná[6] me chamou ao telefone, falou-me sobre a lavadeira, disse que Marluce[7] estava quase boa e que Betinha[8] havia sido aprovada. Depois do almoço caí no ramerrão diário. Fui à livraria, encontrei Zélins, Santa, Jardim.[9] Fomos ao Ministério levar os álbuns de figuras dos dois últimos e os contos de Bárbara. Os desenhos de Santa, um circo de cavalinhos, estão maravilhosos, mas também gostei dos de Jardim, uma história de bichos muito engraçada.[10] José Olympio acha isso admirável, o que já se fez de melhor para crianças no Brasil. No Ministério conheci Carlos Drummond de Andrade,[11] um sujeito seco, duro como osso. Voltamos à livraria. José Américo,[12] cercado por um batalhão de torcedores, tinha com Zélins um segredo sobre a candidatura, uma entrevista com José Olympio a propósito dum livro de memórias. Fomos à rua Treze e arranjamos com José Olympio a tal entrevista, que ficou uma porcaria porque quem a escreveu fui eu.[13] Marchamos para a Cinelândia, entrei na *Revista* e entreguei ao Murilo o capítulo do romance do Oswald. Murilo reclamou o retrato para o número especial da *Revista*. Ele quer um retrato direito, feito pelo Portinari.[14] Prometi a fotografia pela décima vez, enquanto ele me prometia o dinheiro do prêmio. Saímos. Ele foi procurar o César, um camarada, para falar sobre um prêmio impossível da Academia. Entrei no Amarelinho, onde encontrei Zélins, Santa, Portinari e Rodrigo.[15] Jantei com Zélins. Lá achei o Alfeu Rosas.[16] Cristina[17] deu-me uma quantidade escandalosa de beijos. E Betinha, emocionada com o exame, quase imitou Cristina. São umas crianças adoráveis. À hora da saída quem me beijou e abraçou na escada foi Glorinha.[18] Marluce está satisfeitíssima, engordando, desesperadamente vermelha. Mas isso é por causa da tinta. Falou comigo em segredo bem meia hora a respeito do namoro, e falaria mais se eu não desse o fora. Bem. Até logo. Preciso ver se arrumo uma espécie de artigo para S. Paulo. Se de outra vez eu não puder escrever muito, não se espante: necessito trabalhar. Lembranças aos rapazes, a Maria, a seu Américo, a Helena. Beije Tatá, Lulu e Clarita.[19] Abraços para você, muitos abraços.

    Graciliano.

IV
MEMÓRIAS E HISTÓRIA

PEQUENA HISTÓRIA DA REPÚBLICA, "1922"[1]

Em começo de 1920 vários municípios sertanejos da Bahia sublevaram-se. Para evitar luta, o governo contemporizou, entrou em combinações com os chefes rebeldes.

Em março ocorreram na capital federal manifestações de operários, logo abafadas severamente. 1921 principiou com agitações deste gênero: greves dos trabalhadores marítimos, greves dos operários de construção. E o desassossego aumentou durante a campanha da sucessão, culminou em 1922 com demonstrações de indisciplina e revolta.

É curioso notar que isso não ficava apenas em comícios, com discurso e tiro. Havia indisciplina em toda parte: nos quartéis, nas fábricas, nos ateliês, nos cafés, nos quartos de pensão onde sujeitos escrevem. E a revolta, meio indefinida, tomando aqui uma forma, ali outra, manifestava-se contra o oficial, que exige a continência, e contra o mestre-escola, que impõe a regra. A autoridade perigava.

Afastou-se o pronome do lugar que ele sempre tinha ocupado por lei. Ausência de respeito a qualquer lei.

Com certeza seria melhor deslocar o deputado, o senador e o presidente. Como estes símbolos, porém, ainda resistissem, muito revolucionário se contentou mexendo com outros mais modestos. Não podendo suprimir a Constituição, arremessou-se à gramática.

MEMÓRIAS DO CÁRCERE, PARTE II
— PAVILHÃO DOS PRIMÁRIOS, CAPÍTULO XIV[1]

Pouco depois de nos haverem chegado os fugitivos do Pedro I,[2] Sisson,[3] Desidério,[4] Ivan,[5] presos ao cabo de horas de liberdade precária, uma estranha personagem surgiu no Pavilhão. Antecedera-a a grande fama. Organizador de mérito singular, altamente colocado no Partido Comunista, homem de saber e tato, viera do campo; notabilizara-se pela experiência conseguida no interior. Aliando a teoria à prática, subira rápido. Um dos mais notáveis influentes na sublevação de 1935.

Achava-me desejoso de conhecê-lo. Ouvia quase diariamente as palestras de Rodolfo,[6] espalhadas em geral sobre toda a América do Sul, e interessava-me escutar o dirigente nacional: com certeza nos apresentaria o Brasil, bem conhecido em lentas observações, nas viagens e fugas arriscadas. Em seguida ao panorama, vinham dar-nos o pormenor. Esse indivíduo me acirrava a curiosidade. Chamava-se Miranda. O verdadeiro nome era Antônio Maciel Bonfim,[7] mas na vida ilegal adotara o pseudônimo, vulgarizado na prisão, e por ele o conheciam. Veio doente, consequência de maus-tratos recebidos na Polícia Central, e ficou algum tempo na enfermaria, a sala à esquerda, além da grade. Isso desenvolveu a simpatia curiosa das células e indignou-as:

nunca os métodos brutais da reação pareceram, invisíveis e ampliados, tão bárbaros. Ferimentos vários cicatrizavam à nossa vista e não nos sensibilizavam, as próprias vítimas pareciam esquecê-los. As torturas infligidas a Miranda, arriado numa cama ali perto, conjugavam-se a aventuras e perigos, romantizavam-no, quase o glorificavam. Tínhamos enfim matéria suficiente para um esboço de herói.

Pouco durou a expectativa, correram dois ou três dias, e o mistério desfez-se: a anunciada figura abandonou o choco e surgiu de repente na Praça Vermelha. Era um rapaz forte, de bonita cabeleira e olhos vivos, alegre, risonho, falador. Sem paletó e sem camisa, exibia no peito e nas costas indícios vagos dos tormentos referidos: ligeiras equimoses, traços azulados a custo perceptíveis. Essa exposição me intrigou. Sérgio me dissera que lhe haviam magoado e ensanguentado os pés, mas falara meio indiferente, como se aquilo fosse um caso alheio. As unhas de Benjamin Snaider[8] tinham caído, nasciam outras; sabíamos a causa e guardávamos silêncio. Assunto realmente desagradável. Ninguém se inferiorizava lembrando as violências animais; seria absurdo, porém, imaginar uma pessoa vangloriar-se com elas. Víamos agora um sujeito alardear os sinais do vilipêndio, tão satisfeito que supus achar-se entre nós um profissional da bazófia. Aquela impudência me revoltou, especialmente por não enxergarmos no corpo do homem coisa merecedora de ostentação. Enjoei num instante a nossa piedade fácil e imaginosa: estivéramos a conceber suplícios longos, requintes de malvadez, agulhas penetrando carnes, nádegas queimadas a maçarico, e aparecia-nos uma criatura jovial, buliçosa, a envaidecer-se de pequenas manchas azuis, traços insignificantes na pele clara.

Aquela ninharia acanalhava os suplícios. Desidério também apresentara no busto nu lanhos vermelhos, vestígios do chicote, mas não afetava prazer nisto: descobria-se por não aguentar pano em cima dos ferimentos. O novo companheiro nos insinuava a ideia de singular exibicionismo.

Convenci-me por fim de que isso não é raro: à míngua de títulos, revolucionários bisonhos chegam a converter as marcas afrontosas em honrarias, equiparam-se provavelmente a guerreiros feridos. A princípio essa confusão de valores nos atordoa, afinal nos habituamos. É possível, afirmaram-me, conseguir-se o estigma artificialmente. Comprime-se a pele, em continuados beliscões, e provoca-se a hemorragia superficial necessária às equimoses; prolongando-se o exercício, despontam linhas róseas, avivam-se, estendem-se,[9] cruzam-se numa viva carta geográfica onde se estampam os vestígios de golpes inexistentes.

A impressão que Miranda me deixou persistiu e acentuou-se no correr de dias: inconsistência, fatuidade, pimpanice. Vivia a mexer-se, a falar demais, numa satisfação ruidosa, injustificável. Incrível haver ganho fama, inspirado confiança e admiração. Com o tempo deixei de espantar-me, julguei entrever o mecanismo que impulsiona esquisitas celebridades vazias. O louvor de várias formas, em vários tons, cargas sucessivas de elogios, impressionam a massa, levam-na a enxergar numa personagem a grandeza conveniente. Virtudes escassas aumentam, desenvolvem-se até o absurdo, os defeitos esmorecem, obliteram-se. Prepara-se desse modo uma personagem destinada a figurar como síntese de qualidades alheias, voluntariamente ocultas. É um cabide onde se penduram os trabalhos de um organismo completo; nele se refletem a coragem, a firmeza, o talento, a paciência dos outros. As ações dispersas do conjunto agregam-se, tomam corpo, individualizam-se — e isto lhes empresta autoridade. Supondo enaltecer uma pessoa, estamos na verdade a exaltar o grupo. Em público, medido, pesado, a expor falhas no comício e no jornal, facilmente um sujeito desce do pedestal onde o colocaram. Na ilegalidade, envolto em mistério, é possível aguentar-se, esconder insuficiências, cultivar algum mérito. O essencial é desconfiar das lisonjas, representar de olhos abertos e com sangue frio o seu papel de símbolo; se se atribui valores duvidosos, se se enche de soberba, pode rebentar como um pneumático.

Iria provavelmente acontecer isso a Miranda. O seu primeiro discurso, fluxo desconexo, me surpreendeu e irritou. Depois das palestras sérias de Rodolfo, aquilo fazia vergonha, uma palavrice infindável, peca, de quando em quando interrompida com uma frase boba, transformada em bordão: — "Isto é muito importante." Em vão buscávamos a importância, e o aviso tinha efeito burlesco. Ausência de pensamentos e fatos, erros numerosos de sintaxe e de prosódia. Essas incorreções não se deviam apenas à ignorância do orador, realmente grande. O singular dirigente achava que, para ser um bom revolucionário, lhe bastava conhecer o ABC de Bukharin. Solecismos e silabadas também se originavam de um preconceito infantil em voga naquele tempo: deformando períodos e sapecando verbos, alguns tipos imaginavam adular o operário, avizinhar-se dele. Sentiam-se à vontade usando a estúpida algaravia: isto lhes facilitava a arenga e encobria escorregos involuntários, impingidos por conta da linguagem convencional. Esnobismo de algum modo semelhante ao dos nossos modernistas, vários anos no galarim, a receber encômios deste gênero: — "Como eles sabem escrever mal!"

Miranda sabia dizer tolices com terrível exuberância. Se lhe faltava a expressão, afirmava a torto e a direito, desprezando o contexto, vago e empavonado. — "Isto é muito importante." Isso me incomodava e aborrecia. Pois aquele animal do interior, sertanejo baiano, estava assim vazio, não tinha nada para comunicar-nos além da importância cretina? Larguei o discurso antes do fim, outros o abandonaram. Mas a loquacidade rumorosa continuou dias e meses, aflitiva.

Adolfo Barbosa[10] tinha deixado o rés do chão e residia agora em cima, no cubículo 50, o último à direita, pegado à sala 4. Essa vizinhança das mulheres o decidira a transferir-se. Instalando-se, pusera a cama atrás do guarda-vento e, defendido por ele, escavacara a parede a faca ou tesoura, persistente, conseguira abrir um buraco no tijolo delgado e avistar-se com Valentina.[11] Era uma abertura circular de poucos centímetros, que peças de roupa disfarçavam, pendentes num prego. No outro lado, igual disfarce. Evitava-se a indiscrição dos faxinas e guardas; enquanto ali vivi, nenhum suspeitou do tráfego irregular. Algumas pancadas no muro, e afastavam-se as máscaras de pano, estabelecia-se a cavaqueira. Fui apresentado assim a Valentina, ou antes a pedaços dela, numa cerimônia bastante ridícula: o marido, junto a mim, indicou-me gastando amabilidades, e através do pequeno túnel enxerguei um olho, brancura de pele, uns beiços muito vermelhos. Esse comércio clandestino encheu as horas de Adolfo. Pálido, feio, prógnato, isolava-se numa delicadeza excessiva e entregava-se à leitura. Dissidente, considerado trotskista, fugia às discussões, aos banhos de sol, ao jogo de xadrez, simulava não perceber remoques e grosserias. Anteriormente subia com frequência o parapeito sem descalçar os tamancos, passava à janela num pulo ágil, segurava-se aos ferros da grade, chamava a companheira e embrenhava-se em dissertações políticas. Já não precisava adotar esses difíceis exercícios de macaco intelectual. Arredava a cama, dava algumas palmadas na caliça, retirava do prego a toalha, agachava-se nos travesseiros e caía na prosa. Isso o indenizava de guardar compridos silêncios, ouvir picuinhas de garotos, ver na fila da comida fisionomias hostis. A inimizade coletiva não impediu aproveitarem-lhe a invenção. Rodolfo Ghioldi às vezes me atraía ao fim do passadiço:

— Amigo, peça ao Adolfo que se retire. Eu preciso falar à Cármen.[12]

Inteirado, o inquilino sumia-se discreto; Rodolfo entrava na célula, escondia-se atrás do guarda-vento, dava o sinal, instantes depois entretinha-se com a mulher num cochicho espanhol. Depressa Miranda invadiu o segredo e o cubículo. Insinuava-se familiar, chegava ao locutório miúdo, chamava Elisa Berger,[13] desdobrava-se em conceitos num francês vagabundo. Coisas imprecisas, indigência interior, o cacoete repisado a substituir expressões inacabadas na língua estranha:

— C'est très important.

Conversava também com Eneida.[14] Realmente não era conversa, era ensino: com autoridade, aprumo e abundância, desenvolvia teorias colhidas no *ABC* de Bukharin;[15] deixando essas alturas, explicava o meio de se aproveitarem na luta as mulheres e as crianças. Aí não deixava de afirmar convicto:

— Isto é muito importante.

A imensa frivolidade e a pavonice alegre sumiram-se um dia — e julguei de relance distinguir o avesso daquela natureza. Era noite, haviam trancado os cubículos, a Rádio Libertadora[16] funcionava. De repente, modificação no programa: uma rapariga entrava na sala 4. Dada a notícia, o locutor, segundo o costume, se animou e exigiu:

— Uma salva de palmas à companheira Fulana.

O entusiasmo vibrou, em conformidade com a exigência, acalmou-se, resolveu aguentar os percevejos e dormir. De repente a voz de Miranda se elevou, oferecendo-nos a seguinte informação:

— Essa novata é uma que na vida ilegal se chamava...

E atirou-nos a alcunha da recém-chegada. Uma interjeição de pasmo ecoou. Com todos os diabos! Uma criatura cheia de responsabilidade largava tal denúncia a estranhos, aos faxinas e aos guardas. Sim senhor! Leviano apenas? Afastei essa fraca atenuante. As maneiras desagradáveis do homem, a desfaçatez, a exibição dos golpes infamantes, as arengas vazias e palavrosas, ligavam-se à coisa recente, convenciam-me de que não nos achávamos diante de um simples charlatão. Em quem deveríamos confiar? Felizmente aquele se revelava depressa.

NOTAS

Nota dos organizadores

1. Compagnon (2014, p. 12).
2. Conforme lembra Compagnon (2014, p. 16), historicamente "o modernismo, ou o verdadeiro modernismo, digno desse nome, sempre foi antimoderno, isto é, ambivalente, consciente de si, e viveu a modernidade como uma agonia".
3. Carpeaux (1942, p. 6).
4. *Idem, ibidem.*
5. Os autores agradecem às equipes da Biblioteca e do Arquivo do Instituto de Estudos Brasileiros da Universidade de São Paulo (IEB-USP), que, mesmo no contexto de pandemia, não pouparam esforços para digitalizar livros e documentos imprescindíveis para a realização deste trabalho. Somos gratos também a Ricardo Ramos Filho e família pela confiança de sempre e ao bibliófilo Luís Pio Pedro, que, sempre gentil e generoso, permitiu a consulta a seu expressivo acervo de obras e documentos de Graciliano Ramos. Por fim, estendemos nossos agradecimentos a Plinio Martins Filho, Antonio Dimas, Marcos Vasconcelos Filho, Paulo Massey e Rodrigo Jorge Ribeiro Neves, que nos ajudaram, sobretudo, na produção de algumas notas de rodapé que procuram contextualizar os textos aqui apresentados ao leitor.

Apresentação: Ramos intrincados de um antimodernista

1. Cristóvão (1983, p. 111). Trata-se da única parte desse manuscrito autógrafo de que se tem notícia. O crítico português que teve contato com o documento, antes de o Arquivo de Graciliano Ramos ter sido doado ao Instituto de Estudos Brasileiros (IEB), diz que ele abrangeria "dez folhas largas, de 37 linhas cada, numeradas em algarismos árabes de 5 a 15, e manifestando a sua numeração e disposição gráfica que existiam outras folhas que o iniciavam e continuavam" (CRISTÓVÃO, 1986, p. 219). Tratava-se do esboço de um romance que, supostamente, deveria continuar os contos "Luciana" e "Minsk" recolhidos em *Insônia* (1947).
2. Ramos (1943, p. 7), texto aqui incluído e em *Linhas tortas* (RAMOS, 2005, p. 388).
3. Ramos (2014c, p. 193).
4. Ramos (2005, p. 388).
5. Ramos (2014c, p. 193).
6. Ramos (2005, p. 393).
7. *Idem*, p. 395.
8. Segundo Jorge Amado, os artistas vinculados ao movimento eram brutalmente inconformistas quanto à forma, mas inteiramente conformistas quanto ao conteúdo. Para ele, a rebelião literária modernista correspondeu à criação de novas fórmulas artísticas, adequadas aos princípios da alta burguesia paulista, enriquecida com o café. "Os seus grandes nomes não passavam, de certa maneira, de palhaços para uma claque refinada e esnobe." (AMADO, 1940b, p. 109).
9. Explicitamente na contramão dos juízos expressos por Graciliano, *Dois mundos* recebera críticas negativas, tais como a de Antonio Candido no rodapé "Notas de crítica literária" da *Folha da Manhã*, em fevereiro de 1943. O crítico destaca que o livro de contos de Aurélio se pautaria pelo "excessivo cuidado gramatical" e pela "vacuidade das obras disfuncionais, das obras que não pertencem ao seu momento, que parecem ter passado incólumes por todas as conquistas técnicas, e essenciais da literatura". E acrescenta mais adiante: "Talvez o assassino do sr. Aurélio Buarque de Holanda ficcionista seja o sr. Aurélio Buarque de Holanda gramático." (CANDIDO, p. 5, 1943).
10. No prefácio da segunda edição de *Literatura e política*, coletânea de artigos do autor lançada originalmente em 1927, ele salienta que "todo o processo

NOTAS

de formação do pensamento com que se apresentou em 1932 o integralismo brasileiro" estaria contido no Verde-Amarelismo, movimento literário "mais de ação do que de pensamento" (SALGADO, 1956, p. 12).
11. Salgado (1927, p. 3), republicado em Batista, Lopez e Lima (1972, p. 284-288).
12. Ramos (2012a, p. 263).
13. *Idem*, p. 262.
14. Na crônica "Chavões", publicada em *Novidade*, em 1931, e aqui incluída, Graciliano se refere ao autor de *Canaã* em tom de deboche: "Ora vejam. Coberto de Glória, o Sr. Graça Aranha resolve morrer, o que é uma perda irreparável para a sua excelentíssima família e para a Academia Brasileira de Letras."
15. Bueno (2006, p. 47).
16. Em carta, Bandeira concorda com tais juízos. Refere-se à crítica de Mário como "realmente sensacional", uma "espinafração gostosa", "tutano com uma pitada de sal em cima de uma fatia de pão de forma" (ANDRADE; BANDEIRA, 2001, p. 164).
17. Em crônica de 22 de outubro de 1921 publicada no *Correio Paulistano*, Menotti del Picchia se referia à partida, rumo ao Rio de Janeiro, de uma "bandeira futurista" formada pelo "papa do novo Credo", Mário de Andrade, e pelo "bispo", Oswald de Andrade. Ambos partiram no trem noturno interessados, sobretudo, em conhecer Manuel Bandeira. (GONÇALVES, 2012, p. 232-231).
18. Ramos (2014c, p. 194).
19. Ramos (2011, p. 108).
20. Andrade (1926, p. 6).
21. Andrade (1927, p. 75-76). Antes disso, em 7 de maio de 1925, Mário enviou a Manuel Bandeira uma das primeiras versões do texto e pediu que o amigo desse um nome ao poema (ANDRADE; BANDEIRA, 2001, p. 207).
22. Ramos (2011, p. 109).
23. *Idem, ibidem*.
24. Ramos (2012a, p. 209).
25. Ver Castro (2016).
26. Andrade (1981, p. 42).
27. *Idem*, p. 44.
28. Andrade (1937, p. 2).
29. Andrade (1972, p. 156).
30. *Idem*, p. 156-157.

31. *Idem*, p. 157.
32. Praticamente se dá o mesmo com a marginália do exemplar da primeira edição de *Vidas secas* anotado por Mário de Andrade. Além de assinalar uma curiosidade lexical e, por meio de sinais de exclamação (acompanhados ou não de sublinhado), dois trechos que parecem ter lhe chamado atenção, destaca, uma vez mais, a expressão "cipó de boi" e também o "aboio" triste e sem palavras realizado por Fabiano. Em sua biblioteca, o poeta paulista dispunha de dois exemplares dessa obra: um adquirido por ele mesmo, no qual se encontram as marcas de leitura aqui assinaladas, e outro ofertado pelo próprio romancista alagoano. Este último conta com a seguinte dedicatória: "Para Mário de Andrade, com a velha admiração de/ Graciliano Ramos, Rio — 1938."
33. Andrade (1972b, p. 65).
34. Andrade, M. de (1991, p. 24). Segundo Gilda de Mello e Souza (2003, p. 18), para Mário, o boi não seria apenas o "animal heráldico do Brasil", mas representaria, como metáfora, "um dos 'grandes sinais' do escritor, a marca de sua personalidade construída, de seu *ethos*".
35. Bueno (2006, p. 621).
36. Andrade (1983, p. 65).
37. *Idem, ibidem*.
38. Andrade (1985, p. 313).
39. Milliet (1938, p. 184-185).
40. *Idem, ibidem*, p. 186.
41. *Idem, ibidem*, p. 187.
42. *Idem, ibidem*, p. 186.
43. *Idem, ibidem*, p. 187.
44. Em contrapartida, em diferentes momentos, Milliet enaltece a obra de Graciliano. Na viagem que o escritor alagoano fez a São Paulo em março de 1937, tanto Mário quanto Oswald comentam com ele os sonoros elogios que o crítico paulista, então diretor da Divisão de Documentação do Departamento de Cultura da Prefeitura de São Paulo, fizera a *Angústia*. Alguns anos depois, em seus *Diários críticos*, ele elogia não apenas o romancista, mas também o contista Graciliano. Em 1952, Milliet (1981, p. 279) assinala, por exemplo: "Creio que, depois de Machado de Assis — e talvez Raul Pompeia — ninguém no Brasil se exprimiu com tamanha propriedade. Nem ninguém fez melhor psicologia, penetrando os meandros da alma humana, escrutando as confusas sensações

da indecisão e da angústia, descobrindo entre as perplexidades do indivíduo ante a injustiça, o desejo, o medo, o mecanismo das mais misteriosas reações."
45. Rego (1938, p. 95).
46. Ramos (2014c, p. 229).
47. Pinto (1990, p. 439).
48. *Idem*, p. 199.
49. Andrade (1993, p. 72).
50. *Idem*, p. 83.
51. Segue o trecho do conto "Natal com Margarida", de Joel Silveira (1939, p. 56), em que Mário detectara a construção que lhe soara como um equívoco: "— Não tenho mais jeito. No dia em que eu estiver velha o que vai ser? Tenho que pedir esmola. Sair de mochila pela rua pedindo esmola. — Soluçava como uma perdida."
52. Andrade (1993, p. 90).
53. Amado (1939a, p. 8). Embora tal nota não seja assinada, tanto Mário de Andrade quanto Joel Silveira a atribuirão cabalmente, em textos referidos a seguir, a Jorge Amado.
54. *Idem, ibidem*.
55. Andrade (1972c, p. 101).
56. *Idem*, p. 102.
57. *Idem*, p. 105.
58. *Idem*, p. 106.
59. *Idem*, p. 107.
60. [Amado], 1939b, p. 2. De passagem, o cronista ainda menciona que "a atitude crítica de Mário de Andrade no Brasil corresponde à de João Gaspar Simões em Portugal" (*idem, ibidem*). Esse crítico português, defensor da arte pela arte, rebaixou a obra de Graciliano Ramos, partindo do pressuposto colonialista de que todo escritor americano (não só brasileiro) seria incapaz de "descer ao estudo do homem no que nele há de mais complexo". Desse modo, por exemplo, julga como convencional e inverossímil, em *Vidas secas*, "a redução a quadros de quase puro monólogo interior a vida de um pobre vaqueiro, sua mulher e filhos, tipos característicos de psique vegetativa, destituídos de qualquer espécie de interioridade anímica. Isto é: Graciliano Ramos tentou dar existência a qualquer coisa que não existe. Graciliano Ramos quis aplicar à expressão de psicologias rudimentares métodos que só se enquadram bem à

expressão de psicologias complexas" (SIMÕES, 1938, p. 4). Saindo em defesa de Graciliano, o semanário *Dom Casmurro* toma os limitantes juízos emitidos por Gaspar Simões como injustiças (cf. SALLA, 2021, p. 134-140).
61. *Idem, ibidem*.
62. Vale destacar que na já citada primeira edição de *Onda raivosa*, na quarta capa, há o recorte de uma crítica favorável de Jorge Amado a Joel Silveira: "Além disso, tem muito talento e de repente se colocou entre os nossos melhores cronistas. O futuro está diante dele, e creio que Joel Silveira está fadado a uma brilhante carreira intelectual."
63. Silveira (1939, p. 2).
64. Se publicamente tal polêmica específica teria chegado ao fim com a participação apaziguadora de Graciliano, na esfera privada Mário continuou a receber cartas de apoio ante a aparente "campanha" contra ele protagonizada pela revista *Dom Casmurro*. Em missiva de 17 de setembro de 1939, Maurício Loureiro Gama afirma: "tenho acompanhado a campanha sórdida de *Dom Casmurro* contra você. Que gente, hein? Pensei que o Jorge Amado era mais limpo. Pelo que vejo é bem sujinho [...]. A nota de Joel Silveira caracteriza bem o feitio moral do rapaz. Ele não é burro, mas atravessa essa fase perigosa de intelectualzinho que se quer fazer conhecido, quer fazer farol. O jeito é desancar os bambas. Tenho a impressão de que ainda vai ser moda escrever contra você" (Carta de Maurício Loureiro Gama a Mário de Andrade. São Paulo, 17 set. 1939. Arquivo Mário de Andrade, IEB-USP, ref. MA-C-CPL3441).
65. Ramos (2005, p. 268).
66. *Idem*, p. 269.
67. Basta ver a crônica "Uma eleição", também de *Linhas tortas*, em que cita a ABL como uma "casa onde existem numerosos médicos e alguns literatos" (RAMOS, 2005, p. 255). A ironia continua ao criticar abertamente a instituição, afirmando que ela daria preferência a escritores inofensivos, visando a sua autopreservação.
68. Como já indicara em outros textos de *Linhas tortas*, Graciliano considera o fazer literário uma empreitada áspera. Para ele, o estalo criativo (proveniente de alguma emanação divina) daria lugar à paciência e à consulta ao dicionário. Manifesta, assim, a tópica da busca por um constante aprimoramento do estilo. Além das crônicas, suas produções romanesca e memorialística revelam a premência e a tensão dessas questões.
69. Faria (1937, p. 1).

NOTAS

70. Ramos (2005, p. 271).
71. *Idem*, p. 273.
72. *Idem, ibidem*.
73. Alguns meses depois, sem a participação de Graciliano, a animosidade entre Jorge Amado, Joel Silveira e Mário de Andrade ganhará um novo capítulo quando o romancista baiano publica, em *Dom Casmurro*, uma nota na qual critica a aparente superficialidade da homenagem prestada pela *Revista Acadêmica* a Candido Portinari (cf. [AMADO], 1940a, p. 5). Em reportagem que conta com depoimentos de figuras de vulto, o poeta paulista considera tal artiguete amadiano "incorreto como atitude, grosseiro como sensibilidade, primário em sua argumentação" (DEBATE, 1940, p. 9). O autor de *Jubiabá*, em sua resposta, defendendo-se das muitas objeções recebidas, ressalta que Mário, rotulado como prima-dona da *Revista Acadêmica*, não aceitaria o contraditório. "Para Mário as coisas da inteligência devem mover-se num terreno alcatifado de rosas. Nada de espinhos, nada de livres discussões" (AMADO, 1940c, p. 11). Em seguida, sobe ainda mais o tom contra seu antagonista, valendo-se de um baixo argumento etarista: "A velhice é uma triste coisa quando não se tem consciência do nosso próprio valor, nem o senso do ridículo" (*Idem, ibidem*). Joel Silveira (1940, p. 13), por seu turno, publica uma carta aberta na qual sai em defesa de Jorge Amado e, entre outros, ataca frontalmente Mário: "Portinari, metido com sua arte, dentro da qual é mesmo grande, [...] não está perpetrando inventar uma nova língua para substituir esta nossa, tão imperfeita: de maneiras que o sr. Mário de Andrade tem campo aberto para jogar sobre seu nome e sua pintura todo o seu fichário, docemente amamentado por uma burocracia quase cinquentenária."
74. Cf. ANDRADE, Mário de. A elegia de abril (1941). In: *Aspectos da literatura brasileira*. São Paulo: Martins, s.d., p. 185-195.
75. Confira-se o registro de Mário de Andrade a 21 de fevereiro de 1929, em *O turista aprendiz*: "Amanheço em Maceió. Pelas 8 horas me aparecem a bordo Jorge de Lima, Lins do Rego e no trapiche já o dezenove anos Aluísio Branco. Visita à Associação Comercial móde ver os objetos de feitiçaria das macumbas. Interessantes. Depois visita ao Lavenère que me oferece livros dele. Depois almoço no Restaurante alemão, sururu, camarões, ponche de maracujá, salada de frutas. Parto às 12 e estou vogando. Vida de bordo entre sono e leitura. Na janta, o companheiro do lado fala em *Macunaíma*. Me conhece... Caceteação de ir por toda a parte conhecido, observado, interpretado..." (ANDRADE, 2015,

p. 244). Em carta a Jorge de Lima, de maio de 1929, Mário de Andrade (1968, p. 120-121) expressa suas saudades da viagem a Maceió, por meio de imagens afetivas, referentes à paisagem e aos intelectuais que lá conheceu, José Lins do Rego e Aloísio Branco: "Esse acaso deslumbrante de morar em Maceió... Em Maceió a gente caminha um bocado e se dependura dos morros sobre as alagoas... Em Maceió a água do mar se derrete brasileiramente inchada por poder refletir um templo impossivelmente grego... [...] Em Maceió, Jorge de Lima... Em Maceió, Lins do Rego uma espécie de galinho-de-campina bem decente, com a vermelhidão por dentro, numa alvura de gente. Aloísio Branco quando aparece é assim uma espécie de estrela-do-mar branca e até transparente bem. Botando ele de pé numa paisagem, não sei se você pôs reparo, ele não atrapalha nada, a gente enxerga tudo da mesma maneira... ah, Maceió... Nessa terra nasce coco, olé... Jorge de Lima, não se amole com esta minha franqueza de lembrar."

76. Ramos (1962d, p. 172).
77. Ramos (1962d, p. 178).
78. Cf. CARPEAUX, Otto Maria. "SR". *Folha do Norte*, Belém, 28 set. 1947; "Significação de 'SR'" (de *Retratos e leituras*, 1953). In: *Ensaios reunidos 1942-1978*, vol. I, Rio de Janeiro: UniverCidade & Topbooks, 1999, p. 633-36.
79. Amado (1978).
80. Sobre os editorais da *Novidade*, confira-se o capítulo 4, "Itinerário político e cultural" (LEBENSZTAYN, 2010). O capítulo 6, "*Novidade* literária", traz ensaios a respeito da vida e da criação literária de alguns colaboradores do semanário: Willy Lewin, Santa Rosa, Aurélio Buarque, Carlos Paurílio e Aloísio Branco.
81. "Milagres" consta do volume *Linhas tortas*; "Lampião", a entrevista com o cangaceiro e "Sertanejos" se leem em *Cangaços*, o primeiro também em *Viventes das Alagoas*. "Sertanejos" e "Chavões" estão também no volume *Garranchos*.
82. Sant'ana (1978; 2003). Esse livro é uma reunião de artigos publicados na imprensa alagoana entre 1922 e 1931.
83. Esse programa saiu no *Jornal de Alagoas*, p. 6, 17 jun. 1928 (SANT'ANA, 2003, p. 24).
84. Cavalcanti (1928, p. 1 apud SANT'ANA, 1978, p. 71-72; 2003, p. 30).
85. Lima (1929, p. 1 apud SANT'ANA, 2003, p. 42).
86. Sant'ana (2003, p. 26).
87. "Liga Contra o Empréstimo de Livros. Nota Oficial", *Jornal de Alagoas*, p. 1, 5 maio 1932 (SANT'ANA, 2003, p. 237).

88. Cf. Diégues Júnior (1939, p. 210).
89. Uma cópia digital da carta referida encontra-se *on-line* no acervo de Alceu Amoroso Lima, mas sem o cabeçalho nem o final. Disponível em: http://www.alceuamorosolima.com.br. Acesso em: 8 nov. 2021. Devemos ao pesquisador e amigo Leandro Garcia Rodrigues o conhecimento dessas referências a Graciliano na correspondência de Alceu com Jorge de Lima.
90. Holanda (1944, p. 1-2).
91. Barbosa (1943, p. 48). Graciliano foi diretor da Imprensa Oficial de Alagoas, que hoje tem seu nome, de 31 de maio de 1930 a 26 de dezembro de 1931.
92. Candido (1992, p. 92-101).
93. O Bar do Alemão pertencia ao vienense M. Goldenberg, o outro era de Manuel Cupertino Loureiro, sempre de roupa branca, que viveu 104 anos (cf. VASCONCELOS FILHO, 2008).
94. Cf. Ramos, C. (1979, p. 72).
95. Ramos, R. (1992, p. 40-42).
96. Carpeaux (1949).
97. Cf. Bueno (1997, p. 35-67).
98. Senna (1996a, p. 121-140).
99. Rego (1997, p. 71-77; 1981, p. 51-59). Em Rego (2007, p. 248-250), José Lins critica as "originalidades fáceis" da mocidade de São Paulo.
100. Rego (1941b, p. 118-126).
101. Rego (1941,. p. 126-127).
102. Freyre (1941, p. 23-42).
103. Holanda (1996, p. 331-345).
104. Andrade (s.d., p. 231-255).
105. Candido (1965, p. 129-165).
106. Candido (1989, p. 181-198).
107. Cf. Bosi (2003, p. 209-226).
108. Bosi (2003, p. 222).
109. Bosi (2002, p. 7-53).
110. Nos anos 1920, destaque para o início da ascensão da burguesia e das classes médias (apesar da manutenção da força do poder oligárquico), num contexto de modernização e de implantação do capitalismo no país. Nos anos 1930, ênfase no recrudescimento da luta ideológica e na ampliação da consciência de luta de classe (cf. LAFETÁ, 2000, p. 27-28).

111. Lafetá (2000, p. 34).
112. Porém, cabe considerar que o realismo dos anos 1930, calcado em dados econômicos e sociológicos, não seria, meramente, um anacronismo ou uma simples retomada conservadora da tradição romanesca do século XIX, mas sim a tradução, em termos narrativos ("projeto estético"), dos elementos arcaicos da modernidade brasileira, na qual a individualidade burguesa ainda não se encontrava resolvida. Trata-se de uma literatura pontuada pela noção de "semi-historicidade", decorrente da decadência coetânea tanto da sociedade semifeudal no Nordeste como da sociedade semiburguesa no Centro-Sul (cf. CARPEAUX, 1999). Nesse sentido, em chave lukacsiana, predominam obras que enfeixam, sobretudo, sujeitos problemáticos e contradições sociais (negatividade), com privilégio não para a desrealização (da fase heroica), mas sim para o trabalho mimético.
113. Lafetá (2000, p. 36).
114. Ao longo do texto, a expressão "Revolução de Outubro" refere-se ao movimento armado que depôs o então Presidente da República, Washington Luís, e impediu a posse do novo chefe da nação, Júlio Prestes, eleito em 1930. Não se faz menção à "Revolução Vermelha" ou à "Revolução Bolchevique", liderada por Vladimir Lenin em outubro de 1917.
115. Bueno (2006, p. 58).
116. Bueno lança mão do conceito de "pós-utopia", retirado de Haroldo de Campos, para explicar a transição da euforia dos anos 1920 para a disforia da década de 1930. Segundo o crítico, à arte deste último período não caberia abraçar qualquer projeto utópico, colocando-se como "algo muito diverso do que os modernistas haviam levado a cabo" (BUENO, 2006, p. 68).
117. Bueno (2006, p. 66).
118. Benjamin (1993a, p. 115; 1993b, p. 198).
119. Ortega y Gasset (1950, p. 407-410).
120. Cf. Bandeira (2008, p. 148).
121. Cf. Ricoeur (1990, p. 54-59; 2008, p. 63-69).
122. Sontag (2008, p. 220-240).
123. Ramos (2005, p. 370).
124. Queiroz (1990, p. 238-241).
125. Cf. Bueno (2006, p. 156-157).
126. Carpeaux (1999, p. 884, grifos nossos).

127. "Sob as ordens da mamãe", entrevista a Marcos Rey, *O Tempo*, Suplemento Literário, 19 set. 1954 (ANDRADE, 2009, p. 378).
128. Andrade, O. de (1991, p. 50-52) e Gomes (2021).
129. E Jorge Amado acolheu com entusiasmo *O homem e o cavalo*, louvando-lhe a força literária e revolucionária, de teatro para massas, "capaz de levantar o espectador", bem como o sentido humano: "E bastaria que Oswald houvesse escrito esse livro para ficar como uma das forças maiores da nossa literatura." Lamentando que a peça não tenha sido representada, a pretexto de pornográfica, exalta a originalidade da arte e o salto da perspectiva política de seu criador: "Oswald de Andrade não quis ser mestre nem papão literário. Marchou para a frente./ Pôde nos dar uma obra como ainda não foi feita no Brasil. Terminou o palhaço da burguesia. Começou o casaca de ferro da revolução proletária" (cf. AMADO, 1934, p. 269).
130. Gomes (2021).
131. Cf. Fonseca (2019, p. 106-119).
132. Salles (1954, p. 4) e Andrade (2009, p. 345-356).
133. Andrade (2009, p. 357-358).
134. Andrade (1976, p. 73).
135. *Idem*, p. 83.
136. *Idem*, p. 119.
137. *Idem*, p. 148.
138. Andrade (2009, p. 220).
139. *Idem*, p. 361.
140. *Idem*, p. 382.
141. *Idem*, p. 400.
142. Oliveira (1892; 1942) e Ramos (1957, v. 2, p. 41-45; 1966, v. 2, p. 47-52).
143. Alberto de Oliveira (1859-1937), membro fundador da Academia Brasileira de Letras, publicou, entre outras obras: *Canções românticas* (1878); *Meridionais* (1884); *Sonetos e poemas* (1885); *Poesias*, 2 vols. (1912). Em 1924, foi eleito "príncipe dos poetas brasileiros", no lugar de Olavo Bilac, em um concurso promovido pela revista *Fon-Fon*.
144. Andrade (1981, p. 99).
145. Ramos (1966, p. 13; 2005, p. 380).
146. Carta a Heloísa, São Paulo, 28 fev. 1937 (Ramos, 2011, p. 241).
147. Confiram-se as informações sobre os escritos de Graciliano na imprensa em Salla (2016).

148. Pacheco (1945, p. 26); Ramos (2014c, p. 164-169).
149. Ramos (1962c, p. 19-22).

I. CRÔNICAS

Chavões

1. Ramos (1931, p. 7; 2012, p. 119-121).
2. O autor de *Canaã* (1901) e membro fundador da Academia Brasileira de Letras (ABL) (cadeira 38) faleceu em 26 de janeiro de 1931, alguns meses antes da publicação da presente crônica. Graça Aranha (São Luís, Maranhão, 1868 — Rio de Janeiro, Rio de Janeiro, 1931) foi escritor, advogado e diplomata. Juiz de direito no Rio de Janeiro e no Espírito Santo, aí encontrou matéria para criar o romance *Canaã*. A convite de Joaquim Nabuco, em 1889 secretariou a missão que cuidou da questão da antiga Guiana Inglesa, fixando-se em Londres. De volta ao Brasil, proferiu na Semana de Arte Moderna, no Theatro Municipal de São Paulo, a 13 de fevereiro de 1922, a conferência "A emoção estética na arte moderna". Tendo lido a conferência "O espírito moderno" na ABL, em 19 de junho de 1924, desligou-se dela em 18 de outubro do mesmo ano. A convite de Machado de Assis, fez parte do grupo dos fundadores da academia. Após a morte do amigo, organizou e prefaciou sua correspondência com Nabuco (1923). Obras: *Canaã* (1901); *Malazarte* (1911); *A estética da vida* (1921); *Machado de Assis e Joaquim Nabuco: Comentários e notas à correspondência entre esses dois escritores* (org., 1923); *Espírito moderno* (1925); *Futurismo (manifesto de Marinetti e seus companheiros)* (1926); *A viagem maravilhosa* (1929); *O meu próprio romance* (1931) (texto autobiográfico); *O manifesto dos mundos sociais* (1935).
3. Obra publicada em 1901 pela Garnier. Em 1910, ela foi traduzida para o francês por Clément Gazet em edição da Plon-Nourrit.
4. Referência ao primeiro volume de *Populações meridionais do Brasil*, obra do historiador e sociólogo Oliveira Vianna, publicada em 1920, pela editora de Monteiro Lobato.

5. Ao pé desta crônica, havia a seguinte afirmação dos editores do periódico: "No próximo número: um capítulo d'*Os Caetés*, romance de Graciliano Ramos, a sair brevemente no Rio." Além de "Chavões", Graciliano publicou, em *Novidade*, o referido excerto de seu livro de estreia (trata-se do capítulo XXIV da obra, saído em primeira mão no n. 9 da revista, em 6 de junho de 1931), bem como as crônicas "Lampião" (estampada no número 3, de 25 de abril de 1931; incluída postumamente em *Viventes das Alagoas* e em *Cangaços*), "Milagres" (presente no n. 14, de 11 de julho de 1931; e postumamente em *Linhas tortas*) e "Sertanejos" (n. 1, de 11 de abril de 1931; em *Garranchos* e em *Cangaços*). Para mais informações sobre a revista *Novidade*, bem como sobre a passagem de Graciliano pelo periódico, ver Lebensztayn (2010).

O teatro de Oswald de Andrade

1. Ramos (1937). Ainda em periódico, a crônica também foi publicada em *Dom Casmurro* (RAMOS, 1939b). Texto reunido em *Linhas tortas* (RAMOS, 1962b, p. 169-170; 2005, p. 236-238).
2. Pierre-Augustin Caron de Beaumarchais (Paris, França, 1732 — Paris, França, 1799) foi um polímata francês que se notabilizou, como dramaturgo, pela autoria da chamada "trilogia de Fígaro": *O barbeiro de Sevilha* (1775), *As bodas de Fígaro* (1784) e *A mãe culpada* (1792).
3. Trata-se de volume publicado em 1937 pela José Olympio que reunia as peças *A morta* e *O rei da vela*. A fonte do texto aqui é a publicação em *Dom Casmurro*, em que a palavra *volume* está devidamente no singular; em *Linhas tortas*, no plural.
4. Em *Dom Casmurro*, não há o aposto com a repetição "um mundo de arcaísmos", presente em *Linhas tortas*.
5. Referência ao enredo da peça *O rei da vela*, que tem como protagonista o agiota Aberlardo I, sócio de Abelardo II no escritório Abelardo & Abelardo.
6. Tem-se notícia da montagem de *A morta* apenas na primeira metade da década de 1970, feita no teatro Ruth Escobar, em São Paulo, em 1974, sob a direção de Emilio Di Biasi.
7. A peça *O rei da vela* viria a ser encenada apenas trinta anos depois (sua estreia aconteceu em setembro de 1967), em montagem realizada pelo Teatro Oficina de São Paulo, sob a direção de José Celso Martinez Corrêa.

8. Na peça *O rei da vela*, trata-se de uma espécie de bordão proferido pelo personagem Totó Fruta-do-Conde, irmão homossexual de Heloísa de Lesbos, noiva de Abelardo I.

Conversa de livraria

1. Ramos (1939, p. 1). Texto incluído em Ramos (1962b, p. 167-168; 2005, p. 233-235).
2. José Oswald de Sousa Andrade (São Paulo, São Paulo, 1890 — São Paulo, São Paulo, 1954) foi poeta, romancista, ensaísta, dramaturgo e jornalista. Começou no jornalismo em 1909, na coluna "Teatros e Salões" do *Diário Popular* e, em 1911, fundou o semanário *O Pirralho*. De família rica, no ano seguinte viajou para a Europa, onde conheceu o futurismo ítalo-francês. Em 1919, formou-se na Faculdade de Direito do Largo de São Francisco. Em 1920, fundou com Menotti del Picchia a revista *Papel e Tinta*. Com Menotti, Mário de Andrade, Di Cavalcanti, Guilherme de Almeida, entre outros, foi um dos promotores da Semana de Arte Moderna de 1922, em que leu trechos de seu romance *Os condenados*, sob vaias do público. Em 1924, lançou o "Manifesto da Poesia Pau-Brasil" e *Memórias sentimentais de João Miramar*. Em 1928, em diálogo com a obra de Tarsila do Amaral, com quem estava casado, cria a *Revista de Antropofagia*. Nos anos 1930, torna-se membro do Partido Comunista Brasileiro (PCB) e escreve peças de teatro, como *O rei da vela* (1937). Rompeu com o partido em 1945, ano em que concorreu à Cadeira de Literatura Brasileira na Faculdade de Filosofia da Universidade de São Paulo com uma tese sobre a Arcádia e a Inconfidência. Obras: Romances: *A trilogia do exílio*, I. *Os condenados* (1922); *Memórias sentimentais de João Miramar* (1924); II. *A estrela de absinto* (1927); *Serafim Ponte Grande* (1933); III. *A escada* (1934); *Marco zero*: I. *A revolução melancólica* (1943); *Marco zero*: II. *Chão* (1945). Poesia: *Pau-Brasil* (1925); *Primeiro caderno do aluno de poesia Oswald de Andrade* (1927); *Poesias reunidas* (1945). Teatro: *O homem e o cavalo* (1934); *A morta*; *O Rei da Vela* (1937). Manifestos, crônicas, teses e ensaios: *Manifesto da Poesia Pau-Brasil* (1924); *Manifesto Antropófago* (1928); *A Arcádia e a Inconfidência* (1945); *Ponta de lança* (1945); *A crise da filosofia messiânica* (1950); *Telefonema*, crônicas publicadas no *Correio*

da Manhã, 1944-54 (organização de Vera Maria Chalmers, 1996). Memórias: *Um homem sem profissão: Sob as ordens de mamãe* (1954).

3. Em 21 de outubro de 1939, noticia-se que Oswald de Andrade e Julieta Bárbara haviam chegado no dia anterior ao Brasil a bordo do transatlântico português *Angola*. Ao aportar no Rio de Janeiro, o escritor apresentara provas de sua espinhosa estadia na Europa, mostrando duas máscaras contra gases adquiridas em Paris (CHEGARAM Oswald de Andrade e Julieta Bárbara. *Dom Casmurro*, Rio de Janeiro, n. 126, 25 nov. 1939, p. 8).

4. Tomamos por base a versão do texto publicada em 1939 no *Suplemento Literário de Diretrizes*, em que não há vírgula aqui, diversamente da publicação em *Linhas tortas*.

5. Julieta Bárbara Guerrini de Andrade (Piracicaba, São Paulo, 1908 — São Paulo, São Paulo, 2005) foi poeta e pintora, e publicou, em 1939, pela José Olympio, o livro *Dia garimpo*. Foi casada, de 1935 a 1941, com Oswald de Andrade e depois, por trinta anos, com o físico e professor da Universidade de São Paulo Mário Schenberg, com quem teve uma filha, Ana Clara Guerrini Schenberg. Sua irmã Adelaide Guerrini de Andrade foi casada com Oswald de Andrade Filho, o Nonê.

6. Associação mundial de escritores com sede em Londres, fundada em 1921 e que tinha como objetivo promover o intercâmbio entre intelectuais.

7. A 8 de agosto de 1939, Oswald de Andrade viajou para a Europa pelo *Alameda Star*, com sua então mulher Julieta Bárbara, para participar do congresso do Pen Club, em Estocolmo, que não se realizou por causa da guerra.

8. Gilberto de Melo Freyre (Recife, Pernambuco, 1900 — Recife, Pernambuco, 1987), bacharel em Ciências Políticas e Sociais pela Universidade de Baylor, Texas, em 1920, fez pós-graduação em Ciências Políticas, Jurídicas e Sociais pela Universidade de Columbia, Estados Unidos. Em 1923, de volta ao Brasil, integrou o grupo de jovens intelectuais, como Olívio Montenegro, Cícero Dias e José Lins do Rego, influenciando-os a olhar para o Nordeste brasileiro e os problemas nacionais. Foi professor de Sociologia da Escola Normal de Pernambuco, da Universidade de Stanford (EUA) e de Sociologia na Faculdade de Direito de Recife. Em 1933, publicou *Casa-grande & senzala*. No ano seguinte, organizou o I Congresso Afro-Brasileiro de Escritores. Foi deputado federal por Pernambuco (1946-1951). Passou a integrar, em 1969, o Conselho Federal de Cultura, a convite do presidente general Médici. Publicou também, entre outras obras, *Sobrados e mocambos* (1936), *Nordeste* (1937), *Região e tradição* (1941), *Vida, forma e cor* (1962).

9. Observe-se o ajuste aqui, conforme se lê no *Suplemento Literário de Diretrizes*: a brincadeira referente a Oswald foi enviada por Gilberto Freyre "dos" Estados Unidos, não "aos" Estados Unidos como está em *Linhas tortas*.
10. Quanto às brincadeiras e ironias entre esses dois intelectuais, as *boutades* que localizamos são de Oswald de Andrade em relação a Freyre. Ao saber da morte de Lampião, assassinado pela polícia em 1938, ele declarou: "Não adianta. Mataram Lampião mas Gilberto Freyre continua vivo..." O autor de *Casa-grande & senzala* não se teria ofendido, e sim se deliciou com a tirada espirituosa oswaldiana. Tal é a observação de Vamireh Chacon, em "Gilberto Freyre, Mário e Oswald de Andrade". Ele salienta que, finda essa época "do Estado Novo truculento parafascista de Vargas", o poeta modernista, em discurso num banquete oferecido por escritores democráticos em São Paulo, se sentiu na obrigação de reconhecer Freyre como "o líder da Resistência nacional". Cf. Chacon (1993, p. 7-16). São referências citadas por Chacon: FREYRE, Gilberto. Menos especialista que generalista. In: *Gilberto Freyre na UnB*. Conferências e Comentários de um Seminário Simpósio Internacional realizado de 13 a 17 de outubro de 1980. Brasília: Editora UnB, 1981, p. 149; e "Saudação de Oswald de Andrade a Gilberto Freyre no banquete a este oferecido por escritores paulistas no Automóvel Club de São Paulo em 23 de junho de 1946", anexa a *Seis conferências em busca de um leitor*. Rio de Janeiro: José Olympio, 1965, p. 179-180).

"Sociólogo à prova de frango": em mais essa referência espirituosa, Oswald brinca com a "insaciável curiosidade gastrônomo-científica" de Freyre, dizendo que precisou desculpar-se com as senhoras portuguesas porque o sociólogo brasileiro, indiferente à crise, sempre quer provar todos os petiscos tradicionais quando vai a Portugal, "exigindo ora uma cabidela à d. João IV, ora um frango no espeto à moda do século XV ou um doce de ovos" (ANDRADE, O. de, 1939, p. 16).

E, embora não seja piada nem vinda de Freyre, e sim observação triste feita por Zé Lins, encontramos este comentário crítico sobre o velho antropófago: "Vendo este Gide passar dos setenta com esta força humana e esta gravidade de pensamento, entristeço ao pensar em outros velhos que não sabem engrandecer a senectude. Penso no pobre Oswald de Andrade, de dentes postiços, querendo morder a humanidade inteira, fora do tempo, como uma criatura de Frankenstein, sem amigos e sem inimigos, o desgraçado Oswald que perdeu a fortuna e o espírito. Melancólico destino de um Piolim sem picadeiro e sem público" (REGO, 1944, p. 4).

11. Aníbal Monteiro Machado (Sabará, Minas Gerais, 1894 — Rio de Janeiro, Rio de Janeiro, 1964), contista, ensaísta e professor. Formado em Direito em 1917 em Belo Horizonte, foi professor de História Universal num colégio estadual e crítico de artes plásticas no *Diário de Minas*, onde trabalhou com Carlos Drummond de Andrade e João Alphonsus de Guimaraens. Promotor público, mudou-se para o Rio de Janeiro, onde lecionou literatura no Colégio Pedro II e trabalhou no Ministério da Justiça. Colaborou nos periódicos *Revista de Antropofagia*, *Estética*, *Revista Acadêmica* e *Boletim de Ariel*. Eleito presidente da Associação Brasileira de Escritores, organizou em 1945, com Sérgio Milliet, o I Congresso Brasileiro de Escritores. Ajudou a fundar vários grupos teatrais: Os Comediantes, o Teatro Experimental do Negro, o Tablado e o Teatro Popular Brasileiro. Principais obras: *O cinema e sua influência na vida moderna* (1941); *Vida feliz* (1944); *Histórias reunidas* (1955); *Cadernos de João* (1957); *João Ternura* (1965, póstumo). Na década de 1960, com a colaboração de Aníbal, seus contos "A morte da porta estandarte", "Tati, a garota", "O iniciado do vento" e "Viagem aos seios de Duília" ganharam versões no cinema. Teve seis filhas, uma delas a escritora e teatróloga Maria Clara Machado.
12. Sendo a fonte aqui a versão do texto estampada no *Suplemento Literário de Diretrizes*, lê-se a palavra "plaquete"; em *Linhas tortas*, empregou-se a variante "plaqueta".
13. O projeto original, espécie de afresco social que procuraria apresentar uma síntese da história do Brasil na primeira metade do século XX a partir de São Paulo, abarcaria cinco romances: I — *A revolução melancólica*; II — *Beco do escarro*; III — *Chão*; IV — *Os caminhos de Hollywood*; e V — *A presença do mar* (FONSECA, 2007, p. 279). Desse conjunto, apenas dois foram publicados. Em 1943, com capa de Santa Rosa, sai pela José Olympio *A revolução melancólica* e, dois anos depois, pela mesma editora, tem-se o lançamento de *Chão*.
14. José Lins do Rego Cavalcanti (Engenho Corredor, Pilar, Paraíba, 1901 — Rio de Janeiro, Rio de Janeiro, 1957): romancista e jornalista. Formou-se em 1923 na Faculdade de Direito do Recife. Tornou-se à época amigo de José Américo de Almeida, Osório Borba, Gilberto Freyre. Fiscal de bancos, transferiu-se em 1926 para Maceió, onde colaborou no *Jornal de Alagoas* e na revista *Novidade*, integrando o grupo de Graciliano Ramos, Aurélio Buarque de Holanda, Jorge de Lima, Valdemar Cavalcanti, Aloísio Branco e Carlos Paurílio. Publicado em Maceió, *Menino de engenho* (1932) lhe valeu o Prêmio da Fundação Graça Aranha. É o primeiro romance do "Ciclo da Cana-de-Açúcar", de memórias do

engenho, que inclui *Doidinho, Banguê*, a obra-prima *Fogo morto* e *Usina*. A ele se seguiu o "Ciclo do Cangaço, Misticismo e Seca", com *Pedra Bonita* e *Cangaceiros*. Nomeado fiscal do imposto de consumo, Zé Lins se mudou em 1935 para o Rio de Janeiro, onde colaborou para a imprensa, escrevendo para os *Diários Associados* e *O Globo*. Foi eleito membro da Academia Brasileira de Letras em 1955, para a Cadeira 25. Romances: *Menino de engenho* (1932); *Doidinho* (1933); *Banguê* (1934); *O moleque Ricardo* (1935); *Usina* (1936); *Pureza* (1937); *Pedra Bonita* (1938); *Riacho Doce* (1939); *Água-Mãe* (1941); *Fogo morto* (1943); *Eurídice* (1947); *Cangaceiros* (1953). Memórias: *Meus verdes anos* (1956). Literatura infantil: *Histórias da Velha Totônia* (1936). Crônica e crítica: *Gordos e magros* (1942); *Poesia e vida* (1945); *Homens, seres e coisas* (1952); *A casa e o homem* (1954); *Presença do Nordeste na literatura brasileira* (1957); *O vulcão e a fonte* (1958). Conferências: *Pedro Américo* (1943); *Conferências no Prata* (1946); Viagem: *Bota de sete léguas* (1951); *Roteiro de Israel* (1955); *Gregos e troianos* (1957).

15. No texto "Decadência do romance brasileiro", aqui incluído, ao comentar o declínio da produção do amigo José Lins do Rego após o término do *Ciclo da Cana-de-Açúcar*, Graciliano afirma que, com *Pedra Bonita* (1938), o romancista paraibano descia mais um degrau. Nessa obra, ele "desejou estudar a epidemia religiosa que houve em Pernambuco o século passado, mas teve preguiça e inventou beatos e cangaceiros. Sacrificou até a geografia: pôs a sua gente numa vila do Anum, que não existe" (RAMOS, 2012a, p. 265).

16. A relação entre esses dois escritores se mostrava estremecida desde meados da década de 1930. Em setembro de 1935, ao responder ao crítico Paulo Emílio Sales Gomes, que lhe recusara a peça *O homem e o cavalo* e, em contrapartida, enaltecera o romance *O moleque Ricardo*, Oswald de Andrade rebaixa os livros de José Lins do Rego que se revelariam incapazes de ir além do drama individual e nos quais abundariam escabrosidades realistas. Quase três anos depois, em abril de 1938, no artigo "Espécie de história literária", publicado em *Lanterna Verde*, José Lins considera a Semana de 1922 um "desfrute" inventado por Oswald de Andrade para divertir seus "ócios de milionário". As farpas entre eles ganharam novos capítulos nos anos vindouros, tal como na crônica "Carta a um torcida", na qual o poeta modernista, depois de relembrar o passado integralista do prosador paraibano, refere-se a este como portador de uma "alma tosca e primária", que visaria apenas ao espetáculo, e não aos sentidos e à essência (ANDRADE, 1971, p. 18).

17. Referência ao livro *Riacho doce* (1939). Na já mencionada crônica "Decadência do romance brasileiro", Graciliano enfatiza que José Lins descia ainda mais um degrau com tal obra: questiona, sobretudo, o fato de a primeira parte dela passar--se na Suécia. "As admiráveis qualidades do escritor somem-se quase aí, ou seus defeitos avultam, agravados pelo fato de se mostrarem lugares e acontecimentos que ele não conhece bem" (RAMOS, 1946; 2012a, p. 265).

Os tostões do sr. Mário de Andrade

1. Ramos (1962b, p. 192-193; 2005, p. 271-273). Datiloscrito pertencente ao Instituto de Estudos Brasileiros (IEB), Arquivo Graciliano Ramos, código de referência GR-M-08.30.
2. Mário Raul de Moraes Andrade (São Paulo, São Paulo, 1893 — São Paulo, São Paulo, 1945) foi poeta, romancista e cronista, epistológrafo, crítico de literatura e de arte, musicólogo e pesquisador do folclore brasileiro. Em 1917, concluiu o curso de piano no Conservatório Dramático e Musical de São Paulo e, com o pseudônimo Mário Sobral, publicou seu primeiro livro de versos, *Há uma gota de sangue em cada poema*. Em 1921, escreveu a série "Mestres do Passado" para o *Jornal do Commercio*. Integrou o Grupo dos Cinco com Anita Malfatti, Oswald de Andrade, Tarsila do Amaral e Menotti del Picchia. Um dos idealizadores da Semana de Arte Moderna, em fevereiro de 1922 leu seus poemas no palco do Theatro Municipal de São Paulo e foi vaiado. Nesse ano, lançou *Pauliceia desvairada*, marco da poesia modernista brasileira, e colaborou na revista *Klaxon*. Lecionou no Conservatório Dramático e Musical de São Paulo. Em 1927, viajou pela Amazônia, e, no ano seguinte, pelo Nordeste. Em 1928, publicou *Macunaíma, o herói sem nenhum caráter*. De 1927 a 1932, colaborou com crítica, contos, crônicas e poemas no *Diário Nacional*; de 1933 a 1935, com crítica no *Diário de São Paulo*. Em 1935, fundou, com Paulo Duarte, o Departamento Municipal de Cultura de São Paulo. Criou a Discoteca Pública, hoje Discoteca Oneyda Alvarenga. No ano seguinte, participou da elaboração do anteprojeto da criação do Serviço do Patrimônio Histórico e Artístico Nacional (Sphan). Em 1937, foi eleito membro da Academia Paulista de Letras. Em 1938, transferiu-se para o Rio de Janeiro, onde dirigiu o Instituto de Artes da Universidade do

Distrito Federal. Voltou a São Paulo em 1941. Fundou, em 1942, a Associação Brasileira de Escritores, com outros intelectuais, contrários ao Estado Novo. No salão de conferências da Biblioteca do Ministério das Relações Exteriores, ministrou a conferência "O movimento modernista", incluída em *Aspectos da literatura brasileira*. Manteve intensa atividade epistolar, cumprindo um projeto de difusão modernista e de reflexão sobre a arte. Principais obras de poesia: *Há uma gota de sangue em cada poema* (1917); *Pauliceia desvairada* (1922); *Clã do jabuti* (1927); *Remate de males* (1930); *Lira paulistana* (1946); romances: *Amar, verbo intransitivo* (1927); *Macunaíma, o herói sem nenhum caráter* (1928); contos: *Primeiro andar* (1926); *Contos novos* (1947); crônicas: *Os filhos da Candinha* (1943); diário: *O turista aprendiz* (1977); ensaio, crítica e musicologia: *A escrava que não é Isaura* (1925); *Música, doce música* (1933); *O baile das quatro artes* (1943); *Aspectos da literatura brasileira* (1943); *O empalhador de passarinho* (1944); *O banquete* (1978).

3. Referência à polêmica iniciada com a publicação da crônica "A palavra em falso", de Mário de Andrade, em seu rodapé domingueiro "Vida Literária", no jornal *Diário de Notícias*, em 6 de agosto de 1939. Nesse texto, o escritor paulista, depois de elogiar *Onda raivosa* (São Paulo: Rumo, 1939), livro de estreia de Joel Silveira, questiona o uso por parte dele de "uma palavra de péssimo sabor trocadilhesco. Um cochilo". Jorge Amado, então redator-chefe da revista *Dom Casmurro*, publica, pouco depois, em tal periódico, uma nota não assinada em que questiona a postura de Mário enquanto crítico. Em vez de procurar nos autores resenhados "a mensagem que nos seus livros traziam para os homens", "delicado e detalhista ficou atrás das palavras 'falsas', dos termos que soaram falso aos seus ouvidos de esteta e professor de música. Ouvido grã-fino e educadíssimo" ([AMADO], 1939a, p. 8). Duas semanas depois vem a resposta de Mário em "A raposa e o tostão", na qual ele se vale da metáfora monetária mencionada por Graciliano para questionar todos aqueles que deixavam de lado a técnica, a cultura, a arte, em prol de demagogia, intenções sociais vagas e apressado sucesso editorial. Pontua que, em meio a um de nossos períodos mais brilhantes de criação artística, não haveria riqueza sem trocos miúdos: "[...] nem tudo são cheques de cinquenta contos, mas há notas de cem mil-réis, dez mil-réis e até moedinhas de tostão" (ANDRADE, 1972c, p. 101-107). Em resumo, acentua que seria papel da crítica separar o joio do trigo, quer distinguindo o tesouro e as

notas falsas, quer chamando as obras menores pelo seu "modesto nome de tostão". Cf. Salla (2006, p. 61-70).

4. Joel Silveira (Lagarto, Sergipe, 1918 — Rio de Janeiro, Rio de Janeiro, 2007), jornalista, correspondente de guerra e escritor. Autodidata, cursou até o segundo ano do curso de Direito. Em 1937, mudou-se para o Rio de Janeiro. Seu primeiro emprego foi em *Dom Casmurro*, depois trabalhou como repórter e secretário de *Diretrizes*. Escreveu também para *Última Hora*, *O Estado de S. Paulo*, *Diário de Notícias*, *Correio da Manhã* e *Manchete*. Foi correspondente de guerra na Itália durante a Segunda Guerra Mundial, para os Diários Associados. E Assis Chateaubriand o apelidou "a víbora", devido a seu estilo ferino. Recebeu os prêmios Líbero Badaró, Esso Especial, Jabuti, Golfinho de Ouro e, em 1998, o Prêmio Machado de Assis, o mais importante da Academia Brasileira de Letras, pelo conjunto de sua obra. Publicou, entre outros livros: *As duas Guerras da FEB* (1965), *Tempo de contar* (1985), *Na fogueira: memórias* (1998), *Memórias de alegria* (2001), *A milésima segunda noite da avenida Paulista* (2003), *A feijoada que derrubou o governo* (2004), *O inverno da guerra* (2005); e de contos: *Onda raivosa* (1939), *Roteiro de Margarida* (1940), *O dia em que o leão morreu* (1986), *Não foi o que você pediu?* (1991). Graciliano escolheu o belo "Onde andará Esmeralda?", de Joel Silveira, para a antologia de contos brasileiros.

5. Silveira (1939b, p. 2).

6. Romain Rolland (Clamecy, França, 1866 — Vézelay, França, 1944), romancista, biógrafo e músico francês, recebeu o Nobel de Literatura de 1915. Doutorou-se em arte em 1895, foi crítico de música e professor de História da Arte na École Normale de Paris e professor de História da Música na Sorbonne. Escreveu peças de teatro, como a trilogia *Les tragédies de la foi* (1909), *Théâtre de la révolution* (1909), biografias (*Vie de Beethoven*, 1903; *Mahatma Gandhi*, 1924), um manifesto pacifista (*Au-dessus de la mêlée*, 1915) e dois ciclos romanescos: *Jean-Christophe* (dez volumes, 1904-1912) e *L'Âme enchantée* (sete volumes, 1922-1934). Em 1923, fundou a revista *Europe*.

7. Joel Silveira vale-se do seguinte fecho para sua crônica: "Ai!, meu Deus, infelizmente os tostões são muitos. Só aqui no *Dom Casmurro* nós temos uns oitocentos réis deles..." (SILVEIRA, 1939b, p. 2).

8. O datiloscrito presente no IEB traz esta vírgula, que falta à versão presente em *Linhas tortas*.

Os sapateiros da literatura

1. Ramos (1940a), texto reunido em *Linhas tortas* (RAMOS, 1962b, p. 190-191; 2005, p. 267-270).
2. O advérbio *logo*, inexistente no texto publicado em *Linhas tortas*, consta na versão do *Anuário Brasileiro de Literatura*, fonte aqui adotada.
3. Andrade, M. de (1939, p. 2), texto posteriormente incluído em Andrade (1993, p. 90-95).
4. Trata-se do romancista Jorge Amado, então redator-chefe da revista *Dom Casmurro*. Cf. [Amado] (1939a).
5. Amado (1939b, p. 2).
6. Silveira (1939b, p. 2).
7. Rubem Braga (Cachoeiro de Itapemirim, Espírito Santo, 1913 — Rio de Janeiro, Rio de Janeiro, 1990) foi cronista e jornalista, estreando na imprensa em 1928, no *Correio do Sul*, de Cachoeiro de Itapemirim. Mudou-se para Belo Horizonte em 1931 e assinou crônicas no *Diário da Tarde*. Formou-se na Faculdade de Direito de Belo Horizonte em 1932. Fez a cobertura da Revolução Constitucionalista pelos Diários Associados. Trabalhou como repórter e cronista para o *Diário de São Paulo* e a *Folha da Tarde*, entre outros periódicos. Mudou-se para Recife, passou a escrever para o *Diário de Pernambuco* e fundou a *Folha do Povo*, em 1935. No ano seguinte lançou seu primeiro livro de crônicas, *O conde e o passarinho*, e fundou em São Paulo a revista *Problemas*, e, em 1938, com Samuel Wainer e Azevedo Amaral, a revista *Diretrizes*, no Rio de Janeiro. Em 1945 foi correspondente do *Diário Carioca* durante a Segunda Guerra Mundial, acompanhando a Força Expedicionária Brasileira na Itália. Em 1946 poemas seus foram publicados na *Antologia de poetas brasileiros bissextos contemporâneos*, organizada por Manuel Bandeira. Nos anos seguintes foi cronista do *Correio da Manhã*, de *O Estado de S. Paulo* e da revista *Manchete*, entre outros. Criou, com Fernando Sabino, a Editora do Autor, em 1960, e a Editora Sabiá, em 1967. Foi embaixador do Brasil no Marrocos, entre 1960 e 1963. Em 62 anos de jornalismo, escreveu mais de 15 mil crônicas. Publicou, entre outros livros de crônicas: *O conde e o passarinho* (1936); *O morro do isolamento* (1944); *Com a FEB na Itália* (1945); *Um pé de milho* (1948); *O homem rouco* (1949); *50 crônicas escolhidas* (1951); *Três primitivos* (1954); *A borboleta amarela* (1955); *A cidade e a roça* (1957); *100 crônicas escolhidas* (1958); *Ai de ti, Copacabana* (1960); *O*

conde e o passarinho e *O morro do isolamento* (1961); *Crônicas de guerra: com a FEB na Itália* (1964); *A traição das elegantes* (1968); *As boas coisas da vida* (1988); *O verão e as mulheres* (1990).

8. A expressão "há tempo" pouco corrobora para delimitar um enquadramento temporal da vasta produção de Rubem Braga. Em meados de 1939, ele passa uma temporada em Porto Alegre. Na crônica "Explicação", publicada em julho de 1939 no jornal gaúcho *Folha da Tarde*, o escritor capixaba dizia da perspectiva de jornalista: "E a minha única ambição, nesta coisa de escrever, é saber escrever claro, de modo que todos entendam. Em princípio, portanto, eu acredito que, quando uma pessoa escreve e outra não entende, a culpa é da que escreve."
9. "Verdade *lapalissiana*": truísmo; termo que apresenta a mesma origem do galicismo *lapalissada*. Ajustamos aqui a palavra, em conformidade com a publicação no *Anuário Brasileiro de Literatura*; em *Linhas tortas* aparece "verdade *laplaciana*".
10. *Ilhós* é substantivo de dois gêneros e dois números. No *Anuário Brasileiro de Literatura*, lê-se "*o ilhós*"; em *Linhas tortas*, "*as ilhós*".
11. Aqui a forma utilizada foi o artigo indefinido; em *Linhas tortas*, está o definido.
12. Não foi incluída a preposição na versão publicada em *Linhas tortas*.
13. No expediente da revista, quando da ocorrência da polêmica referida por Graciliano, podem ser encontrados "os rapazes de *Dom Casmurro*": Joel Silveira e Danilo Bastos aparecem como secretários de redação. Entre os redatores do periódico constam os nomes de Wilson Louzada, Durval de Azevedo e Franklin de Oliveira.
14. Wilson Louzada (Rio de Janeiro, Rio de Janeiro, 1914 — Rio de Janeiro, Rio de Janeiro, 1979), poeta, contista e crítico literário, além de ter integrado a redação de *Dom Casmurro* ao lado de Joel Silveira, foi responsável pela seção "Literatura de Ficção" da revista getulista *Cultura Política*. Publicou: *Antologia de Carnaval* (organizador, 1945), *O espelho de Orfeu* (1968), *Testemunho em areia* (1978).
15. Em *Linhas tortas*, não se registrou a forma diminutiva, "as *moças* da plateia".
16. Esta vírgula não foi incluída na versão do texto em *Linhas tortas*.

Uma justificação de voto

1. Ramos (1940b, p. 2). Originariamente se trata do prefácio escrito para o livro de contos *Neblina* (Curitiba: Editora Guaíra, 1940, pp. 7-12), de José Carlos

Cavalcanti Borges. Também incluído em *Linhas tortas* (RAMOS, 1962b, p. 150-154; 2005, p. 208-214). Manuscrito pertencente ao Instituto de Estudos Brasileiros, Arquivo Graciliano Ramos, código de referência GR-M-08.19. O artigo indefinido "uma" que faz parte do título encontra-se apenas no manuscrito, datado de 1º de maio de 1940.

Em carta a um dos sócios da editora Guaíra Moacir Arcoverde, sem data, mas provavelmente de 1939, ano anterior ao da publicação do livro *Neblina*, Graciliano envia este prefácio, justificando sua demora em remetê-lo e destacando sua admiração pelos trabalhos desse contista, bem como do romancista Oswaldo Alves: "Confio nos contos do José Carlos e no romance do Oswaldo. E sinto-me feliz por de alguma forma haver contribuído para a publicidade desses dois escritores."

2. José Carlos Cavalcanti Borges (Goiana, Pernambuco, 1910 — Recife, Pernambuco, 1983) foi médico, professor de História Natural, Psicologia e Lógica, ensaísta, contista, teatrólogo e ator. Formado em Medicina em 1933, fez-se depois livre-docente em Psiquiatria na Faculdade de Medicina do Recife. Publicou a tese *Investigação psicológica sobre a personalidade dos epiléticos*. Fundou, com Ulysses Pernambucano, a revista *Neurobiologia*. Colaborou, desde jovem, com vários jornais e suplementos literários, como o *Jornal do Brasil*, o *Diário de Pernambuco*, o *Correio da Manhã*, a *Revista do Brasil*. Foi um dos fundadores do Teatro de Amadores de Pernambuco. Estreou no Teatro de Santa Isabel, em 1941, e atuou em diversas peças, bem como nos filmes *Riacho do sangue* (1966) e *A compadecida*, baseado na peça de Ariano Suassuna. Escreveu vários livros de contos: *Neblina* (1940), *Padrão G* (1948), *Contos vários* (1975), *Contos do céu e da Terra* (1978) e *Os assassinos* (1980); e peças de teatro: *Acima do bem-querer, Figuras de gente, O eclipse* (comédias municipais); *Meu querido ladrão, As urnas vão rolar, Tempestade de água-benta, Pé de vento* (comédias de maus costumes); *A comédia de Balzac*; e comédias adaptadas: *O caso do colar*, baseada no conto de Maupassant "O adereço", *Fogo morto*, do romance de José Lins do Rego, *Casa-grande & senzala*, de Gilberto Freyre, e *A flor e o fruto*, baseada em *Dom Casmurro*, de Machado de Assis. Foi eleito para a Academia Pernambucana de Letras em 1956.

3. Trata-se do jornalista, escritor e poeta gaúcho Luís Leopoldo Brício de Abreu (Rio Grande do Sul, 1903 — Rio de Janeiro, 1970), não apenas diretor, mas proprietário do periódico.

NOTAS

4. Concurso lançado em dezembro de 1938, cujas inscrições se encerraram em abril de 1939. Nesse período, o semanário recebeu quase setecentos contos inéditos. Originalmente o júri era composto pelos seguintes nomes, além de Graciliano: Almir de Andrade, Álvaro Moreyra, Joracy Camargo, Oduvaldo Vianna e André Carrazoni.

5. Além de ter vencido o concurso de contos de *Dom Casmurro* com "Coração de d. Iaiá", José Carlos Cavalcanti Borges obteve também o segundo lugar com o conto "Botão se fazendo rosa". A edição de *Dom Casmurro* de 8 de julho de 1939 traz o resultado do certame. Indicam-se aqui os três primeiros e os votos:

1º Prêmio: "Coração de d. Iaiá", de José Carlos Borges (pseudônimo: Tibúrcio). Votos de Graciliano Ramos e Almir de Andrade; Álvaro Moreyra votou em "Fome", de Luiz Monteiro; Oduvaldo Vianna votou em "Chão de terra preta", de Cantagalo, pseudônimo de Amadeu de Queiroz, de São Paulo; e Joracy Camargo em "Vocação", de Antonio Quinto, pseudônimo de Ézio Pinto Monteiro, do Rio. Prêmio: os 32 volumes da coleção *Obras Completas de Machado de Assis*, ofertados por W. M. Jackson Inc. Editores.

2º Prêmio: "Botão se fazendo rosa", de José Carlos Borges (pseudônimo: Capitulino). Votos de Graciliano Ramos e Almir de Andrade; Álvaro Moreyra votou em "Coração de d. Iaiá", de Tibúrcio, pseudônimo de José Carlos Borges, de Recife; Oduvaldo Vianna votou em "Tempo bom com nebulosidade", de Rolando Orlando; Joracy Camargo em "Boa esperança", de Caramuru, pseudônimo de Ulysses Paranhos, de São Paulo. Prêmio: uma coleção completa de "Documentos Brasileiros", oferecidos pela José Olympio.

3º Prêmio: "Hoje somos nós", de Oswaldo Alves (pseudônimo: Eugenio Sandoval). Votos de Graciliano Ramos e Almir de Andrade; Oduvaldo Vianna votou em "Amanhã é domingo", de Dom K, pseudônimo de Francisco Inácio do Amaral Gurgel, de São Paulo; Joracy Camargo votou em "O solteirão Josias", de Afonso Emílio, pseudônimo do sr. Aguiar Brandão, de Belo Horizonte; e Álvaro Moreyra votou em "Maria Pilão", de Oliveira de Montte, pseudônimo de Gastão de Alencar Neves, de João Pessoa, Paraíba. Prêmio: vinte volumes a escolher no catálogo, oferecidos pela Livraria Civilização Editora.

O ANTIMODERNISTA

Decadência do romance brasileiro

1. Ramos (1946). Texto saído primeiramente em espanhol ("Decadencia de la novela brasileña") em *Nueva Gazeta*, Montevidéu, n. 11, dez. 1941; e em inglês ("The Decline of the Brazilian Novel") em Smith College Monthly, Northampton, Mass, fev. 1943, p. 21-222, 28. Além disso, também fora reunido em Ramos (2012a, p. 262-267), bem como em Garbuglio *et al.* (1987, p. 114-116). Manuscrito datado de 20 de outubro de 1941, pertencente ao Instituto de Estudos Brasileiros, Arquivo Graciliano Ramos, código de referência GR-M-10.02.
2. O próprio Graciliano teria refutado o crítico. Em resposta à sugestão de que no Brasil "talvez o ambiente não ofereça material que preste", o autor de *Vidas secas* afirmava que "em todos os lugares há romances [...] o que falta às vezes é o romancista". Ver a crônica "Um romancista do Nordeste", presente no volume *Garranchos* (RAMOS, 2012a, p. 133-137).
3. Romance de Graça Aranha, publicado pela Garnier, em 1901, ainda sob a grafia "Chanaan". Considerando-se o ponto de vista crítico de Graciliano em relação ao modernismo de 1922, Bueno (2006, p. 47) sublinha que tal menção não seria gratuita: "Hoje ele [Graça Aranha] é visto como um participante quase incidental da Semana de 22, alguém que apenas emprestou seu prestígio ao movimento. Mas ainda nos anos [19]40 ele era tido como um grande líder e seu gesto de rompimento com a Academia Brasileira de Letras tinha um significado muito maior do que hoje se atribui a ele. Atacá-lo, ao invés de qualquer outro figurão do início do século, já é intenção clara de alfinetar o modernismo."
4. Na verdade, "vila do Açu", topônimo que nomeia a primeira parte do romance.
5. Na crônica "As mulheres do Sr. Amando Fontes", publicada em 24 de janeiro de 1938, no *Diário de Notícias*, Graciliano Ramos (2005, p. 163) já destacava, em tom mais ameno, que as heroínas do autor de *Rua do Siriri* estavam "mais perto da hagiografia que da crônica policial".

Dois mundos

1. Ramos (1943, p. 7; 1962b, p. 274-276; 2005, p. 387-390).
2. Aurélio Buarque de Holanda Ferreira (Passo de Camaragibe, Alagoas, 1910 — Rio de Janeiro, Rio de Janeiro, 1989) foi contista, ensaísta, filólogo e lexicógrafo.

Aos 15 anos ingressou no magistério, sempre interessado pela língua e literatura portuguesas. Em 1931, com Valdemar Cavalcanti, José Lins do Rego, Graciliano Ramos e Raul Lima integrou o grupo de intelectuais da revista *Novidade*, na qual publicou poemas. Diplomou-se em Direito pela Faculdade do Recife, em 1936. Nessa época, foi professor de Português, Literatura e Francês no Colégio Estadual de Alagoas, e diretor da Biblioteca Municipal de Maceió.

Mudou-se para o Rio de Janeiro em 1938. Trabalhou como professor de Português em diversos colégios, como o Pedro II. Contratado pelo Ministério das Relações Exteriores, assumiu a cadeira de Estudos Brasileiros na Universidade Autônoma do México, em 1954 e 1955. Foi secretário da *Revista do Brasil*, de 1939 a 1947. Publicou, pela José Olympio, com capa de Santa Rosa, o volume de contos *Dois mundos* em 1942, premiado pela Academia Brasileira de Letras. Em 1941 começou o trabalho que o consagraria como dicionarista: colaborou no *Pequeno dicionário da língua portuguesa*. De 1947 a 1960 publicou a seção "O Conto da Semana" no "Suplemento Literário" do *Diário de Notícias*. Com Paulo Rónai criou a coleção *Mar de histórias*, antologia do conto mundial. Além de contos para essa coleção, Aurélio traduziu vários romances, os *Poemas de amor* e os *Pequenos poemas em prosa*, de Charles Baudelaire. A partir de 1950 manteve a seção "Enriqueça o seu vocabulário", na revista *Seleções do Reader's Digest*. Foi membro da Comissão Nacional do Folclore e da Comissão Machado de Assis. Em 1975, saiu o *Novo dicionário da língua portuguesa*, o conhecido *Dicionário Aurélio*. Foi membro da Academia Brasileira de Letras, da Academia Brasileira de Filologia, do Pen Clube do Brasil, do Instituto Histórico e Geográfico de Alagoas, da Academia Alagoana de Letras e da Hispanic Society of America.

Graciliano incluiu em *Contos e novelas* o "Retrato de minha avó", de Aurélio, texto ao qual faz referência em seu conhecido "Discurso" de 1942, por ocasião da comemoração de seu quinquagésimo aniversário (Cf. RAMOS, 2021, p. 209). Como tal coletânea foi lançada postumamente, traz "Minsk", conto escolhido pelo próprio Aurélio, a pedido de Ricardo Ramos, filho de Graciliano.

Cf. Holanda (1979), Rónai (1990, p. 275-278) e Vasconcelos Filho (2008).

3. Fernão Mendes Pinto (Montemor-o-Velho, Portugal, 1510-1514 — Almada, Portugal, 1583), missionário jesuíta e explorador português, autor da obra póstuma *Peregrinação* (1614), que narra, sobretudo, sua chegada e estadia no Oriente.
4. Damião de Góis (Alenquer, Portugal, 1502 — Alenquer, Portugal, 1574), humanista português que, entre outras funções, atuou como diplomata, historiador e

guardador-mor da Torre do Tombo. Compôs a *Crônica do felicíssimo rei Dom Emanuel* (1566—67) e a *Crônica do príncipe Dom João* (1567).
5. Personagens, respectivamente, dos seguintes contos/retratos de *Dois mundos*: "Molambo", "João das Neves e o condutor", "'As coisas vão melhorar...'", "Maria Araquã" e "Retrato de minha avó".

Discurso à célula Teodoro Dreiser I

1. Ramos (2012b, p. 277-284). Manuscrito pertencente ao Instituto de Estudos Brasileiros, Arquivo Graciliano Ramos, código de referência GR-M-12.20. Discurso proferido, provavelmente, no segundo semestre de 1946. Título atribuído pelos organizadores. A célula Theodore Dreiser, aportuguesada por Graciliano como Teodoro Dreiser (opção de nomenclatura aqui adotada), reunia-se na sede da Editora Horizonte, n. 275, da avenida Rio Branco, esquina com a rua Santa Luzia, no centro do Rio de Janeiro. Foi criada no segundo semestre de 1945 e durou até fins de 1946 (PAIM, 1998, p. 59). Era diretamente ligada ao Comitê Central do PCB e reunia os escritores do partido. Seu nome fora sugerido pelo próprio autor de *Angústia*, em homenagem ao escritor norte-americano de origem operária e de orientação comunista Theodore Dreiser, que publicou, entre outros, *Uma tragédia americana* (1925). Das reuniões semanais realizadas pela célula, participariam, além de Graciliano, Floriano Gonçalves, Ignácio Rangel, Lia Corrêa Dutra, Benito Papi, Laura Austregésilo, Alina Paim, Israel Pedrosa, Isaías Paim, Gilberto Paim e outros (MORAES, 1992, p. 218).
2. Com o intuito de responder a tal questão, foi nomeada, a 16 de julho de 1946, uma comissão de escritores composta por Alina Paim, Lia Corrêa Dutra e Graciliano Ramos (ver documento assinado por esses três romancistas, pertencente ao Instituto de Estudos Brasileiros: Arquivo Graciliano Ramos, Recortes, caixas 51-52).
3. Provável referência ao livro coletivo *Brandão entre o mar e o amor: romance*, obra conjuntamente composta por Jorge Amado, José Lins do Rego, Aníbal Machado, Rachel de Queiroz e pelo próprio Graciliano Ramos, publicada em princípios de 1942 pela Editora Martins, mas que saíra um ano antes, em folhetim, pela revista carioca *Diretrizes*. Ao autor alagoano, coube escrever o terceiro capítulo, intitulado "Mário".

NOTAS

4. Referência ao livro *Usina* (1936), o qual José Lins dedicara a José Olympio e a Graciliano, que, naquele momento, se encontrava preso. Em suas *Memórias do cárcere*, o escritor relata seu estranhamento ao ler pela primeira vez a obra e ver o romancista "afastar-se da bagaceira e do canavial, tratadas com segurança e vigor nas obras anteriores" para "discorrer sobre Fernando de Noronha, onde nunca esteve" (RAMOS, 1953a, v. 4, p. 37). "Zanguei-me com José Lins. Por que se havia lançado àquilo? O admirável romancista precisava dormir no chão, passar fome, perder as unhas nas sindicâncias. A cadeia não é um brinquedo literário. Obtemos informações lá fora, lemos em excesso, mas os autores que nos guiam não jejuaram, não sufocaram numa tábua suja, meio doidos. Raciocinam bem, tudo certo. Que adianta? Impossível conceber o sofrimento alheio se não sofremos. O começo do livro de José Lins torturava-me" (*Idem*, p. 37-38).
5. Referência, respectivamente, aos livros *Riacho Doce* (1939), cuja primeira parte "passa-se toda na Suécia", e *Pedra Bonita* (1938), ambientado na inexistente "vila do Açu" (ver crônica "Decadência do romance brasileiro", presente nesta edição).
6. Tal referência crítica ao dito romance psicológico ou intimista, que teria como principal expoente Octávio de Faria, pode ser vista no artigo "O fator econômico no romance [brasileiro]", estampado por Graciliano no periódico *O Observador Econômico e Financeiro* em abril de 1937, republicado no jornal comunista *Tribuna Popular*, em 17 de julho de 1945, e, por fim, recolhido em *Linhas tortas* (RAMOS, 2005, p. 361-370).
7. O autor manteve o verbo no singular, provavelmente, para privilegiar o primeiro elemento que compõe o sujeito composto.

Discurso na ABDE

1. Ramos (2012c, p. 315-319). Manuscrito pertencente ao Instituto de Estudos Brasileiros, Arquivo Graciliano Ramos, código de referência GR-M-12.09. Título atribuído pelos organizadores. Muito provavelmente, discurso proferido por Graciliano, em 15 de maio de 1951, no ato solene de sua posse como presidente da ABDE, na sede da Associação Brasileira de Imprensa (ABI). Na oportunidade, estiveram presentes delegados da entidade dos estados de São Paulo, Rio de Janeiro, Bahia e Rio Grande do Sul, bem como representantes das autoridades federais e do Movimento Nacional dos Partidários da Paz. O

primeiro a discursar foi Álvaro Moreyra, presidente cujo mandato findava. Em seguida, falou o escritor Milton Pedrosa em nome dos novos escritores do Brasil e, logo depois, teve lugar a fala do autor de *Angústia* (ASSOCIAÇÃO, 1951, p. 16). As eleições vencidas por Graciliano não passavam de pura formalidade. Como a entidade se reduzira a uma simples facção de escritores, subordinada ao PCB, havia apenas a chapa de Graciliano concorrendo ao pleito (RAMOS, R., 1992, p. 148).

2. Ao se referir também à "pendenga" das eleições da ABDE de 1949, as quais representaram a cisão da entidade, Astrojildo Pereira (1950, p. 6) mostra opinião contrária. Segundo ele, a divisão dos escritores nacionais em dois blocos, espelhando a própria situação mundial pós Segunda Guerra, já avultava desde 1947, no âmbito do II Congresso da ABDE, realizado em Belo Horizonte. De um lado estariam os comunistas; do outro, os "falsos democratas", "os melancólicos palhaços da arte pela arte".

3. Anos antes, no contexto da tumultuada eleição da nova diretoria da ABDE, em 1949, quando concorria a membro do Conselho Fiscal da entidade, Graciliano Ramos (1949) já recusava que a instituição se orientasse por certa diretriz que tomava a arte como simples divertimento: "Estou inteiramente de acordo com Álvaro Lins, que, ao ser eleito presidente da ABDE, declarou em discurso que esta sociedade não é um clube recreativo. Evidentemente não é. [...] Disseram que a literatura é o 'sorriso da sociedade'. Julgo isso estupidez e safadeza. Não escrevemos para dar prazer aos idiotas."

4. Em entrevista concedida em 1942, reunida neste volume, Graciliano já detectava esse movimento na prosa de Mário de Andrade: "O próprio Mário de Andrade está escrevendo direitinho, bem-comportado. Só de longe em longe, surgem umas expressões que lhe são típicas" (NUNES, 1942a, p. 3).

Uma palestra

1. Texto publicado com o título "Intervenção de Graciliano Ramos" em *Para todos* (RAMOS, 1952) e depois, com o nome de "Uma palestra", em *Linhas tortas* (RAMOS, 1962b, pp. 277-280; 2005, pp. 391-396). Manuscrito incompleto (falta a primeira página) pertencente ao Instituto de Estudos Brasileiros,

Arquivo Graciliano Ramos, código de referência GR-M-08.51. Tal discurso de Graciliano fora proferido em dezembro de 1951, em uma mesa-redonda sobre marxismo e linguística promovida pela revista *Para Todos* e pela Escola do Povo. Participaram do evento, além de Graciliano, o professor Henrique Miranda (que recuperou o panorama das discussões em torno do tema em debate na União Soviética), o jornalista e militante comunista Isaac Akcelrud (cuja argumentação se centrou em destacar que nossa língua corria perigo, caso a cultura nacional não fosse desenvolvida e não lutássemos contra o imperialismo) e o escritor Edison Carneiro (responsável por abordar a linguagem popular brasileira e sua incorporação pelo discurso literário). Como representantes do periódico, ainda participaram do encontro James Amado (secretário) e Dalcídio Jurandir (diretor responsável).

2. Em carta ao crítico literário mineiro Oscar Mendes, datada de 5 de abril de 1935, Graciliano já fazia referência a tal pesquisa de opinião: "O senhor deve ter visto uma enquete que se fez na Rússia o ano passado. Um dos quesitos era: 'Qual a sua opinião a respeito da literatura soviética?' Quase toda a gente respondeu que não conhecia a literatura soviética. E os que a conheciam amoitavam-se, usavam panos mornos. Romain Rolland, depois de rodeios, disse isto: 'A arte é um ofício, uma técnica, e, como técnica, exige aprendizagem.'" (SILVA, 1980; LEBENSZTAYN e SALLA, 2018, p. 36-39).

3. No manuscrito havia o adjetivo "desgraçado", ausente nas versões publicadas em *Para Todos* e em *Linhas tortas*.

4. Essa oração está incompleta tanto em *Para Todos* como em *Linhas tortas*: falta o trecho "sabemos que a Divina Providência", presente no manuscrito.

5. Nas versões publicadas em *Para Todos* e em *Linhas tortas*, o verbo está no imperfeito, *chamava*, mas no manuscrito, conservado no Arquivo Graciliano Ramos do IEB-USP, lê-se a forma apropriada, no futuro do pretérito.

6. Proposta inacabada de Mário de Andrade que passa a ser desmentida pelo poeta paulista a partir de 1931. No primeiro prefácio imaginado para a obra, ele destaca que outros deveriam escrevê-la, mas, como ninguém teria se abalançado a fazê-la, assumira a empreitada. Em outra proposta de prefácio, o autor de *Macunaíma* salienta que sua gramatiquinha não seria uma obra científica: "É ainda obra de ficção organizada pelo amor que consagro à Humanidade e nascida da comoção fortíssima que sempre faz nascer em mim a vida das palavras" (PINTO, 1990, p. 315-316).

7. Nas versões publicadas em *Para Todos* e em *Linhas tortas*, falta essa conjunção aditiva, presente devidamente no manuscrito.
8. Na versão publicada em *Linhas tortas*, faltam esse e o próximo travessão.
9. Lê-se a expressão em "Uma canoa furada", de *Histórias de Alexandre* (1940): "Mas se quiserem saber a minha fama no sertão, deem um salto à ribeira do Navio e falem no major Alexandre. Cinquenta léguas em redor, *de vante a ré*, todo o bichinho dará notícia das minhas estrepolias. A história da onça, a do bode, o estribo de prata, este olho torto, que ficou muitas horas espetado num espinho, roído pelas formigas, circulam como dinheiro de cobre, tudo exagerado" (RAMOS, 1944, p. 95).
10. Construção presente na sintaxe preferencial de Mário de Andrade. Segundo Edith Pimentel Pinto (1990, p. 228), em conformidade com o propósito do escritor paulista de "imprimir à expressão literária um cunho cultural brasileiro típico, consolidado na época dos rascunhos para a *Gramatiquinha*, em *Macunaíma*, pode ser responsabilizado pela adoção de certos torneios sintáticos de modelo tupi".
11. Na língua tupi, há posposições correspondentes às preposições do português: conforme observa Graciliano, elas aparecem depois dos termos que regem. As posposições átonas são ligadas por hífen, mas a maioria é tônica, separada dos termos regidos. Por exemplo, a posposição átona *-pe* tem sentido locativo: *siri 'y-pe* (donde Sergipe), no rio dos siris, para o rio dos siris. E *oka pupé*: dentro da casa. Cf. Navarro (2013).
12. Frei Luís de Sousa (Santarém, Portugal, c. 1555 — São Domingos de Benfica, Portugal, 1632) foi um importante prosador do classicismo português, autor de, entre outros, *Vida de dom frei Bartolomeu dos Mártires* (1619) e *Primeira parte da história de S. Domingos* (1623).

II. ENTREVISTAS

O modernismo morreu?

1. Nunes (1942a, p. 3).
2. Osório Laudelino Nunes, ensaísta e jornalista, escreveu *Introdução ao estudo da Amazônia*, obra de cunho sociológico calorosamente elogiada por Joel Silveira, que

assina a orelha da terceira edição (1951). Nunes realizou tal inquérito nas páginas de *Dom Casmurro* também com Augusto Frederico Schmidt, Cassiano Ricardo, Candido Portinari, Ribeiro Couto, Oswald de Andrade, Manuel Bandeira e Carlos Drummond de Andrade, entre outros. Eis a resposta de Drummond sobre a possível morte do modernismo: "Parece que sim. Diversos proprietários de empresas funerárias o afirmam. Mas é um morto curioso, que ressuscita continuamente, para uso dos coveiros sem clientela" (NUNES, 1942b, p. 3).

3. "Evitar a burrice que aí anda" era o propósito do jornal literário semanal *Dom Casmurro*, fundado em maio de 1937 pelos gaúchos Brício de Abreu (1903-1968), seu diretor, e Álvaro Moreyra (1888-1964), redator-chefe. Também Moacir de Abreu, Marques Rebelo e Jorge Amado foram redatores-chefes desse periódico, que atingiu 50 mil exemplares por semana. Instalada a redação do jornal entre a rua do Ouvidor e a Cinelândia, no Rio de Janeiro, teve entre seus colaboradores: Joel Silveira, lançado por *Dom Casmurro*, Adalgisa Nery, Aníbal Machado, Astrojildo Pereira, Carlos Drummond de Andrade, Carlos Lacerda, Cecília Meireles, Cícero Dias, Erico Verissimo, Gastão Cruls, Graciliano Ramos, José Américo de Almeida, José Lins do Rego, Murilo Mendes, Oswald de Andrade, Rachel de Queiroz, Santa Rosa. *Dom Casmurro* circulou até 1946, tendo o título e também a epígrafe inspirados no romance de Machado de Assis: "A confusão era geral." Cf. Luca (2011, p. 67-81; 2013, p. 277-301).

4. Alguns anos antes, em novembro de 1936, com o propósito de realizar um balanço do modernismo, o crítico Tristão de Ataíde teria chegado a conclusões semelhantes às de Graciliano, em número da revista *Lanterna Verde* por ele organizado. De maneira geral, o volume foi marcado pela recusa ao movimento. No artigo que o fechava, o crítico, um dos mais influentes do país na primeira metade do século XX, destacava: "1. O modernismo não só existiu, mas viveu; 2. O modernismo morreu; 3. A herança literária modernista foi maior em espírito que em obras; e 4. O modernismo preparou um renascimento literário pós-modernista" (ATAÍDE, 1936, p. 85-98).

5. Alguns anos depois, perguntado sobre a morte do modernismo, Manuel Bandeira relembra ao jornalista Almeida Fischer que o próprio Mário já declarara, em 1942, na conferência do Itamaraty (intitulada "O movimento modernista"), o modernismo como coisa do passado (FISCHER, 1946b, p. 13).

6. Agripino Grieco (Paraíba do Sul, Rio de Janeiro, 1888 — Rio de Janeiro, Rio de Janeiro, 1973), escritor e crítico literário usualmente associado ao moder-

nismo, sobretudo em função de seus ataques à literatura oficial e acadêmica que, antes da mudança de postura de Graça Aranha, teriam preparado o caminho para os novos. Todavia, conforme destaca Lafetá (2000, p. 61), Grieco encontrava-se ainda situado quase integralmente na estética passadista: "Se adere, aparentemente aos princípios modernistas, não os assimila nem os pratica, e a linguagem que vaza em suas crônicas é a melhor prova de que a sua sensibilidade estava aquém dos postulados da nova arte." Com Gastão Cruls, Agripino fundou em 1933 o periódico *Boletim de Ariel*, que durou sete anos. E criaram a editora Ariel, que publicou, entre outros romances: *S. Bernardo*, de Graciliano, *Cacau* e *Suor*, de Jorge Amado, *Doidinho*, de José Lins do Rego, *Em surdina*, de Lúcia Miguel Pereira. Algumas publicações de Agripino: *Evolução da poesia brasileira* (1932); *Evolução da prosa brasileira* (1933); *Gente nova do Brasil: veteranos — alguns mortos* (1935); *Pérolas* (1937); *Zeros à esquerda* (1947); *São Francisco de Assis e a poesia cristã* (1950); *Amigos e inimigos do Brasil* (1954); *Machado de Assis* (1959).

7. Ao relembrar o fato, Augusto Frederico Schmidt (Rio de Janeiro, Rio de Janeiro, 1906 — Rio de Janeiro, Rio de Janeiro, 1965), poeta e primeiro editor de Graciliano, destaca que estava entre os jovens exaltados que carregaram Graça Aranha nos braços depois de ele ter proferido a conferência "O espírito moderno" na Academia Brasileira de Letras, em 19 de junho de 1924, na qual o autor de *Canaã*, em seu combate ao passado, propunha "renovação ou morte". "Aos poucos, à medida que falava Graça Aranha, recordo, logo fui tomando meu partido pelo modernismo, e, por fim, é certo e verdadeiro que ajudei a carregar o conferencista num movimento de entusiasmo meio inconsciente" (SCHMIDT, 2006, p. 176).

8. Tristão de Ataíde (Alceu Amoroso Lima) (Rio de Janeiro, Rio de Janeiro, 1893 — Petrópolis, Rio de Janeiro, 1983) também esteve presente na conferência de Graça Aranha e ajudou a carregar o autor de *Canaã*. No início dos anos 1930, ele lembra da ocasião: "Graça Aranha teve esse gesto belíssimo, que deixou gravada para sempre, em nossa memória, aquela sessão memorável da Academia. Foi um momento realmente único, em que sentíamos nascer qualquer coisa de novo. E na hora em que, depois da conferência, vimos aproximar-se na sala de entrada, da Academia, Coelho Neto, carregado aos ombros pelos seus partidários, não hesitamos um segundo em carregar, também, Graça Aranha, em nossos ombros, opondo o futuro ao passado, a nova geração à velha geração!

Foi um momento de emoção inesquecível! Um momento raro de unidade plena em torno de uma renovação, de um início, de uma porta aberta para o futuro!" (LIMA, 1933, p. 31).

Depoimento de duas gerações

1. Fischer (1946a). O depoimento de Graciliano é antecedido pela seguinte apresentação: "Falam a *A Manhã* os escritores Alceu Amoroso Lima, Graciliano Ramos, Jorge de Lima, Octávio de Faria, Raymundo Magalhães Júnior, José Lins do Rego e Pedro Calmon — Manifestam-se também os 'novos' Emmo Duarte, Elisa Lispector, Breno Accioly, Adonias Filho, Geraldo de Freitas, Luiz Alípio de Barros e Raymundo de Souza Dantas."
2. Oswaldo Almeida Fischer (Piracicaba, São Paulo, 1916 — Brasília, Distrito Federal, 1991), além de um dos fundadores e diretor de "Letras e Artes", suplemento de *A Manhã*, foi o redator principal de *Dom Casmurro* e colaborou em inúmeros outros periódicos: *O Jornal*, *Diário de Notícias*, *Diário Carioca*, *O Cruzeiro*, *A Cigarra*, *Clima*, *O Estado de S. Paulo* etc. Entre 1966 e 1967, desempenhou a função de professor de Literatura Brasileira na Universidade de Brasília. Notabilizou-se como contista, tendo publicado *Horizontes noturnos* (1947) e *O homem de duas cabeças* (1950), entre outros. Esta última obra alcançou o prêmio Afonso Arinos da Academia Brasileira de Letras (MELO, 1954, p. 224-5).
3. *A Manhã*: de agosto de 1941 a junho de 1953 existiu outro jornal brasileiro de nome *A Manhã*. Até 1945 dirigido por Cassiano Ricardo, era governista, de propaganda política de Getúlio Vargas. Sofreu uma guinada em 1946, quando Jorge Lacerda e Santa Rosa criaram o suplemento "Letras e Artes", para o qual Santa Rosa fazia ilustrações e escrevia artigos. Trazendo desenhos, fotografias, reproduções de pinturas, xilogravuras, o suplemento dedicava espaço para literatura, filosofia, pesquisas folclóricas, arquitetura, música erudita ou popular, artes plásticas, teatro, cinema, fotografia, balé, crônica de viagem e colunismo social voltado para os hábitos dos escritores. Muitos de seus colaboradores já contribuíam na seção "Autores e Livros" e tinham vínculo com a ABL, daí Peregrino Júnior editar a coluna "No Petit Trianon". "Letras e Artes" enfatizou haver morrido o modernismo, resgatou uma poesia tradicional, de temas

abstratos, como o amor, a religiosidade, e realizou um concurso de sonetos em 1948, tendo no júri Bandeira, Cassiano Ricardo, Cecília Meireles, Drummond, Guilherme de Almeida, Murilo Mendes. Um grupo de prestígio ascendente no mercado editorial escrevia no suplemento: Adonias Filho, Cecília Meireles, Clarice Lispector, Lúcio Cardoso. E ocupando duas de suas páginas, com fotos, manuscritos, entrevistas, desenhos, os "Arquivos Implacáveis" de José Condé constituíam um dos artifícios do jornal para trazer grandes nomes da literatura (cf. DEMARCHI, 1992).

4. Na reportagem da qual se extraiu o presente depoimento, o jornalista Almeida Fischer parte do pressuposto de que depois de 1940 começou a aparecer "em nosso clima literário outra geração intelectual, que podemos chamar de 'geração da guerra'". Ele toma 1940 como marco do fim do modernismo e início do "pós-modernismo". Em certa medida, esse último grupo pode ser hoje identificado com a difusa geração de 1945. Na reportagem, destacam-se entre os "novos" Elisa e Clarice Lispector, Alina Paim, Adonias Filho e Breno Accioly.

Provavelmente, ao elevar as mulheres da geração pós-modernista, Graciliano poderia estar se referindo à colega Rachel de Queiroz, se considerarmos o enquadramento dos romancistas de 1930 como "pós-modernismo", tal como exposto pelo autor de *Angústia* no início deste depoimento (embora, no texto "Decadência do romance brasileiro", aqui incluído, ele considere que a escritora cearense teria entrado em declínio desde o livro *Caminho de pedras*, de 1936), e, sobretudo, à Alina Paim (Estância, Sergipe, 1919 — Campo Grande, Mato Grosso do Sul, 2011), que estivera a seu lado na célula Teodoro Dreiser e lançara seu romance de estreia, *Estrada da liberdade*, em 1944.

Graciliano Ramos (2005, p. 385-386), depois de ler e discutir o segundo romance dessa última autora, *Simão Dias*, publicado em 1949 pela Casa do Estudante do Brasil, faz, na orelha da capa, uma elogiosa apresentação da obra. Dois anos depois, como presidente da ABDE, parte em defesa de Alina, que, acusada de atividades subversivas, tivera a prisão ordenada por um juiz da cidade de Cruzeiro, em Minas Gerais. A escritora fora até o município para acompanhar uma greve de ferroviários e recolher material para um futuro romance (trata-se de *A hora próxima*, lançado pela Editorial Vitória em 1955).

NOTAS

Como eles são fora da literatura: Graciliano Ramos

1. Senna (1948). A conversa consta do livro *República das letras*, de Homero Senna (1996b). A reportagem é acompanhada de fotografias, cujas legendas são estas: "Diz o escritor: 'Sou obrigado a jogar com as palavras, logo preciso conhecer o seu valor exato'"; "Na varanda do apartamento, o escritor, a mulher e os filhos, entre estes Ricardo e Clara (os da direita), que também escrevem"; "O escritor saindo do edifício de apartamentos onde mora, nas Laranjeiras, e onde o Velho Graça costuma ficar quieto, trancado"; "Debaixo daquela secura toda, Graciliano é louco pelas netinhas. Mas não ajuda nas lidas da casa: paga as despesas e pronto!"; "O escritor e um retrato seu, de Portinari; Graciliano, que 'corrige a gramática dos repórteres', não se considera jornalista..."; "O autor de *Angústia* e o filho — o jovem escritor Ricardo Ramos, cujos originais são lidos com benignidade".

   A 20 de março 1955, dois anos depois da morte do escritor, Homero Senna publicou "Graciliano Ramos e o modernismo", no *Diário de Notícias*. Nesse artigo, antes de transcrever um trecho da entrevista de 1948, referente ao modernismo, revela estes bastidores, com destaque para o fato de haver passado o texto pela revisão de Graciliano: "É sabido que o velho 'Major Graça' (como era chamado o romancista de *Angústia* pelos seus contemporâneos de conversa naquele banco dos fundos da Livraria José Olympio) muitas vezes dizia as coisas apenas para escandalizar, fulminando, com uma frase, reputações longamente estabelecidas. Depois, se se fosse aprofundar aquela opinião, ver-se-ia que tinha sido apenas um rompante. Seu ponto de vista verdadeiro sobre o assunto vinha em seguida, sem alarde, meditado, minucioso e exato. // Lembro-me de como fiquei admirado de ver o conceito em que tinha escritores de minha particular estima, quando certa vez o fui entrevistar para a *Revista do Globo*, de Porto Alegre. A entrevista, se tivesse saído com tudo o que então me disse o autor de *S. Bernardo*, teria sido uma bomba. Depois, ao rever o texto, expungiu-o ele daquilo que tinha apenas sentido polêmico." (SENNA, 1955, p. 2).
2. Homero Senna (Guaratinguetá, São Paulo, 1919 — Rio de Janeiro, Rio de Janeiro, 2004), escritor, jornalista e pesquisador. Bacharelou-se na Faculdade de Direito do Brasil, em 1939. Foi funcionário do Instituto de Aposentadorias e Pensões dos Industriários (IAPI) em 1938. Na década de 1940, pelas páginas de *O Jornal* e da *Revista do Globo*, realizou uma série de entrevistas com grandes intelectuais do país, como Aurélio Buarque de Holanda, Carlos Drummond

de Andrade, Cyro dos Anjos, Graciliano, Jorge de Lima, Lúcia Miguel Pereira, Manuel Bandeira, Mário de Andrade, Murilo Mendes, Otto Maria Carpeaux, reunidas em *República das letras*. Trabalhou no gabinete de Lúcio Meira, ministro de Viação e Obras Públicas do governo de Juscelino Kubitschek. Foi redator do texto de criação do Grupo Executivo da Indústria Automobilística (Geia), quando Juscelino implantou o parque automobilístico no Brasil, nos anos 1950. E diretor do Centro de Pesquisas da Fundação Casa de Rui Barbosa de 1975 a 1980. Publicou, entre outras: *República das Letras: 20 entrevistas com escritores*. Rio de Janeiro: São José, 1957; 3. ed. rev. e atualizada, 1996; *O problema da língua brasileira. Entrevista com Souza da Silveira*. Rio de Janeiro: Ministério da Educação e Cultura, 1953; e *Correspondência de escritores: cartas de Mário de Andrade a Souza da Silveira*. Revista do Livro, n. 26, v. 7, 1964, p. 113-133.

3. *Revista do Globo*: periódico ilustrado, foi editado quinzenalmente pela Livraria do Globo, de Porto Alegre, entre 1929 e 1967, num total de 943 fascículos, tendo cada um oitenta ou noventa páginas. Com o subtítulo "Periódico de Cultura e Vida Social", trazia matérias sobre variedades locais, nacionais e internacionais, divulgava literatura, acontecimentos sociais e políticos, moda, humor, cinema e esportes. Escreviam colunas Moysés Vellinho, Augusto Meyer, Mário Quintana, Raul Bopp, Viana Moog, Erico Verissimo, entre outros. E colaboravam com ilustrações Sotero Cosme, Nelson Boeira Faedrich, Edgar Koetz, Francis Pelichek, Iberê Camargo, Herbert Caro, Di Cavalcanti, Carlos Scliar etc. A revista se destacou sobretudo quando supervisionada por Mansueto Bernardi e depois por Erico Verissimo, nos anos 1930. José Bertaso Filho e Henrique Bertaso a administravam de maneira a divulgar os produtos da Livraria do Globo e da Editora Globo. Cf. Verissimo (2011) e "Revista do Globo", no site *Delfos: Espaço de Documentação e Memória Cultural*, disponível em: https://www.pucrs.br/delfos/.

4. "O menino é pai do homem" é o título do capítulo XI de *Memórias póstumas de Brás Cubas*. Trata-se de um verso de William Wordsworth, do poema iniciado com "*My heart leaps up when I behold*".

5. "A vila", Ramos (1945; 2012d).

6. "Manhã", Ramos (1945; 2012d).

7. "Nuvens", Ramos (1945; 2012d).

8. *Correio da Manhã*: diário matutino carioca, fundado em 1901 por Edmundo Bittencourt. Lima Barreto colaborou em 1905 no *Correio*, e a redação do jornal

inspirou as *Recordações do escrivão Isaías Caminha* (1907-1909). Nos anos 1920, foi um dos poucos jornais a demonstrar simpatia pelos rebeldes tenentistas e teve sua circulação suspensa. Em 1929, a direção passou a Paulo Bittencourt, filho de Edmundo. Nos anos 1930, durante o Governo Provisório, manteve posição ambígua, apoiando parcialmente Getúlio Vargas. Em 1934, dirigido por M. Paulo Filho, fez uma cobertura minuciosa dos trabalhos da Assembleia Nacional Constituinte. A coluna de Costa Rego, redator-chefe do jornal, criticava o governo e era vigiada pela censura. Em 1937, a oposição a Getúlio Vargas se acompanhou do apoio à candidatura do ministro José Américo de Almeida à presidência da República. A 5 de novembro de 1937, o *Correio da Manhã*, sempre dirigido por Paulo Bittencourt e com Costa Rego na chefia da redação, já denunciava o golpe do Estado Novo. E o articulista Rodolfo Mota Lima, amigo alagoano de Graciliano Ramos, se destacava em driblar a censura. Em 1940, definido a favor dos Aliados, o jornal quase foi fechado por apoiar o bloqueio dos ingleses ao navio *Siqueira Campos*, que transportava material bélico da Alemanha para o Brasil. Em 1945, publicou uma entrevista de José Américo de Almeida ao jornalista Carlos Lacerda, com crítica aberta ao Estado Novo.

Quando de sua passagem pelo Rio de Janeiro de agosto de 1914 até setembro de 1915, em cartas para seus pais e irmãs Graciliano se refere ao trabalho no *Correio da Manhã* (Cf. RAMOS, 2011, p. 39-89). Depois da passagem pelo *Correio* na juventude, Graciliano foi revisor do jornal, em substituição a Aurélio Buarque, de 1947 até o fim da vida. E lá trabalharam também Otto Maria Carpeaux, Renard Perez, Antonio Callado, Carlos Drummond de Andrade, Newton Rodrigues, entre outros. O *Correio da Manhã* foi extinto em 1974: opositor ao governo, não sobreviveu ao regime militar instalado em 1964.

9. *O Século*: jornal dirigido por Brício Filho, que era seu proprietário, um dos primeiros colaboradores do *Correio da Manhã*. Localizado na avenida Central, no Rio de Janeiro, *O Século* circulou de 1906 até 1916. Vespertino, com apenas quatro páginas e escassa publicidade, contou, no entanto, com colaboradores de prestígio em círculos políticos e intelectuais, como Lauro Sodré, Estevam Lobo, Osório de Brito, Silva Marques e Germano de Oliveira. Com as iniciais A.A, Artur Azevedo (1855-1908) assinava semanalmente no jornal as colunas "Contos Ligeiros" e "Theatro a Vapor". Cf. Siciliano (2011).

10. *A Tarde*: a 26 de agosto de 1915, o jovem Graciliano deu notícia ao pai, Sebastião Ramos de Oliveira, de que aceitara o trabalho de revisor no jornal *A Tarde*, do

Rio de Janeiro. Na carta, esclarece que o emprego lhe servia para sustentar-se e porque "sempre se está melhor com a consciência quando se está ocupado". Assumira o trabalho considerando em passá-lo para o amigo Joaquim Pinto Mota Lima, se fosse necessário mesmo deixar o Rio. E em setembro Graciliano voltou para Palmeira dos Índios, onde a peste bubônica matara familiares seus (RAMOS, 2011, p. 87-88).

11. José Gomes Pinheiro Machado (Cruz Alta, Rio Grande do Sul, 1851 — Rio de Janeiro, Rio de Janeiro, 1915) foi eleito senador em 1891, participou da primeira Constituinte republicana e articulou as lideranças políticas do Norte e Nordeste, de Minas Gerais e do Rio Grande do Sul a favor da campanha de Hermes da Fonseca à presidência da República, contra Rui Barbosa, candidato dos paulistas, em 1910. Escreve Graciliano na *Pequena história da República*: "Uma reedição de Marcelino Bispo / Pinheiro Machado, homem rijo que se tinha feito combatendo os federalistas, subira demais e ultimamente havia organizado o Partido Republicano Conservador. Para as oligarquias nordestinas, apeadas no tempo do marechal Hermes, era quase um Deus. / Foi assassinado, no hotel dos Estrangeiros, a 8 de setembro de 1915, por Manso de Paiva, que não se suicidou na prisão, como devia. / Cumprida a sentença, Manso de Paiva anda por aí, mais ou menos vivo" (RAMOS, 1962a; 2014, p. 177).

12. A Francisco Alves foi uma livraria e editora carioca que esteve em atividade desde 1854, quando se chamava Livraria Clássica, até a década de 1990. Em 1882, Francisco Alves de Oliveira regressa ao Brasil e passa a trabalhar com seu tio, o imigrante português Nicolau Antônio Alves. Com ênfase na produção de livros didáticos, a casa editorial se expandiu, instalando-se na rua do Ouvidor. A Francisco Alves firmou-se como ponto de reunião literária, contando com Olavo Bilac, Sílvio Romero, Guimarães Passos, João Ribeiro, entre outros (MACHADO, 2008, p. 79-81; HALLEWELL, 2005, p. 277-294).

13. A editora de Baptiste-Louis Garnier, que funcionou no Rio de Janeiro de 1844 a 1934, era filial da Garnier Frères, de Auguste e Hippolyte. Fornecia livros franceses (Dumas pai, Victor Hugo, Octave Feuillet, Júlio Verne etc.) e estrangeiros e editou 655 obras de escritores brasileiros do século XIX, como Joaquim Manuel de Macedo, José de Alencar e Machado de Assis. Nas quatro últimas décadas do século XX, a Livraria Garnier, na rua do Ouvidor, foi ponto de encontro desses e de outros intelectuais, como José Veríssimo, Sílvio Romero, Joaquim Nabuco, Rui Barbosa, Olavo Bilac, Alberto de Oliveira, Raimundo Correia, Coelho Neto,

Medeiros e Albuquerque, Araripe Júnior, Mário de Alencar, entre outros. Segundo aponta Ubiratan Machado (2008, p. 45-47), a Garnier, "quase um mito", visitada como um templo por quem ia à cidade, foi a livraria mais importante do Rio de Janeiro no século XIX e início do XX (Cf. GRANJA, 2013, p. 20-31; HALLEWELL, 2005, p. 195-225)

14. *Mercure de France* foi uma revista literária francesa, voltada para a literatura e outras artes, fundada em 1890 por Alfred Vallete (surgiu em 1762 como *Le Mercure Galant*). Lançou-se como editora e publicou autores como Nietzsche, André Gide, Paul Claudel, Guillaume Apollinaire. Em 1958, foi comprada pela Gallimard.

15. O "Solau do desamado", de Manuel Bandeira (1886-1968), integra *A cinza das horas*, obra publicada em 1917. Cf. Bandeira (1967, p. 169-170; 2013, p. 79-80).

16. Dias (1848; 1944).

17. Trata-se da antologia *Contos e novelas*, composta de cem contos, distribuídos em três volumes, segundo as regiões do país: I, Norte e Nordeste; II, Leste; e III, Sul e Centro-Oeste. Seus três volumes saíram postumamente: em 1957, pela Livraria Editora da Casa do Estudante do Brasil; e, em 1966, pelas Edições de Ouro, com o título *Seleção de contos brasileiros*. O "Prefácio para uma antologia", de Graciliano Ramos, consta também de *Linhas tortas*. A antologia de contos brasileiros é assunto recorrente em outras entrevistas aqui reunidas: "Como eles são fora da literatura: Graciliano Ramos", Homero Senna, *Revista do Globo*, 1948; e "Nossos escritores — Graciliano Ramos: 'Sempre fui antimodernista'", José Tavares de Miranda, *Folha da Manhã*, 1951.

18. Como se sabe, entre janeiro de 1928 e março de 1930, Graciliano assumiu o cargo de prefeito de Palmeira dos Índios. Por meio de dois relatórios de prestação de contas que enviou, a 10 de janeiro de 1929 e a 11 de janeiro de 1930, ao governador das Alagoas, Álvaro Paes, passou a ser reconhecido como homem público e escritor fora da província, alçando, inclusive, certa notoriedade em âmbito nacional. Ambos os documentos se tornaram públicos e conseguiram recepção extremamente favorável em diversos órgãos de imprensa. O primeiro deles, depois de ganhar as páginas do *Diário Oficial*, em 1929, e de ser louvado pelo chefe do Estado, foi tomado pelo *Jornal de Alagoas* como um testemunho "dos mais expressivos e interessantes". Em seguida, numa reação em cadeia, outros periódicos alagoanos, *O Semeador* (4 e 5 fev. 1929) e o *Correio da Pedra* (15 set. 1929), trataram do texto. Trechos dele foram publicados também no Recife, no *Diário da Manhã* (mar. 1929), no Rio de Janeiro no *Jornal do Brasil*,

em *A Manhã* (12 maio 1929, p. 14) e em *A Esquerda*, periódico dirigido por Pedro Mota Lima. Cf. Ramos (1994).
19. Graciliano compôs as *Memórias do cárcere*, referidas nesta entrevista como *Memórias da prisão*, num trabalho dedicado, lento e contínuo, desde 1946. Publicação póstuma (1953), falta-lhe apenas o último capítulo. O filho Ricardo, na "Explicação final", conta que Graciliano não se importava com o título da obra, ora se inclinando para este que prevaleceu, ora preferindo *Cadeia*.
20. Ver: BANDEIRA, Manuel. "A nova gnomonia". In: *Crônicas da Província do Brasil* (Rio de Janeiro: Civilização Brasileira, 1937; Org. Júlio Castañon Guimarães. São Paulo: Cosac Naify, 2006). Em homenagem ao amigo Jayme Ovalle (Belém, Pará, 1894 — Rio de Janeiro, Rio de Janeiro, 1955), compositor e poeta, Manuel Bandeira escreveu o poema "Ovalle" (*Estrela da tarde*) e os textos "Ovalle I, II e III", *Flauta de papel* (BANDEIRA, 1967). Cf. Werneck (2008).
21. Segundo relembra Paulo Mendes Campos, escritor e jornalista do *Correio da Manhã* quando Graciliano trabalhava como revisor do periódico, o autor de *Angústia*, de fato, demorava-se nos dicionários com obstinação, ao mesmo tempo que solicitava aos autores dos textos por ele revisados explicações sobre eventuais "erros de português e tibiezas de estilo" (CAMPOS, 1953, p. 36).

E o dicionarista Aurélio Buarque se recorda dos tempos de Maceió em que espiava, por um buraco de fechadura, o romancista acompanhado de seu dicionário e demais instrumentos de trabalho, quando da escrita de *Angústia*: "Com a cachaça e o fumo, era o café, por assim dizer, um dos seus materiais de trabalho — quase tão indispensável quanto o papel, a pena, o tinteiro, o dicionário de Aulete e uma régua. *Aulete* era manuseado a cada momento, depois de pronto um capítulo, um trecho do romance, no trabalho, penoso para Graciliano Ramos, da correção. A propriedade de expressão é, mais que tudo, o desespero desse escritor: e ele ouvia os conselhos do bom dicionarista a esse respeito. Também quanto à grafia, ia com Aulete em toda a linha, quase: *ancia, defuncto, cannella...*" (HOLANDA, 1944, p. 1-2).
22. As *Obras completas* de Graciliano saíram pela José Olympio em 1947.
23. A edição americana de *Angústia* é: *Anguish*. Translated from the Portuguese by L. C. Kaplan. Nova York: A. A. Knopf, 1946.
24. Os três livros traduzidos para o espanhol: *Angustia*: novela. Traducción, prólogo y notas de Serafín J. Garcia. Montevidéu: Independencia, 1944. Colección Grandes Novelistas; *Vidas secas*: novela. Traducción y prólogo de Bernardo Kordon. Buenos

Aires: Ed. Futuro, 1947; *Infancia*. Traducción de Bernardo Kordon. Buenos Aires: Siglo Veinte, 1948.

25. Depois de atuar como inspetor no Colégio da Mabe, sigla da Moderna Associação Brasileira de Ensino, mantenedora do estabelecimento, no qual três de seus filhos estudaram (Ricardo, Luiza e Clara), Graciliano passa a inspecionar o Colégio de São Bento. Embora não se tenha notícia de uma portaria que informe a data do início de sua atuação na escola comandada pelos beneditinos, documentos portadores de sua assinatura e depoimentos de terceiros permitem dimensionar sua passagem por essa instituição entre 1943 e 1948 (SALLA, 2019, p. 22-49).

26. Além de participar como jurado de alguns concursos literários, Graciliano frequentemente era recrutado a avaliar os originais que jovens escritores lhe entregavam. Entre outros, estes foram os casos de Guilherme Figueiredo, autor do romance *Trinta anos sem paisagem*, editado pela José Olympio em 1939, e de Alina Paim, escritora baiana cujos livros *Estrada da liberdade* (1944) e *Simão Dias* (1949) passaram pelo escrutínio do autor alagoano (cf. MORAES, 2012, p. 192-5).

Carta do Brasil: Graciliano Ramos fala ao *Diário Popular* acerca dos modernos romancistas brasileiros

1. Soromenho (1949, p. 4, 9).
2. Fernando Monteiro de Castro Soromenho (Chinde, Moçambique, 1910 — São Paulo, São Paulo, 1968) foi jornalista, ficcionista e etnólogo. Escritor do movimento neorrealista português e da literatura angolana. Trabalhou em Angola na Companhia de Diamantes e como redator do *Diário de Luanda*. Jornalista em Lisboa desde 1937, em dezembro desse ano veio ao Brasil como correspondente especial do semanário *Humanidade*, do qual era chefe de redação, e estabeleceu relações com diversos intelectuais brasileiros. De volta a Portugal em meados de 1938, trabalhou como correspondente de *Dom Casmurro*, do Rio de Janeiro. Colaborou em vários periódicos de Lisboa, *A Noite, Jornal da Tarde, O Mundo Português, O Século, Diário Popular, Seara Nova, O Diabo*, e n'*O Primeiro de Janeiro*, do Porto. Crítico à ocupação colonial, foi obrigado pelo regime sala-

zarista a exilar-se na França, nos Estados Unidos e depois no Brasil. Publicou, entre outras obras: *Noite de angústia*, romance (1939), *Homens sem caminho*, romance (1941), *Rajada e outras histórias*, contos (1942), *Maravilhosa viagem dos exploradores portugueses* (1948), *Terra morta*, romance (1949); *Viragem*, romance (1957). *Terra morta* marca o início de sua segunda fase literária, que trata dos efeitos da colonização portuguesa. Em 1949, Soromenho veio ao Brasil como correspondente do *Diário Popular*. No Rio de Janeiro, providenciou, com o editor Arquimedes de Melo Neto, que dirigia a Casa do Estudante do Brasil, a publicação de *Terra morta* e a constituição de uma editora, a Sociedade de Intercâmbio Cultural Luso-Brasileira. Em 1965 passou a morar em São Paulo; foi professor de Sociologia na Faculdade de Filosofia, Ciências e Letras da Universidade de São Paulo e colaborou no Suplemento Literário de *O Estado de S. Paulo*. Cf. Bastide (1960; 2010), Mourão (1977) e blog sobre o escritor Fernando Monteiro de Castro Soromenho. Acervo Castro Soromenho. Disponível em: sobrecs.wordpress.com/biografia.
3. *Diário Popular*: jornal vespertino lisboeta de grande tiragem, publicado entre 1942 e 1991. Teve entre seus jornalistas Abel Pereira, António Rêgo Chaves, Eduardo Guerra Carneiro, Fernando Teixeira, Jacinto Baptista, Marina Tavares Dias, Manuel Gonçalves da Silva, Paulo David, Urbano Carrasco, entre outros.
4. Adolfo Vítor Casais Monteiro (Porto, Portugal, 1908 — São Paulo, São Paulo, 1972) foi poeta, crítico e novelista; dirigiu a revista *Presença*, com José Régio e João Gaspar Simões. Opositor a Salazar, foi preso várias vezes e se exilou no Brasil em 1954. Na dedicatória a um volume de *Insônia*, encaminhado a Casais Monteiro, Graciliano ressalta: "Adolfo Casais Monteiro, numa dedicatória-bilhete, V. me pediu coisas novas. O que tenho de mais novo é isto, umas histórias bem chinfrins, Deus Louvado. Abraço, Graciliano Ramos (Rio — 1947)." Em dedicatória ao livro *Caetés*, o romancista alagoano se dirige ao crítico português deste modo: "A Adolfo Casais Monteiro envio esta horrível literatice, reeditada porque os tempos aqui estão duros. Graciliano Ramos, Rio — 1947." Esses exemplares autografados pertencem à Biblioteca do Departamento de Estudos Portugueses e Românicos, da Universidade do Porto.
5. Nesta entrevista, de 1949, Castro Soromenho, que retornou ao Brasil como correspondente do *Diário Popular*, alude ao encontro com Graciliano de onze anos antes, registrado no texto "Um depoimento literário brasileiro: Marques Rebelo (Eddy)" (*O Primeiro de Janeiro*, Porto, 9 de agosto de 1939), que consta

do volume *Conversas*. Soromenho viera ao Brasil em dezembro de 1937 como correspondente especial do semanário *Humanidade*.
6. No artigo "Decadência do romance brasileiro", aqui reunido, Graciliano se vale desse mesmo marco para assinalar o declínio de seus colegas de geração. "E convém notar que essa queda se deu quando cessou a agitação produzida pela Revolução de Outubro. Subiram até 1935. Aí veio a decadência, o que veremos facilmente."
7. O contexto brasileiro de academismo e estagnação intelectual do início do século XX, incluindo a referência crítica a *Canaã* de Graça Aranha, foi sintetizado por Graciliano no mesmo artigo "Decadência do romance brasileiro", presente nesta edição.

Nossos escritores — Graciliano Ramos: "Sempre fui antimodernista"; "Traços de identidade"

1. Miranda (1951, p. 5).
2. José Tavares de Miranda (Vitória de Santo Antão, Pernambuco, 1916 — São Paulo, São Paulo, 1992) foi jornalista, poeta, escritor. Estudou direito e sofreu a repressão da ditadura Vargas, tendo sido membro da juventude comunista. Chegou a São Paulo com uma carta de apresentação em 1938 e tornou-se repórter policial do *Diário da Noite*. Dedicou-se também à poesia. Nas décadas de 1950-60, o "repórter Zé" destacou-se como colunista social na *Folha de S.Paulo*. Publicou, pela José Olympio: *Alambôa* (1942); *Poemas* (1944); *Galba dos infernos* (1946); *Tampa de canastra: poesia reunida* (1981). Cf. Silva (2011).
3. *Folha da Manhã*: edição matutina da *Folha da Noite*, foi criada em 1925 devido ao êxito da primeira, a qual, fundada em 1921 por Olival Costa e Pedro Cunha, buscava proximidade com assuntos que afetavam o cotidiano da população paulistana; já a *Folha da Tarde* surgiu em 1949. Os três títulos se fundiram em 1960, dando origem à *Folha de S.Paulo*. Dois anos depois, Octávio Frias de Oliveira e Carlos Caldeira Filho assumiram o controle da empresa Folha da Manhã.
4. Ver a nota 14 da entrevista aqui reunida "Como eles são fora da literatura: Graciliano Ramos", Homero Senna (1948).

5. Em carta ao amigo Joaquim Pinto da Mota Lima Filho, escrita em Palmeira dos Índios a 8 de fevereiro de 1914, Graciliano se refere à leitura de *O capital* e de outras obras: "Eu não faço nada. Comecei a ler a *Origem das espécies*, *O capital*, *A adega*, *Napoleão: o pequeno*, *A campanha da Rússia*, uma infinidade de gramáticas e outras cacetadas. De nenhum livro cheguei a ler vinte páginas" (RAMOS, 2011, p. 24).
6. Para informações sobre esses três periódicos, consultar as notas 8, 9 e 10, respectivamente, da entrevista "Como eles são fora da literatura: Graciliano Ramos", presente nesta edição.
7. Sobre os relatórios de Graciliano prefeito, ver a nota 18 de "Como eles são fora da literatura: Graciliano Ramos".
8. A radiografia da gestão de Graciliano Ramos à frente da pasta da Educação em Alagoas encontra-se no artigo-relatório "Alguns números relativos à instrução primária em Alagoas", publicado no *Diário de Pernambuco* a 28 de junho de 1935, e posteriormente recolhido em *Garranchos* (2012). A atuação de Graciliano enquanto diretor da Instrução Pública alagoana pautou-se pelo aumento do número de alunos na escola (acréscimo de 87,3%), pela construção de novas escolas e consequente expansão do ensino, pelo aperfeiçoamento do processo seletivo dos docentes, pela oferta de tecidos e calçados aos alunos, entre outros triunfos pedagógico-administrativos. Diante de tais conquistas, o *Jornal de Alagoas*, em editorial de 13 de dezembro de 1935, descreve o "sr. Graciliano Ramos" como um técnico no assunto: "Trabalhador compenetrado de seus deveres, decidido nas suas determinações, a sua obra, na Instrução Pública, dia a dia impõe-se ao respeito da coletividade" (SANT'ANA, 1992, p. 53).
9. Graciliano registrou o gesto de generosidade que recebeu de Cubano, exercido por meio da violência, no capítulo 29 do volume III, "Colônia Correcional", das *Memórias do cárcere*. Cubano e também o capitão Lobo, José Lins do Rego e José Olympio foram apontados pelo escritor como seus maiores amigos (Cf. o texto "Autorretrato de Graciliano Ramos aos 56 anos", *A Manhã*, "Letras e Artes", 1948, recolhido em *Conversas*, p. 324).
10. O termo criticado por Graciliano avulta em "O poeta come amendoim", texto de abertura de *Clã do jabuti*, no qual o eu lírico construído por Mário de Andrade pontua: "Brasil... / Mastigado na *gostosura* quente do amendoim... / Falado numa língua curumim" (ANDRADE, 2013, v. 1).

11. Extravagâncias modernistas como o uso de preposições em fim de período na língua portuguesa, mas também pedantismos, são alvos da crítica de Graciliano que, em "Uma palestra" (crônica aqui recolhida), sublinha a necessidade de clareza na escrita.
12. Considerado um rimancete (forma fixa de origem medieval comum na península Ibérica), "Solau do desamado" integra *A cinza das horas*, livro de estreia de Manuel Bandeira publicado em 1917.
13. Relativo a Afonso de Albuquerque (1453-1515), militar português que, grande conquistador de terras, se tornou governador da Índia. Sofreu às vésperas da morte, pois o rei d. Manuel I o substituiria por seu inimigo.
14. Em várias entrevistas, Graciliano destaca a cultura, os conhecimentos e a poesia de Bandeira, demonstrando ter predileção por tal escritor. Em suas *Memórias do cárcere*, narra haver recitado na prisão o soneto "Um sorriso", também de *A cinza das horas*, para o russo Sergio (como Rafael Kamprad era conhecido na prisão). Segundo relata Rubem Braga, embora o autor de *Infância* costumasse dizer que não gostava nem entendia de poesia, uma vez Lúcio Rangel o surpreendera no quarto da pensão a recitar um poema de Bandeira enquanto calçava os sapatos: "Bembelelém / Viva Belém / Nortista gostosa / Eu te quero bem!" Thiago de Mello conta o mesmo fato, mas menciona "Os sinos" e não "Belém do Pará": "— Sino de Belém / Toca [bate] bem, bem, bem... / Sino da paixão / Toca [bate] bão, bão, bão..." (BRAGA, 1978, p. 151-152; MELLO, 1953).
15. Sobre a antologia de contos organizada por Graciliano, consultar a nota 17 da entrevista, aqui recolhida, "Como eles são fora da literatura: Graciliano Ramos".

Graciliano Ramos: romance é tudo nesta vida

1. Mendes (1952, p. 14-17). A reportagem vem acompanhada de fotos feitas por Aymoré Marella. Leiam-se as legendas:
   Graciliano, sessenta anos, casado pela segunda vez, duas filhas e três filhos, comunista, admira a Bíblia [Ele teve três filhas e cinco filhos, dois dos quais haviam falecido].
   Sobre a Rússia: *"Certas pessoas voltam de lá achando que aquilo é um Paraíso. Outras voltam dizendo horrores. Escreverei uma coisa diferente."*

O ANTIMODERNISTA

Os escritores brasileiros prestaram a Graciliano Ramos uma homenagem comovente. Ressentimentos foram esquecidos e todos se uniram em torno do "velho Graça", nosso maior romancista.

Foi uma consagração a festa na Câmara Municipal no dia em que "Mestre Graça" completou sessenta anos de idade. José Lins do Rego, falando em nome dos escritores brasileiros, declarou: "Viemos aqui para dizer que Graciliano Ramos é o maior de todos nós." Mas Graciliano responde, modesto: "Nunca fiz nada que preste."

A filha de Graciliano fala em seu nome.

Jorge Amado também homenageou Graciliano. Todos quiseram homenagear Graciliano Ramos. Portinari compareceu para saudar seu amigo.

Sobre literatura: "A literatura está sempre a serviço de uma classe. E como no Brasil a classe dominante está em decadência também a literatura é decadente."

Enquanto na Câmara Municipal escritores de todas as tendências saudavam Graciliano Ramos, o escritor, doente, conversa em casa com o repórter. E à pergunta sobre qual seria a solução para o escritor brasileiro, responde: "A revolução. Os escritores de hoje e de amanhã têm que ser os escritores da revolução."

2. José Guilherme Mendes, romancista, cronista, tradutor e jornalista. Realizou, em 1953, uma série de reportagens sobre a implantação do socialismo na Polônia, fato que o encantou, conforme relata Jorge Amado, que encontrou à época o jornalista em Varsóvia. Numa delas, vê-se como as palavras da entrevista de Graciliano ecoaram nas impressões que José Guilherme Mendes (1955, p. 1, 8) teve da Rússia:

"[...] Em todo o decorrer desta série de reportagens, haverá de encontrá-los — os selvagens de Sótchi, de Varsóvia ou de Berlim.

Lembro-me de Graciliano Ramos, dizendo de volta da União Soviética:

— Quero escrever um livro, mostrando que aquilo não é o Paraíso nem o Inferno, pois nada disso existe.

Nunca disse Graciliano coisa mais exata. 'Nem Inferno, nem Paraíso — assim é a União Soviética; ou, pelo menos, assim me pareceu, nos 25 dias que ali passei.'"

Tais reportagens resultaram no livro *Moscou, Varsóvia, Berlim: o povo nas ruas* (1956). José Guilherme Mendes publicou também: *Doorway to Brasilia*, com Elaine Goff (1959); *Brasília* (1957); *Gato na janela: romance policial* (1980); *...E assim nasceu um empregado de mesa* (1983). Traduziu o romance russo *O degelo*, de Ilya Grigorievich Ehrenburg (1959). Um dos pioneiros da correspondência internacional, Guilherme Mendes tinha como apelido "Passaporte": vivia em trânsito para *O Globo, Diários Associados* e *Última Hora*, onde terminou sua carreira como editor-executivo. Em *Última Hora*, publicou *A face oculta da América*, série de reportagens sobre os Estados Unidos, onde viveu durante três meses (Cf. COUTINHO; SOUSA, 2001, p. 1.055; AMADO, 2012).

3. *Manchete* foi uma revista publicada semanalmente de 1952 a 2000 pela Bloch Editores. Criada por Adolpho Bloch (Jitomir, Ucrânia, 1908 — São Paulo, São Paulo 1995), inspirava-se na ilustrada parisiense *Paris Match* e sua principal forma de linguagem era o fotojornalismo. Surgiu disposta a competir com *O Cruzeiro*, tendo Henrique Pongetti como diretor-responsável, redator e repórter. Trazia reportagens originais e grande colaboração literária. Sua equipe de jornalistas e colaboradores incluiu Carlos Drummond de Andrade, David Nasser, Fernando Sabino, Joel Silveira, Manuel Bandeira, Otto Maria Carpeaux, Paulo Mendes Campos, Rubem Braga, entre outros. No início, fazia fotorrecortagem, mas as fotografias eram impressas com qualidade técnica. De 1954 a 1957, Otto Lara Resende foi diretor de redação, substituído por Nahum Sirotsky e, em 1959, por Justino Martins. Sua equipe de fotógrafos contou com Orlando Machado, Raul Perdigão, Aymoré Marella, Gervásio Batista, Jean Manzon, Nicolau Drei. *Manchete* se consolidou quando Juscelino Kubitschek chegou à presidência do país (LOUZADA DA SILVA, 2004).

4. Publicação póstuma, o livro *Viagem* saiu em setembro de 1954 pela José Olympio, com capa de Candido Portinari. Interrompido pela morte do autor quando alguns capítulos estavam em esboço, inclui os 34 capítulos mencionados, mais notas pormenorizadas do diário da viagem para a União Soviética e a Checoslováquia. *Viagem* está na 22ª edição, publicada em 2013 pela Record.

5. Referência à conferência "Haverá uma crise no romance brasileiro?", proferida pela escritora Dinah Silveira de Queiroz no Teatro de Bolso, na cidade do Rio de Janeiro, em Ipanema, em 20 de outubro de 1952. A um repórter a autora teria adiantado que demonstraria "ser a causa de certo desprestígio do romance o fato de não haver nele mais o bom herói, munido de bons sentimentos, capaz, honesto, vitorioso — o herói positivo segundo sua expressão. Esse herói está nos filmes e nas novelas de rádio. O tema será objeto de debate" (DINAH, 1952, p. 2).

6. A preferência de Graciliano pelo realismo como forma artística autêntica, a qual ele já declarava em sua primeira entrevista, de 1910, expressa-se também

em suas críticas dos anos 1930 e 1940 a romances abstratos, alheios ao "fator econômico". Vejam-se os artigos "Norte e sul" (1937) e "O fator econômico no romance brasileiro" (1945), em *Linhas tortas*, e "Decadência do romance brasileiro" (1941), presente nesta edição e em *Garranchos*. Já em *Caetés* (1933), tal concepção de literatura de Graciliano ganhou forma, em especial na impossibilidade de João Valério escrever um romance histórico sobre os índios sem conhecer história. E a escrita da trajetória de sofrimentos experienciados seria determinante na ficção de Graciliano, como também em seus livros de memórias, posteriores à prisão. "Só me abalanço a expor a coisa observada e sentida", sintetizaria ele nas *Memórias do cárcere* (vol. 1, capítulo II). Tanto é assim que, no *Retrato fragmentado*, Ricardo Ramos se recordaria de que o pai desistiu de compor um romance carioca porque "não sentia aquilo", preferindo a caatinga à beleza do Rio de Janeiro. Mas a experiência vivida na então capital desde a saída do cárcere fez o artista alagoano cogitar um romance, em muito inspirado nas diferenças políticas, estéticas, que se reuniam, desde as prateleiras, na casa editora da rua do Ouvidor, segundo se lê na crônica de Graciliano "A livraria José Olympio". Em carta ao filho Júnio, de 9 de abril de 1938, fala de um projeto vago de ficção, que iria "da favela ao arranha-céu onde os tubarões da indústria digerem o país, e entre o morro e o escritório — a livraria, o jornal, a pensão do Catete, o restaurante Reis, o bar automático, o cinema, o teatro, o mangue e o café da Cinelândia" (RAMOS, 2011, p. 280). O livro não foi escrito, mas Graciliano esboçou quatro contos-capítulos, tendo publicado apenas o primeiro deles, "A prisão de J. Carmo Gomes", na imprensa em 1940 e em *Insônia* em 1947. O segundo capítulo, inacabado, e uma análise do conjunto foram apresentados por Erwin Torralbo Gimenez (2013). O terceiro e o quarto capítulos foram dados a público por Fernando Cristóvão (1971; 1983).

7. Entende-se que o realismo de Graciliano se configura ao articular, artisticamente juntos, nos termos aqui citados de Carpeaux, o "problema social" e o "problema moral" da gente do país (CARPEAUX, 1999, p. 884). Ou seja, seu realismo ganha forma por meio de uma construção que articula a representação social crítica da realidade nordestina e a expressão de impasses subjetivos de seus viventes, despertando consciência e comoção nos leitores. Os pressupostos dessa abordagem estão em Bosi (1985; 2006). Esse sentido de realismo se afasta de tendências abstracionistas, formalizantes, universalizantes, de fugas oníricas e de um alheamento pretensamente apolítico. Como diz Graciliano, ele jamais conceberia "um romance abstrato, um romance de fuga".

Entusiasmado ao tratar de *Subterrâneos da liberdade*, de Jorge Amado, Pedro Mota Lima destaca que, além das virtudes de um escritor — o talento, a imaginação, o conteúdo verídico, a técnica —, importa sobretudo a sua posição, sua perspectiva. Observa que esta se manifesta sempre, inclusive "no abstracionismo, no surrealismo aparentemente delirante, nas fugas oníricas, em todo o pretenso apoliticismo em arte e literatura". Então, de Jorge Amado, exalta a consciência de seu papel "a serviço da classe operária e do povo", de "escritor de partido" (LIMA, 1954). Note-se que o estilo de Graciliano, combinando circunspecção, introspecção e respeito (termos com a mesma raiz *specio*, de *espelho* e *perspectiva*) às palavras e aos seres, se afastava tanto do panfletário, como do abstracionismo.

8. Graciliano pode estar se referindo ao "neomodernismo", termo cunhado por Alceu Amoroso Lima em 1947 para designar a nova geração surgida em 1945, após a morte de Mário de Andrade. Segundo o crítico, se o modernismo, pautado por uma diretriz nacionalista, colocou-se contra tudo que representasse "uma tradição, um passado, uma permanência", o neomodernismo não teria caráter insurrecional e privilegiaria o universal. O crítico continua com as comparações: ao passo que o modernismo se revelou conformista em política e revolucionário em estética, o novo modernismo se mostra revolucionário em política, mas reacionário em estilo, preconizando a volta "às disciplinas, às metrificações populares, aos ritmos clássicos, às rimas, a tudo o que o liberalismo modernista parecia ter banido para sempre" (ATAÍDE, 1947, p. 4, republicação de artigo saído originalmente no número de julho de 1947 da revista *A Época*, editada pela Faculdade Nacional de Direito).

9. Frase pronunciada por Paulo Honório, narrador protagonista de *S. Bernardo* (1934), quando decide contar sua história: "De resto isto vai arranjado sem nenhuma ordem, como se vê. Não importa. Na opinião dos caboclos que me servem, todo caminho dá na venda" (RAMOS, 1934; 1953b, p. 10).

10. Sobre a predileção de Graciliano pela Bíblia, conferir também os seguintes depoimentos e entrevistas do escritor reunidos no livro *Conversas*: "Autorretrato de Graciliano Ramos aos 56 anos", *A Manhã*, "Letras e Artes", 1948 (p. 323-325) e "Afirma Graciliano Ramos: 'Não me considero um escritor'", *Folha da Manhã*, 1949 (p. 219-223). Segundo Ricardo Ramos, filho de Graciliano, seu pai conhecia a *Bíblia* de cor e salteada (contos e novelas, poemas, provérbios e parábolas), mais por interesse literário. "O seu exemplar do livro sagrado,

uma edição da Garnier (1864), está cheio de anotações. Em letra miúda, à margem, ele opina, glosa, divaga. Com toda a irreverência de que era capaz" (RAMOS, R., 2011, p. 120). Para mais informações sobre esse tema, ver Salla (2021, p. 135-167).

III. Cartas

Carta a Joaquim Pinto da Mota Lima Filho
Palmeira, 18 de agosto de 1926

1. Carta a Joaquim Pinto da Mota Lima Filho, Palmeira dos Índios, 18 de agosto de 1926. Trata-se do documento n. 34 do volume *Cartas* (RAMOS, 2011, p. 108--111). Publicado em 1980 pela editora Record/MPM-Comunicações, o livro traz a correspondência do escritor com o amigo Joaquim Pinto da Mota Lima Filho e com familiares — os pais, irmãs, a esposa Heloísa e filhos. Essa edição especial, com o retrato traçado por Portinari na capa, reúne 103 cartas do romancista. Em 1992, por ocasião do centenário de Graciliano, a Record lançou a sétima edição, acrescidos nove documentos. E essa edição de 112 cartas foi relançada em 2011. Os manuscritos das cartas constam do Arquivo Graciliano Ramos, do Instituto de Estudos Brasileiros da Universidade de São Paulo (IEB-USP).
2. Joaquim Pinto da Mota Lima Filho foi jornalista viçosense e, segundo Heloísa Ramos, "amigo de toda a vida" de Graciliano. E também os irmãos de Joaquim Pinto, principalmente Pedro e Rodolfo. O leitor de *Infância* (1945) se lembrará da transfiguração dos Mota Lima no início do capítulo "Os astrônomos": "Aos nove anos, eu era quase analfabeto. E achava-me inferior aos Mota Lima, nossos vizinhos, muito inferior, construído de maneira diversa. Esses garotos, felizes, para mim eram perfeitos: andavam limpos, riam alto, frequentavam escola decente e possuíam máquinas que rodavam na calçada como trens. Eu vestia roupas ordinárias, usava tamancos, enlameava-me no quintal, engenhando bonecos de barro, falava pouco" (RAMOS, 1945, p. 213).

   No volume *Cartas*, há oito missivas de Graciliano Ramos para Joaquim Pinto Mota Lima no intervalo de 1911 a 1914, enviadas de Palmeira dos Índios. Reveladoras da disposição afetiva e intelectual que os aproximava, as cartas

NOTAS

entre o jovem Graciliano e Joaquim Pinto deixam ver traços da formação do romancista: leituras feitas à época e primeiros esboços literários, como sonetos e um conto de nome "Sudra" (pária). Nessas missivas, surpreende-se seu desejo de sair de Palmeira dos Índios: suas inquietações intelectuais iam além da pequena província, precária de condições sociais e culturais, onde, insatisfeito, vendia chita; ao mesmo tempo, tinha apego por sua terra e duvidava da existência de civilização também fora dali. Na ânsia por novos horizontes, decide ir para o Rio em busca de trabalho na imprensa e convida o amigo a cavarem juntos a vida.

A 17 de agosto de 1914 embarcaram no navio *Itassucê*, de Maceió para a capital federal, onde já vivia Rodolfo Mota Lima, irmão de Joaquim. Nas cartas do Rio, Graciliano relata sua busca por trabalho nos jornais: foi suplente de revisor no *Correio da Manhã* e n'*O Século*; revisor efetivo em *A Tarde*. Colaborou como R. O. (Ramos de Oliveira) para o jornal fluminense *Paraíba do Sul* e para o *Jornal de Alagoas*, publicações reunidas postumamente em *Linhas tortas* e em *Garranchos*. Nos diálogos epistolares com a família, pondera sobre a sua experiência e a do amigo: julga natural sentirem nostalgia da aldeola, mas enfatiza a necessidade de lutarem ante os muitos "choques da adversidade". Deplorando curvaturas, adulações e publicidades, agrada-lhe ganhar dinheiro graças a seu próprio esforço. No entanto, tragicamente, teve de voltar a Palmeira dos Índios em setembro de 1915: seus irmãos Otacília, Leonor e Clodoaldo e seu sobrinho Heleno haviam morrido, vítimas da peste bubônica. Imagina-se a dor do jovem com a perda repentina dos familiares, das irmãs queridas que conhecemos por meio das cartas. De volta a Alagoas, Graciliano se correspondia com Joaquim Pinto; há seis cartas publicadas, remetidas de Palmeira dos Índios, três de 1921, duas de 1926 e uma de 1930.

3. Trata-se do poema "Iara", de Mário de Andrade (1926, p. 6). O periódico *Terra Roxa e Outras Terras* no qual esse texto foi inicialmente publicado tinha por diretores A. C. Couto de Barros e Antônio de Alcântara Machado; e Sérgio Milliet era seu secretário e administrador. Eis o poema:

"Neste rio tem uma iara... // De primeiro o velho que tinha visto a iara / Contava que ela era feiosa, muito! / Preta gorda manquitola ver peixe-boi. / Felizmente velho já morreu faz tempo! / Duma feita, madrugada de neblina, / Um moço que sofria de paixão / Por causa duma índia que não queria ceder para ele / Se levantou e desapareceu na água do rio. / Então principiaram falando que a iara cantava,

259

era moça, / Cabelos de limo verde do rio. / Ontem o piá brincabrincando / Subiu na igara do pai abicada no porto, / Botou a mãozinha na água funda / E vai, a piranha abocanhou a mãozinha do piá. / Neste rio tem uma iara..."

Com o título "Poema", foi publicado no ano seguinte em *Clã do jabuti* (1927). Antes disso, em 7 de maio de 1925, Mário enviou a Manuel Bandeira uma das primeiras versões do texto e pediu que o amigo desse um nome ao poema (ANDRADE; BANDEIRA, 2001, p. 207).

4. O apego a hábitos tem como provável referência *Monsieur Bergeret à Paris* (1900), de Anatole France.
5. Referência ao capítulo 4 da Parte I, "Uma viagem a Lilliput", de *As viagens de Gulliver* (1726), do irlandês Jonathan Swift (1667-1745): deixando ver a relatividade das coisas e as consequências ruins, como guerras e mortandade, advindas de modas e imposições absurdas, ironiza as arbitrariedades e as querelas inúteis, como a obrigatoriedade de quebrar os ovos por determinado lado.
6. Trata-se de *A Amazônia misteriosa*, romance de Gastão Cruls (1888-1959), publicado em 1925. Ficção científica brasileira cujo cenário é a selva amazônica, inspira-se em *A ilha do dr. Moreau*, de H. G. Wells *(The Island of Dr. Moreau*, 1896*)*.
7. Graciliano Ramos teve quatro filhos com Maria Augusta de Barros (1896-1920): Márcio (1916-1950), Júnio (1917-1975), Múcio (1919-1994) e Maria Augusta (1920-1980).
8. O poema "O melro" integra a obra *A velhice do Padre Eterno*, de Guerra Junqueiro (1885, p. 125-143).
9. O dr. Mota é o farmacêutico Joaquim Pinto da Mota Lima, pai do interlocutor da carta. Autor de *Conferências científicas e doutrinárias — A mulher e a ciência do dever. A água. A luz* — ministradas em Viçosa e Maceió em 1908 (Maceió, Tipografia Comercial, 1909). Colaborou regularmente com o *Jornal de Alagoas* e nos anos 1920, a pedido de Graciliano, escreveu dois artigos para o jornalzinho *O Índio*, de Palmeira dos Índios (RAMOS, 2011, p. 97).
10. Como se observou, Rodolfo, Doca (apelido de Pedro) e Paulo são os irmãos de Joaquim Pinto da Mota Lima Filho. Desde os anos 1920, os Mota Lima já moravam no Rio, e Pedro viria a ser um dos divulgadores, na capital, dos Relatórios de Graciliano prefeito.

NOTAS

Carta a Heloísa de Medeiros Ramos
São Paulo, 1º de março de 1937

1. Carta a Heloísa de Medeiros Ramos. São Paulo, 1º de março de 1937. Trata-se do documento n. 94 do volume *Cartas* (RAMOS, 2011, p. 244-247). Manuscrito pertencente ao Instituto de Estudos Brasileiros, Arquivo Graciliano Ramos, código de referência GR-CA-113.
2. Heloísa Leite de Medeiros Ramos (Maceió, Alagoas, 1910 — Salvador, Bahia, 1999) conheceu o viúvo Graciliano aos 17 anos, em fins de 1927, já pai de quatro filhos; três meses depois se casaram, tiveram quatro filhos — Ricardo, Roberto, Luiza e Clara — e viveram juntos por 25 anos. Referida nas cartas também como Ló, d. Ló, sinha Ló e Mamãe. Em maio de 1936, viajou de Alagoas para o Rio de Janeiro, capital federal, para libertar Graciliano da cadeia. Depois da morte do marido (1953), dedicou-se à preservação de sua obra: com o filho Ricardo e o genro James Amado, irmão de Jorge e casado com Luiza, organizou os volumes *Linhas tortas* e *Viventes das Alagoas: quadros e costumes do Nordeste*, publicados em 1962 pela Martins. Mantendo a prática de guardar recortes da imprensa a respeito da vida e da literatura do escritor, em 11 de outubro de 1980 Heloísa doou o Arquivo Graciliano Ramos ao Instituto de Estudos Brasileiros da Universidade de São Paulo (IEB-USP), que reúne esses recortes, manuscritos, correspondência, documentos pessoais, fotografias, traduções e livros. No mesmo ano, saiu o volume *Cartas*, com nota de abertura escrita por Heloísa e edição e notas preparadas por James Amado.
3. Confira-se a nota 16 da crônica "Conversa de livraria", presente nesta edição.
4. Sérgio Milliet da Costa e Silva (São Paulo, São Paulo, 1898 — São Paulo, São Paulo, 1966), escritor, crítico de arte, sociólogo, professor, tradutor e pintor. Fez os estudos primários e secundários em São Paulo. Em 1912, foi para a Suíça, onde cursou Ciências Econômicas e Sociais. Publicou seus primeiros livros de poesia, *Par le sentir*, em 1917, e *Le départ sur la pluie*, em 1919. Voltou ao Brasil em fins de 1920, participou da Semana de 22 e defendeu os ideais modernistas na literatura e nas artes plásticas. Colaborou nas revistas *Klaxon*, *Terra Roxa*, *Ariel* e *Revista do Brasil* e traduziu poemas de modernistas brasileiros para a revista *Lumière*. Em 1927, tornou-se gerente do *Diário Nacional*, jornal paulista do Partido Democrático.

Em 1935, ligou-se a Paulo Duarte, Mário de Andrade, Rubens Borba de Moraes e Tácito de Almeida, grupo de intelectuais que idealizaram o Departamento de Cultura da Prefeitura de São Paulo, e foi nomeado chefe da Divisão de Documentação Histórica e Social desse departamento. De 1937 a 1944, atuou como professor da Escola de Sociologia e Política de São Paulo. A partir de 1938, colaborou com crítica de arte em *O Estado de S. Paulo*; e, entre 1941 e 1944, na revista *Clima*.

Foi um dos articuladores do Museu de Arte Moderna de São Paulo, MAM/SP, diretor da Biblioteca Municipal Mário de Andrade, além de membro da Academia Paulista de Letras e do Instituto Histórico da Sociedade de Etnografia e Folclore. Destacou-se na pintura e publicou, entre outras obras: *Pintores e pintura* (1940); *Fora de forma* (1942); *A marginalidade da pintura moderna* (1942); *Diário crítico* (1944-1956, dez volumes); *Panorama da poesia brasileira* (1952).

5. Murilo Miranda (1912-1971), diretor e articulador mais importante da *Revista Acadêmica*, cuidava da seleção e dos contatos com os colaboradores, acompanhava a produção nas tipografias e batalhava por anúncios para viabilizar a publicação. Formou-se na Faculdade Nacional de Direito do Rio de Janeiro em 1936. Foi também diretor de publicidade do Serviço de Alimentação da Previdência Social (Saps), tendo lançado a revista *Cultura e Alimentação*. Dirigiu o Theatro Municipal e a Rádio do Ministério da Educação, a Roquete Pinto. Foi crítico de arte da *Tribuna da Imprensa*, além de editor da RA, iniciais da mesma *Revista Acadêmica*, que publicou as edições de luxo *Mangue*, com desenhos de Lasar Segall e prefácios de Mário de Andrade e Manuel Bandeira, além de *Poemas traduzidos*, de Manuel Bandeira, com ilustrações de Guignard. (VELASQUES, 2000).

6. *Revista Acadêmica*: criada em 1933 por Murilo Miranda, Moacir Werneck de Castro, Carlos Lacerda e Lúcio Rangel, jovens estudantes da Faculdade de Direito no Rio de Janeiro, contou também com Mário de Andrade, que viveu no Rio de Janeiro de 1938 a 1941. Existiu até 1945, tendo publicado setenta números, voltados ao novo no pensamento intelectual brasileiro.

Angústia foi publicado em agosto de 1936, quando Graciliano ainda se encontrava no cárcere. Foi agraciado com o Prêmio Lima Barreto, de 1936, pela *Revista Acadêmica*. Tal periódico também dedicou um volume, o de número 27, de maio de 1937, à análise do romance e a uma homenagem ao romancista alagoano.

NOTAS

7. Trata-se de Cid Bierrembach de Castro Prado (Campinas, São Paulo, 1895-1969), bacharel pela Faculdade de Direito de São Paulo, atuou como promotor público em Batatais (SP) e exerceu a advocacia na capital paulista. Foi deputado federal pelo Partido Republicano Paulista (PRP), de 1935 até novembro de 1937, quando o Estado Novo suprimiu os órgãos legislativos do país. Biógrafo, historiador, jornalista e conferencista, publicou diversos trabalhos no *Correio Paulistano* e as obras *A eloquência de César Bierrembach* (1947), *Viagem à Bahia* (1950) *e Martim Francisco* (1966).
8. Sérgio Milliet foi chefe da Divisão de Documentação Histórica e Social do Departamento de Cultura da Prefeitura de São Paulo.
9. Estanislau Rubens do Amaral (São Carlos, São Paulo, 1890 — São Paulo, São Paulo, 1964), jornalista e escritor, membro da Academia Paulista de Letras. Era primo da pintora Tarsila do Amaral e do poeta Amadeu Amaral. Um dos fundadores do *Diário da Noite*, foi seu redator-chefe e também do *Diário de São Paulo*. Dirigiu a *Folha da Manhã* e o *Correio de S. Paulo*. Foi deputado estadual e vereador na cidade de São Paulo, pela União Democrática Nacional (UDN). Publicações: *A campanha liberal* (1930); *Terra roxa* (1934); *União Soviética: Inferno ou paraíso?* (1953); *Os cristãos e o problema da terra* (1956); *Luzes do Planalto* (1962).
10. Julieta Bárbara: Confira-se a nota 5 da crônica "Conversa de livraria", aqui reunida.
11. Nonê de Andrade (São Paulo, São Paulo, 1914 — Guarujá, São Paulo, 1972), José Oswald Antônio de Andrade, filho de Oswald de Andrade, foi pintor, escritor, desenhista, cenógrafo, jornalista, músico, professor. Nos anos 1920, fez viagens de estudos à Europa e ao Oriente Médio. Em 1924, visitou as cidades históricas mineiras com o pai e amigos, como Tarsila do Amaral, Mário de Andrade e Blaise Cendrars. Seguiu seus estudos na Suíça. De volta ao Brasil em 1929, estudou pintura com Candido Portinari, Anita Malfatti e Lasar Segall. Participou do Clube dos Artistas Modernos (CAM), e colaborou no Teatro da Experiência, criado por Flávio de Carvalho. Na década de 1950, integrou o Grupo Guanabara, com Manabu Mabe e Takashi Fukushima. Foi redator de *A Gazeta* e escreveu livros para crianças, como *O saci que foi à Lua*. Dirigiu o Museu de Artes e Técnicas Populares e o Theatro Municipal de São Paulo.
12. Patrícia Rehder Galvão (São João da Boa Vista, São Paulo, 1910 — Santos, São Paulo, 1962), jornalista, escritora, poeta, diretora de teatro, tradutora, dese-

nhista, cartunista e militante política. Conhecida como Pagu, apelido dado pelo poeta Raul Bopp, que confundiu seu sobrenome com Goulart. Aos quinze anos, passou a colaborar no *Brás Jornal*, assinando Patsy, e foi aluna de Mário de Andrade no Conservatório Dramático e Musical de São Paulo. Concluiu os estudos na Escola Normal em 1928. Participou da *Revista de Antropofagia* (1928-1929), casou-se em 1930 com Oswald de Andrade, e tiveram o filho Rudá. No ano seguinte, ingressou no Partido Comunista do Brasil e publicou a seção "A Mulher do Povo" no jornal *O Homem do Povo*, que editou com Oswald. Presa num comício em Santos, transferiu-se para o Rio de Janeiro. De volta a São Paulo, lançou em 1933 *Parque industrial*, romance proletário, com o pseudônimo Mara Lobo. No final desse ano, viajou pelo mundo, enviando matérias para o *Correio da Manhã* e o *Diário de Notícias*, do Rio, e o *Diário da Noite*, de São Paulo. Em Hollywood, entrevistou cineastas e atores e, na China, Sigmund Freud. Em Paris, assistiu a cursos da Universidade Popular e ingressou no Partido Comunista Francês; detida, foi salva da deportação para a Alemanha e repatriada em novembro de 1935. De volta ao Brasil, passou quatro anos e meio na cadeia. Em 1945, lançou *A Famosa Revista*, em colaboração com Geraldo Ferraz, seu companheiro desde 1940, e colaborou em *A Noite*, *A Manhã*, *O Jornal* e na revista *Detective*. Nos anos 1950, lançou o panfleto político *Verdade e Liberdade* e colaborou em *A Tribuna*, de Santos, e em *Fanfulla* ("De Arte e de Literatura"), de São Paulo. Frequentou a Escola de Arte Dramática e traduziu peças de autores europeus, entre as quais *A cantora careca*, de Ionesco. Ficção: *Parque industrial*, romance proletário, com o pseudônimo Mara Lobo (1933); *A Famosa Revista*, em colaboração com Geraldo Ferraz (1945); *Safra macabra*, contos policiais, publicados na revista *Detective* em 1944, com o pseudônimo King Shelter (organização de Geraldo Galvão Ferraz, 1998). Autobiografia: *Paixão Pagu: a autobiografia precoce de Patrícia Galvão* (1940; 2005). Textos políticos: *Verdade e liberdade* (1950). Desenhos: *Álbum de Pagu: nascimento, vida, paixão e morte* (1929); *Croquis de Pagu e outros momentos felizes que foram devorados reunidos* (organização de Lúcia Maria Teixeira Furlani, 2004). Coletânea: *Pagu: vida-obra*, organização de Augusto de Campos (1982; 2014).

13. *Marco zero*: romance de Oswald de Andrade voltado à representação da sociedade paulista depois da crise de 1929. Dos cinco volumes pretendidos — I. *A revolução melancólica*; II. *Beco do escarro*; III. *Chão*; IV. *Os caminhos de Hollywood*; e V. *A presença do mar* —, saíram apenas o primeiro, em 1943, e o terceiro, em 1945.

14. *Serafim Ponte Grande*: romance de Oswald de Andrade, escrito em 1929 e publicado em 1933 pela Ariel, do Rio de Janeiro.
15. Miguel Franchini Neto, jornalista, diplomata, professor. Bacharelou-se em Direito no Largo de São Francisco, em São Paulo, em 1935. Colaborou com artigos em diversos periódicos: *Fon Fon, O Cruzeiro, Revista da Semana, Folha da Manhã, Diário de São Paulo* e *Última Hora*. De 1927 a 1939, atuou como diretor-procurador da Associação Paulista de Imprensa; e, de 1937 a 1939, foi diretor da associação cultural Imprensa Brasileira Reunida Limitada (IBR), a qual fundou com Oswaldo Quartim Barbosa e Firmino Whitaker. A IBR era uma agência de notícias de São Paulo que distribuía matérias de diferentes colaboradores, como Graciliano Ramos, para uma cadeia de mais de duzentos jornais de todo o país. (SOARES, 1988).

    Eis a dedicatória de Graciliano a Franchini em um exemplar de *Angústia*: "Aqui lhe mando, como ficou combinado, a minha última conversa fiada. Procurei o seu representante, que não tinha ainda recebido instruções a respeito dos artigos a que você se referiu. Como é isso? Adeus, meu caro Franchini. Desejo-lhe felicidades, no quarto dos espelhos e em outros lugares. Abraços. Graciliano. Rio — Março — 1937."
16. Graciliano iniciou a escrita de *Memórias do cárcere* em 1946, e a publicação dos quatro volumes, faltando apenas o último capítulo, foi póstuma, em 1953.
17. Valdemar Cavalcanti (Maceió, Alagoas, 1912 — Rio de Janeiro, Rio de Janeiro, 1982), foi jornalista e crítico literário. Ao lado de Aurélio Buarque, Carlos Paurílio, Aloísio Branco, Diégues Júnior, é um dos meninos impossíveis alagoanos, admiradores da poesia moderna de Jorge de Lima, autor de *O mundo do menino impossível* (1927). Em 1928, promoveram a Festa da Arte Nova, vaia às coisas acadêmicas e desejo de uma literatura nova. Em 1931, fundou e dirigiu, com Alberto Passos Guimarães, a revista *Novidade*, que combatia chavões na arte e na política. Escreveu editoriais do semanário, "Tópicos" e "Notas da Semana". Amigo de vários escritores do nascente grupo nordestino, discutia literatura e lia poemas inéditos no consultório de Jorge de Lima, ouviu de José Lins do Rego a leitura dos originais dos primeiros romances e datilografou *Menino de engenho, Doidinho* e *Banguê*, além de *S. Bernardo*, de Graciliano.

    Em 1933, foi para o Rio de Janeiro, onde traduziu romances, trabalhou no *Diário Carioca* e se dedicou à crítica literária no *Diário de Notícias*, junto com Manuel Bandeira e depois com Rosário Fusco. Como Aurélio Buarque, Valdemar Cavalcanti escreveu as primeiras leituras críticas sobre *Caetés*, publicadas em 1933 no *Boletim de Ariel*. No ano seguinte, foi para Recife, convidado a ser secretário do *Diário de Pernambuco*. Em 1936, de volta a Maceió, casou-se e se tornou redator-chefe da *Gazeta de Alagoas*. Era um dos "meninos pelados" a quem Graciliano, no Rio de Janeiro em 1937, saído da prisão, mandava lembranças nas cartas a Heloísa. Em 1937, Valdemar Cavalcanti regressou ao Rio e trabalhou no recém-instalado Instituto Brasileiro de Geografia e Estatística (IBGE). Intensificou sua colaboração na imprensa, escrevendo crítica e crônicas no *Observador Econômico e Financeiro*, na *Revista do Brasil*, em *O Cruzeiro*, *Vamos Ler!* etc. e nos jornais *Diário de Notícias*, *O Jornal*, *Diretrizes* etc. Foi diretor do suplemento literário de *O Jornal* e redator-secretário em *A Manha*, de Aparício Torelly, o barão de Itararé. Na *Folha Carioca*, publicou por largo período a primeira coluna diária de informações literárias num jornal brasileiro.

Em 1960, saiu o *Jornal Literário*, crônicas sobre fatos da vida literária, na maioria publicadas em sua seção diária homônima em *O Jornal*. Com essa obra, conquistou os prêmios literários da Academia Brasileira de Letras e da União Brasileira de Escritores. Valdemar Cavalcanti traduziu, para a José Olympio: *Ressurreição*, de Leon Tolstoi; *Vozes da França*, de André Maurois; *Vento leste, vento oeste*, de Pearl Buck, entre outras obras. Publicou também *14 poetas alagoanos* (1974), o ensaio "O enjeitado Adolfo Caminha" (1952). Preparou para a José Olympio *O melhor de Stanislaw*, seleção de crônicas de Stanislaw Ponte Preta.

18. Aurélio Buarque de Holanda. Confira-se a nota 2 de "Dois Mundos".
19. Pedro Barreto Falcão (Viçosa, Alagoas, 1902 — Maceió, Alagoas, 1945), jornalista e estatístico, preparou ao lado de Aurélio Buarque o quadro histórico da estatística de Alagoas e do Brasil. Foi redator-chefe do *Jornal de Alagoas* em 1934. Requisitado pelo IBGE em 1939, foi nomeado diretor de Estatística do Rio Grande do Sul. Voltando para Alagoas, organizou e dirigiu o Departamento das Municipalidades. Faleceu em 1945, num desastre de avião. Colaborou na *Novidade* e publicou *O banguê na formação econômica de Alagoas* (1937).
20. Luccarini, funcionário da Secretaria de Educação, certa vez foi repreendido em público por Graciliano, diretor da Instrução Pública de Alagoas, por se atrasar com frequência e não se dedicar às suas tarefas. Além de assumir então uma "pontualidade irritante" e permanecer no trabalho com constância, à parte ter se ofendido com Graciliano, avisou-lhe que fugisse no dia da prisão e depois o surpreendeu ao visitá-lo com Heloísa na cadeia, no Rio de Janeiro. Figura nas

Memórias do cárcere: "Meses atrás eu o julgava um preguiçoso, ele me supunha uma besta cheia de fumaças, de vaidadezinhas cretinas. Virava-me o rosto, e fazia bem. Tínhamos errado. A inteligência e a capacidade de trabalho de Luccarini espantavam-me. Para que servia isso? Estávamos ali, sentados num banco, na Casa de Detenção, na capital grande, sem achar palavras, ele arrasado, filhos pequenos a ameaçá-lo de longe, cheios de necessidade, eu a resmungar sílabas idiotas: / — Obrigado, seu Luccarini. Muito obrigado. Para que veio? Ora essa!" (RAMOS, 1953a, v. 2).

21. Márcio, Júnio, Maria e também Múcio: como se apontou, eram filhos do primeiro casamento de Graciliano. Américo de Araújo Medeiros: pai de Heloísa, secretário do Tribunal de Justiça de Alagoas. Helena Medeiros Gomes de Figueiredo: irmã de Heloísa. Os pequenos: Ricardo, Luiza e Clara, os filhos de Heloísa e Graciliano.

Carta a Heloísa de Medeiros Ramos
Rio, 3 de março de 1937

1. Carta a Heloísa de Medeiros Ramos. São Paulo, 3 de março de 1937. Trata-se do documento n. 95 do volume *Cartas* (Ramos, 2011, p. 248-251). Manuscrito pertencente ao Instituto de Estudos Brasileiros, Arquivo Graciliano Ramos, código de referência GR-CA-144.
2. Hotel Terminus: situado na rua Brigadeiro Tobias, 576, esquina com a rua Washington Luís, foi um marco da hospedagem paulistana. Voltado para a elite, tinha estacionamento, salões de festas e de convenções, bares, restaurantes, sala de leitura e jogos, teatro, barbeiro, manicure e lavanderia. Dispunha de 250 apartamentos, com banheiros privativos e telefone, o que então não era comum. Inaugurado a 1º de setembro de 1922, funcionou até 1943, encampada a propriedade para sediar a Secretaria de Segurança Pública. Seus donos, a família Witz, o transferiram para a avenida Ipiranga, 741, esquina com a praça da República. Cf. Valenzuela (2019, p. 108-110) e Herculano (2014).

Na carta enviada também de São Paulo a Heloísa (anterior a esta), a 28 de fevereiro de 1937, Graciliano assim se refere ao Terminus: "hotel de criados fardados, com um luxo infeliz e dois elevadores. Estamos no quarto andar, apartamento 401" (Carta 93).

3. Tomás Santa Rosa Junior (João Pessoa, Paraíba, 1909 — Nova Délhi, Índia, 1956): aos 9 anos, finda a Primeira Guerra, homenageou os aliados desenhando as bandeiras dos países; o governador da Paraíba propôs pagar-lhe os estudos na Europa, porém a mãe do menino teve de recusar. Aos 12, ele ganhava dinheiro pintando bandeiras para procissões religiosas. Bacharel em Ciências e Letras, prestou concurso para o Banco do Brasil em 1931 e foi nomeado para uma agência em Salvador, transferido para Maceió e depois Recife. Colaborou com poemas e vinhetas na revista alagoana *Novidade*, tornando-se amigo de José Lins do Rego, Graciliano e Valdemar Cavalcanti. Em 1932, partiu para o Rio de Janeiro.

Fundou em 1938 o grupo teatral *Os Comediantes*, do qual foi cenógrafo, pintor, diretor artístico e coordenador; e, em 1944, integrou o Teatro Experimental do Negro. Primeiro cenógrafo moderno brasileiro, foi premiado pela Associação Brasileira dos Críticos de Arte pelos cenários das peças *Vestido de noiva* (1943, Nelson Rodrigues, direção de Ziembinski), *A morte do caixeiro viajante* (1951, Arthur Miller, direção de Esther Leão, Companhia de Comédias Jaime Costa) e *Senhora dos afogados* (1954, Nelson Rodrigues, direção de Bibi Ferreira, para a Companhia Dramática Nacional). Em 1945, trabalhou como crítico de arte no *Diário de Notícias*. Imaginou para Sérgio Porto o pseudônimo Stanislaw Ponte Preta, inspirado no personagem Serafim Ponte Grande, de Oswald de Andrade. Dirigiu o curso de artes gráficas na Fundação Getulio Vargas (FGV) e lecionou na Escola Nacional de Belas Artes e no Museu de Arte Moderna do Rio de Janeiro. Entre 1952 e 1954, integrou a Comissão Nacional de Belas Artes, dirigindo o Conservatório Nacional de Teatro.

Foi responsável, quase sozinho, pela transformação estética do livro brasileiro nos anos 1930 e 1940, havendo contribuído como produtor gráfico e ilustrador, sobretudo para as editoras Schmidt e José Olympio. Criou mais de 220 capas, para obras de Graciliano, Zé Lins, Drummond, Lúcio Cardoso, Jorge Amado, Alencar, Dostoievski. Em 1939, venceu o concurso do Ministério da Educação com o livro *O circo*.

4. Conforme se apontou na nota a respeito de Miguel Franchini Neto, trata-se da associação cultural Imprensa Brasileira Reunida Limitada (IBR), agência de notícias de São Paulo que distribuía matérias de vários colaboradores para mais de duzentos jornais do país. Em pesquisa realizada na Junta Comercial de São Paulo (Jucesp), descobriu-se que a IBR Ltda. começou a funcionar em 12 de novembro de 1935 e, em 1939, transformou-se em sociedade anônima.

Como se lê nas cartas a Heloísa, os funcionários da IBR financiaram a viagem de Graciliano à capital paulista. E, apesar do valor baixo oferecido ("eles só dão cinquenta mil-réis por artigo"), ele entra em contato com os representantes comerciais da empresa no Rio de Janeiro e, depois de combinar o pagamento e o número de artigos a serem escritos (de início, seis em um mês), começa a trabalhar. Por meio da IBR, o *Diário de Notícias* do Rio de Janeiro recebia os textos do escritor alagoano com exclusividade na capital federal, havendo publicado diversas de suas crônicas, bem como capítulos de *Vidas secas*, *Histórias de Alexandre*, *Insônia* e *Infância* (cf. SALLA, 2016, p. 117-118).

5. Gilberto Freyre: confira-se a nota 8 da crônica "Conversa de livraria", presente nesta edição.
6. Naná: Filomena Massa Lins do Rego, mulher de José Lins do Rego. Casaram-se em 1924 e tiveram três filhas: Maria Elisabeth, Maria da Glória e Maria Cristina.
7. Marluce Massa, cunhada de José Lins do Rego.
8. Maria Elizabeth Lins do Rego, filha de José Lins.
9. Luís Inácio de Miranda Jardim (Garanhuns, Pernambuco, 1901 — Rio de Janeiro, Rio de Janeiro, 1987): Escritor e pintor. Integrou o grupo de Osório Borba, Joaquim Cardozo e Gilberto Freyre. Mudou-se para o Rio de Janeiro. Em 1937, recebeu o prêmio do concurso de literatura infantil do Ministério da Educação, na categoria voltada a crianças de mais de 10 anos, com *O boi aruá*. E ficou em segundo lugar na categoria até 7 anos, com *O tatu e o macaco*. A convite de Rodrigo Melo Franco de Andrade, trabalhou no Instituto do Patrimônio Histórico e Artístico Nacional (Iphan), durante cinco anos. Ilustrou capas de obras de vários escritores, como José Lins do Rego e Rachel de Queiroz, e fez retratos em bico de pena dos autores nas folhas de rosto das edições, para a Livraria José Olympio Editora. Foi redator em jornais do Rio e colaborou com publicações de Recife. Outras obras: *Maria Perigosa*, contos (1938), vencedor do prêmio Humberto de Campos; *As confissões do meu tio Gonzaga*, romance (1949); *Isabel do Sertão*, teatro (1959); *Proezas do Menino Jesus* (1968); *Aventuras do menino Chico de Assis* (1971); *Meu pequeno mundo*, memórias (1977); *Façanhas do cavalo voador* (1978); *O ajudante de mentiroso*, romance (1980).
10. *O circo*, de Santa Rosa, venceu o concurso de obras infantis do Ministério da Educação, na categoria até 7 anos. *O tatu e o macaco*, de Luís Jardim, ficou em segundo lugar. Na categoria voltada a crianças entre 8 e 10 anos, Graciliano ficou em terceiro lugar com *A terra dos meninos pelados*; *A fada menina*, de Lúcia

Miguel Pereira, em primeiro; e *A casa das três rolinhas*, de Marques Rebelo e Arnaldo Tabayá, em segundo lugar. Para crianças de mais de dez anos, foram premiados: *O boi aruá*, de Luiz Jardim; *A grande aventura de Luiz e Eduardo*, de Ester da Costa Lima; e *As aventuras de Tibicuera*, de Erico Verissimo. Cf. Gomes (2003).

11. Carlos Drummond de Andrade (Itabira do Mato Dentro, Minas Gerais, 1902 — Rio de Janeiro, Rio de Janeiro, 1987), poeta, cronista, contista. Cursou Farmácia em Belo Horizonte, onde ocupou o posto de redator e redator-chefe do *Diário de Minas*. Em 1925 fundou, com Emílio Moura, João Alphonsus e outros escritores mineiros, *A Revista*, órgão mais importante do modernismo mineiro. Em 1926, conheceu Blaise Cendrars, Mário de Andrade, Oswald de Andrade e Tarsila do Amaral, que haviam visitado as cidades históricas mineiras. Em 1928, publicou o poema "No meio do caminho" na *Revista de Antropofagia*, de São Paulo. Transferindo-se para o Rio em 1934, ocupou até 1945 a chefia de gabinete de Gustavo Capanema junto ao Ministério de Educação e Saúde. Colaborou em diversos periódicos, como a *Revista Acadêmica*, a revista *Euclides* (na seção "Conversa de Livraria", assinada por "O Observador Literário"), o suplemento literário de *A Manhã*, o *Jornal do Brasil*. Trabalhou na Diretoria do Patrimônio Histórico e Artístico Nacional (IPHAN). Recebeu em 1946 o prêmio da Sociedade Felipe d'Oliveira pelo conjunto da obra. Em 1964, a Editora Aguilar publica sua *Obra completa*. Publicou, entre outras obras: Poesia: *Alguma poesia* (1930); *Sentimento do mundo* (1940); *A rosa do povo* (1945); *Claro enigma* (1951); *Fazendeiro do ar* (1954); *As impurezas do branco* (1973); *A paixão medida* (1980); *Farewell* (1996). Prosa: *Confissões de Minas* (1944); *Passeios na ilha* (1952); *Cadeira de balanço* (1966); *Os dias lindos* (1977); *Contos plausíveis* (1981).

12. José Américo de Almeida (Areia, Paraíba, 1887 — João Pessoa, Paraíba, 1980), romancista, advogado, professor universitário, folclorista, sociólogo e político. Considerado o iniciador do chamado romance de 1930, com *A bagaceira* (1928), publicou também os romances *O boqueirão* e *Coiteiros* (1935). Governador da Paraíba, fundou a Universidade Federal da Paraíba (UFPB). Foi ministro da Viação e Obras Públicas no governo Vargas, entre 1930 e 1934, e, em 1935, nomeado ministro do Tribunal de Contas da União (TCU). Em 1937, foi pré-candidato à presidência da República, conforme se lê na carta. Em 1945 foi eleito senador pela Paraíba. Em 1951, voltou a ser ministro da Viação e Obras Públicas. Eleito em 1966 para a Academia Brasileira de Letras (ABL). Publicou também, entre outras obras: *Reflexões de uma cabra* (1922); *A Paraíba e seus*

problemas (1923); *As secas no Nordeste* (1953); *A palavra e o tempo* (1965); *Antes que me esqueça* (1976); *Sem me rir, sem chorar* (1984).

13. No mesmo 3 de março de 1937, data desta carta, O Jornal estampou, à página 8, "As memórias do sr. José Américo", texto decerto escrito por Graciliano, conforme ele conta para Heloísa:

As memórias do sr. José Américo
Estão, realmente, sendo escritas, mas ninguém sabe se contêm alusões a políticos em evidência

Informações do Editor

Tendo sido noticiado que o sr. José Américo havia escrito um livro de memórias em que existiam referências a políticos em evidência, procuramos ouvir o sr. José Olympio, editor do escritor nordestino e que nos disse:

— É verdade que o dr. José Américo está preparando um livro de memórias, mas, não tendo ainda mandado nenhum original para a composição, ninguém poderá afirmar, pelo menos por enquanto, que haja no seu trabalho alusão a qualquer político.

Adiantou-nos ainda o sr. José Olympio que o livro de memórias do autor da *Bagaceira* será publicado na coleção "Documentos Brasileiros", dirigida pelo sociólogo Gilberto Freyre, coleção em que acabam de sair as irreverentes reminiscências de Oliveira Lima. Há ainda uma notícia auspiciosa para os leitores: o escritor paraibano prometeu entregar este ano, à mesma casa editora, os originais de um novo romance, em que há muito trabalha.

Os livros de memórias de José Américo de Almeida foram publicados bastante tempo depois: *O ano do nego* (1968), *Eu e eles* (1970) e *Antes que me esqueça* (1976).

14. Candido Portinari (Brodósqui, São Paulo, 1903 — Rio de Janeiro, Rio de Janeiro, 1962), artista plástico, pintou mais de 5 mil obras. Aos 15 anos foi para o Rio de Janeiro, estudar na Escola Nacional de Belas Artes. O retrato de Olegário Mariano lhe rendeu o Prêmio de Viagem ao Estrangeiro da Exposição Geral de Belas Artes, e permaneceu em Paris em 1930. Nos anos seguintes, participou do Salão de Arte Moderna, realizou exposição individual no Palace Hotel do Rio de Janeiro e obteve a 2ª Menção Honrosa na Exposição Internacional do Instituto Carnegie, de Pittsburgh, nos Estados Unidos,

com a tela *Café*. Lecionou no Instituto de Artes da Universidade do Distrito Federal. Entre 1936 e 1945, realizou vários murais sobre os ciclos econômicos brasileiros e painéis de azulejos no edifício do Ministério da Educação no Rio de Janeiro. Executou murais e participou de exposições em Nova York. Em 1944, criou a série *Retirantes*. Filiou-se ao Partido Comunista e se candidatou a deputado federal em 1945 e a senador em 1947.

O retrato de Graciliano Ramos, desenho a carvão e crayon sobre papel, foi feito em 1937, por encomenda de Murilo Miranda, então diretor da *Revista Acadêmica*. Ilustrou o número 27 da *Revista Acadêmica*, de maio de 1937, dedicado ao autor alagoano, cujo romance *Angústia* fora então laureado pelo periódico com o prêmio Lima Barreto. A obra vinha acompanhada de uma dedicatória na metade inferior direita: "Para Graciliano com um abraço de Portinari."

15. Rodrigo Melo Franco de Andrade (Belo Horizonte, Minas Gerais, 1898 — Rio de Janeiro, Rio de Janeiro, 1969), advogado, jornalista e escritor. Formou-se em Direito pela Universidade do Rio de Janeiro. Foi redator-chefe (1924) e diretor (1926) da *Revista do Brasil*. Colaborou em diversos periódicos, como *O Estado de Minas*, *A Manhã*, *O Estado de S. Paulo*, *O Cruzeiro*, *Diário Carioca* e *O Jornal*. Nos anos 1930, foi chefe de gabinete de Francisco Campos, ministro da Educação e Saúde Pública. Chefiou o Serviço do Patrimônio Histórico e Artístico Nacional (Sphan), desde sua fundação, em 1937, até 1968. Publicou em 1936 o livro de contos *Velórios*.
16. Alfeu Rosas Martins, juiz federal que trabalhava em Cuiabá, Mato Grosso. Cunhado de José Lins do Rego.
17. Maria Cristina Lins do Rego Veras, filha de José Lins.
18. Glorinha, Maria da Glória Lins do Rego Santos, filha de José Lins.
19. Tatá, Lulu e Clarita: os filhos Ricardo, Luiza e Clara.

IV. Memórias e história

Pequena história da República, "1922"

1. Ramos (2020, p. 189-192). Manuscrito datado de 13 de janeiro de 1940, pertencente ao Instituto de Estudos Brasileiros (IEB), Arquivo Graciliano Ramos,

código de referência GR-M-04.02. A ideia do livro veio de um concurso promovido em 1939 pela revista *Diretrizes*, voltado a premiar um texto para crianças sobre a história da República brasileira, aos cinquenta anos de sua proclamação. Graciliano não se inscreveu no concurso. A primeira edição saiu na revista *Senhor*, Rio de Janeiro, ano II, n. 3 e 4, p. 64-68 e 63-67, mar./abr. 1960, e no volume *Alexandre e outros heróis* (RAMOS, 1962a; 2014a).

Memórias do cárcere, Parte II — Pavilhão dos Primários, Capítulo XIV

1. Ramos (1953a, v. 2, p. 109-116). Esta edição teve como base a primeira do livro, publicada pela José Olympio, conforme os originais datiloscritos com as últimas correções feitas pelo autor. Estes se encontram na Fundação Casa de Rui Barbosa, no Rio de Janeiro. A Parte I se intitula "Viagens"; Parte II, "Pavilhão dos Primários"; Parte III: "Colônia Correcional"; e Parte IV, "Casa de Correção".

   O manuscrito desse capítulo, que consta do Instituto de Estudos Brasileiros (IEB-USP), código de referência GR-M-06.062, traz as datas de 28 de dezembro de 1947 a 4 de janeiro de 1948. São quatro folhas de livro-caixa, com colunas impressas, à direita, para "Débito" e "Crédito". Não há parágrafos no manuscrito, então colchetes indicam abertura de parágrafo em: "— Amigo..." e em "Inteirado". No livro, o capítulo foi paragrafado.

2. *Pedro I*: navio incorporado à Marinha do Brasil em 1822, foi utilizado para detenção de presos envolvidos em "acontecimentos extremistas", em 1935 ("Transformado em presídio político o navio *Pedro I*". *Diário de Notícias*, Rio de Janeiro, 7 dez. 1935). No capítulo VIII da mesma parte II das *Memórias do cárcere*, Graciliano nos apresenta os fugitivos do *Pedro I*: "Algumas pessoas chegaram juntas, depois de uma aventura infeliz, entre elas Roberto Sisson, desenvolto, brilhante, amigo de polêmicas; Ivan Ribeiro, alegre, espadaúdo, loquaz; um mulato ríspido, estrábico, bilioso, o estivador Desidério. Haviam tentado fugir do *Pedro I*. Cúmplices no exterior, a luz vermelha de uma barca a indicar asilo. Submetendo o plano a exame rigoroso, eliminando com paciência os obstáculos, julgavam quase certo o êxito. E uma noite, nus, as roupas em rolo preso às costas — a silenciosa operação: vultos esquivos rastejando na

coberta inferior, salto na água, mergulho, o deslizar de sombras, lenta busca do auxílio prometido. Nem barco, nem sinal vermelho. Desperdício de tempo, cansaço. O ajuste era ninguém deter-se, cada um se aguentaria como pudesse. [...]" (RAMOS, 1953a, v. 2, p. 62-63).

3. Roberto Henrique Sisson (Rio de Janeiro, Rio de Janeiro, 1899 — Rio de Janeiro, Rio de Janeiro, 1976), poeta, diplomado em Direito (1930), militar e político. Foi membro e secretário-geral da Aliança Nacional Libertadora (ANL), fundada em 1935 com o objetivo de combater o fascismo e o imperialismo. Preso em 1936, descrito por Graciliano nas *Memórias do cárcere* como "desenvolto, brilhante, amigo de polêmicas". Seu julgamento resultou em condenação de dez meses e quinze dias. Libertado, atuou clandestinamente com os remanescentes da ANL até ser decretado o Estado Novo, em 1937, quando se exilou em Montevidéu e em Buenos Aires. Amigo de Prestes, ingressou no PCB em 1945, desligando-se do partido em 1948; ingressou no novo Partido Socialista Brasileiro (PSB).

4. Desidério José da Silva, membro do PCB. Em sua casa, situada na ladeira do Barroso n. 207, no Rio de Janeiro, houve uma reunião dos dirigentes do partido a 26 de novembro de 1935, para preparar o levante militar ("Novembro — 1935". *O Imparcial*, Rio de Janeiro, 22 dez. 1936, p. 3). Era estivador, "um mulato ríspido, estrábico, bilioso". Na fuga do *Pedro I*, narrada no mencionado capítulo VIII da parte II das *Memórias do cárcere*, Desidério deixou de lado o ajuste de seguirem de todo modo e salvou Sisson, que, apesar de oficial da Marinha, quase morreu afogado. Já em discussões, exibia sem disfarce "ódio seguro aos burgueses, graúdos e miúdos. Todos nós que usávamos gravata, fôssemos embora uns pobres-diabos, éramos para ele inimigos". Assim, o convívio com os colegas da prisão, como o estivador, os militares, os ladrões, leva Graciliano a impasses e relativizações, frutos da análise dos outros e de si próprio.

5. Ivan Ramos Ribeiro (São Carlos, São Paulo, 1911 — 1970) participou da Aliança Nacional Libertadora (ANL), frente nacionalista e antifascista criada em 1935. Segundo-tenente, esteve presente na insurreição armada de novembro de 1935, promovida em nome da ANL, sob o comando do PCB, em Natal, Recife e Rio de Janeiro. Preso inicialmente no navio *Pedro I*, transformado em presídio e fundeado na baía de Guanabara, foi transferido para a Casa de Correção. Segundo o descreve Graciliano, era "alegre, espadaúdo, loquaz", "o tenente que sabia sintaxe". Depois cumpriu pena de um ano e meio em Fernando de Noronha e contraiu tuberculose. Foi julgado pelo Tribunal de Segurança Nacional (TSN)

e condenado em maio de 1937 a dez anos de prisão. Seguiu vinculado ao PCB; em 1944 defendeu uma Assembleia Nacional Constituinte.

6. Rodolfo Ghioldi Buenos Aires, Argentina, 1897 — Buenos Ares, Argentina, 1985, dirigente do Partido Comunista Argentino (PCA) e delegado do comitê executivo da Internacional Comunista (Komintern). Em 1928, conheceu o líder tenentista Luís Carlos Prestes, então exilado na Argentina. No início da década de 1930, colaborou com a revista *Soviet*. Em 1934, participou em Moscou de uma reunião preparatória do VII Congresso da Internacional Comunista, a qual congregou delegações dos partidos comunistas latino-americanos. No Rio de Janeiro, participou do grupo que, em nome do PCB e da ANL, dirigiu o Levante Comunista em 1935. Detido em janeiro de 1936, tornou-se amigo de Graciliano na prisão, conforme se lê nas *Memórias do cárcere*. Em maio de 1937, foi condenado pelo TSN a uma pena de quatro anos e quatro meses de prisão. Jornalista, diretor de *La Hora*, publicou, entre outras: *Gilberto Freyre, sociólogo reacionário* (1951), *Acerca de la cuestión agraria argentina* (1952), *Cómo salir de la crisis* (1955), *Acerca de la entrega* (1959), *La prensa comunista* (1965).

7. Antônio Maciel Bonfim (Irará, Bahia, 1905-1940), conhecido na clandestinidade por vários pseudônimos, principalmente Miranda, foi militante do Partido Comunista e se tornou seu secretário-geral em 1934. Antes disso, tendo sido preso em 1932 na Colônia Correcional Dois Rios, Ilha Grande, fugiu para o Rio com alguns militantes comunistas, apesar de terem desconfiado a princípio de que ele fosse agente da polícia. Colaborou no jornal *A Classe Operária* e esteve ligado à Aliança Nacional Libertadora (ANL). Representante da tradição tenentista, vinculado a Luís Carlos Prestes, foi um dos líderes do movimento armado de novembro de 1935, articulado pelo PCB.

Miranda e a sua companheira Elvira Capelo Coloni (Elza Fernandes ou Garota) foram presos no Rio de Janeiro em 1936. Torturado pela polícia, interessada em informações de foragidos do PCB, perdeu um rim. Elza foi assassinada, acusada de fornecer informações para a polícia. Divulgaram que os próprios comunistas a teriam matado, Miranda se sentiu traído pelo partido e fez declarações que comprometeram seus companheiros. Condenado pelo TSN a quatro anos e quatro meses de reclusão em 1937, foi solto em 1945. Tuberculoso, expulso do PCB, retornou para a Bahia. Tornou-se religioso e organizou um sindicato de matriz católica. Segundo Leôncio Basbaum, Edgar Carone e John

Foster Dulles, entre outros autores, depois se descobriu que Maciel Bonfim era um agente policial infiltrado no PCB; mas não há confirmação disso. Cf. Acervo FGV-CPDOC, disponível em: http://www.fgv.br/cpdoc/acervo/dicionarios/verbete-biografico/bonfim-antonio-maciel.

8. Benjamin Snaider, judeu romeno que esteve preso com Graciliano (2013): "moço alto, magro, de cabeça pequena, vago feitio de pernalta", ensinava a língua russa. "Tentei aprender russo com Benjamim Snaider: peguei o alfabeto e meia dúzia de palavras" (cf. capítulos II e V, parte II).

9. No manuscrito, aqui vinha a forma verbal "prolongam-se"; nos datiloscritos e no livro, foi substituída por "estendem-se", pois o verbo *prolongar* já consta do mesmo período.

10. Adolpho Barbosa Bastos, companheiro de prisão de Graciliano, é descrito logo a seguir neste mesmo capítulo como feio, prógnato, isolado numa "delicadeza excessiva" e entregue a suas leituras. "Dissidente, considerado trotskista, fugia às discussões, aos banhos de sol, ao jogo de xadrez, simulava não perceber remoques e grosserias." Casado com Valentina Leite Barbosa, presa no cubículo ao lado, Adolfo escavara um buraco na parede, para se comunicar com ela. Com os pseudônimos Carvalho e Helena, Adolfo e Valentina foram presos por auxiliarem a "irrupção comunista" em novembro de 1935. Ricos, residiam no Leblon, à avenida Niemeyer, 174, apartamento em que a polícia encontrou vários documentos, segundo se lê no tópico "Mulher e marido marxistas" do texto "As mulheres na revolução comunista", publicado em *O Imparcial*, do Rio de Janeiro, a 1º de dezembro de 1936, p. 3. No capítulo XXXV da Parte II das *Memórias do cárcere*, sabemos que Adolfo, "homem rico, neto de senador", "quase dono de um cubículo cheio de troços luxuosos", enviara do Pavilhão dos Primários um frasco de geleia para os "famintos da Colônia Correcional".

11. Valentina Leite Barbosa: Usava o pseudônimo Helena e foi presa com Adolpho Barbosa Bastos, seu marido. Teve entre suas "irmãs de cela" Nise da Silveira, Eneida de Moraes, Maria Werneck, Beatriz Bandeira Ryff e Olga Benário Prestes (entregue então, grávida, pelo governo Vargas para a Gestapo, para morrer na Alemanha em 1942). Confira-se a nota anterior e também Alvarez (1988).

12. Carmen Alfaya de Ghioldi, dirigente comunista argentina, mulher de Rodolfo Ghioldi.

13. Elisa Berger (Elise Saborovsky Ewert, Alemanha, 1907 — Ravensbrück, Alemanha, 1940), também conhecida por Sabo, foi militante comunista desde a

juventude, quando se casou com Harry Berger (Arthur Ernest Ewert, 1890--1959). Em 1934, mudaram-se de Buenos Aires, onde Harry atuava no escritório latino-americano do Komitern, para o Rio de Janeiro, a fim de coordenarem, com Luís Carlos Prestes e Olga Benário, o movimento que deveria culminar na revolução brasileira. Foram presos e torturados; em 1936, Elisa foi deportada pelo governo Vargas para a Alemanha nazista, junto com Olga, e levadas para o campo de concentração; faleceu em 1940. (Cf. ZILBERMAN, 2019, p. 50-68).

14. Eneida de Villas Boas Costa de Moraes (Belém, Pará, 1903 — Rio de Janeiro, Rio de Janeiro, 1971), jornalista, cronista, contista, tradutora, militante política. Formada em Odontologia, integrou o movimento literário do Pará, publicando crônicas e poemas em periódicos como o *Estado do Pará*, *Guajarina* e *A Semana*. Em 1930 se mudou para o Rio, aproximando-se de Murilo Mendes, Cícero Dias, Manuel Bandeira, Aníbal Machado, Rachel de Queiroz e Sérgio Buarque de Holanda. Em 1932 transferiu-se para São Paulo e, membro do Partido Comunista Brasileiro, passou quatro meses na prisão. De volta ao Rio, ingressou em 1935 na União Feminina do Brasil (UFB), filiada à Aliança Nacional Libertadora (ANL). Foi presa e conviveu no Pavilhão dos Primários com Graciliano Ramos, Nise da Silveira, Beatriz Bandeira Ryff, entre outros. Presa diversas vezes durante o Estado Novo (1937-1945), trabalhou como operária, tradutora e redatora de artigos políticos. Foi colaboradora da revista *Para Todos*, do *Momento Feminino*, do *Diário Carioca* e do *Diário de Notícias*, neste assinando a coluna de informes literários "Encontro Matinal". Em 1949, em Paris, travou conhecimento com Jean Cocteau, Paul Eluard, Pablo Picasso. Em 1959 viajou à União Soviética a convite do Sindicato de Escritores daquele país, também à China Popular e a outros países socialistas. Obras, entre outras: *Terra verde*, poesia (1929); *O quarteirão*, contos (1936); *Sujinho de terra*, infantil, (1953); *Aruarda*, crônicas e memórias (1957); *História do carnaval carioca* (1958); *Caminhos da terra: URSS, Tchecoslováquia, China* (1959); *Guia da mui bem amada cidade de Santa Maria de Belém do Grão-Pará* (1960); *Romancistas também personagens* (1961); *Banho de cheiro*, autobiografia (1962).

15. Trata-se do *ABC do comunismo* [Azbuka kommunizma], publicado por Nikolai Bukharin em coautoria com Evigne Preobrasjensky, depois da Revolução de 1917, em outubro de 1919. Livro de divulgação programática do Partido Comunista da URSS, foi o primeiro manual marxista para a formação política dos comunistas.

16. Tendo na locução a "voz poderosa de Eneida", para ser ouvida em todo o pavilhão, a Rádio Libertadora "funcionava todas as noites através das grades que davam para o saguão, entre o jantar e a hora de os cubículos serem fechados. Leituras de recortes de jornais — que entravam na prisão graças à colaboração de alguns guardas — eram feitas pelo jornalista Otávio Malta. As informações sobre as visitas e os novos presos eram intercaladas com números musicais — as próprias presas cantavam" (cf. ALVAREZ, 1988). Nas palavras de Graciliano Ramos (1953a, v. 2, p. 31): "A Rádio Libertadora anunciou o programa, iniciado com o Hino do Brasileiro Pobre, que já se ia tornando maçador. As florestas amazônicas, a coxilha, o sul, o norte, a luz dos trópicos começavam a bulir-me com os nervos. Findaram as notícias, os comentários, e a hora de arte chegou, como na véspera. Ouvimos os sambas, as canções, as granadas caíram novamente, incendiaram com vigor o quartel, impelidas pela voz poderosa de Eneida."

BIBLIOGRAFIA

ALVAREZ, Gloria. Prisioneiras de 1935 contam suas memórias. *Jornal do Brasil*, Rio de Janeiro, 24 jul. 1988.

AMADO, Jorge. O homem e o cavalo. *Boletim de Ariel,* ano 3, p. 269, jul. 1934.

_____. Homenagem municipal. *Dom Casmurro*, Rio de Janeiro, n. 144, p. 5, 6 abr. 1940a.

_____. Resposta de Jorge Amado. *Revista do Brasil*, Rio de Janeiro, ano III, 3ª fase, n. 22, p. 109, abr. 1940b.

_____. Jorge Amado responde: "fala o acusado". *Diretrizes*, Rio de Janeiro, n. 25, p. 11, maio 1940c. Suplemento Literário.

_____. O dia em que conheci Graciliano. *Status*, São Paulo, nov. 1978.

_____. *Navegação de cabotagem*: apontamentos para um livro de memórias que jamais escreverei. 2. ed. São Paulo: Companhia das Letras, [1992] 2012.

[AMADO, Jorge]. Block-Notes. *Dom Casmurro*, Rio de Janeiro, ano 3, n. 113, p. 8, 12 ago. 1939a.

[AMADO, Jorge]. A solidão é triste. *Dom Casmurro*, Rio de Janeiro, ano 3, n. 116, p. 2, 2 set. 1939b.

ANDRADE, Mário de. Iara. *Terra Roxa e Outras Terras*, São Paulo, ano 1, n. 5, p. 6, 27 abr. 1926.

_____. Poema. *In:* ANDRADE, Mário de. *Clã do jabuti*. São Paulo: Eugênio Cupolo, 1927.

_____. Angústia. *Revista Acadêmica*, Rio de Janeiro, ano 3, n. 27, p. 2, maio 1937.

_____. A palavra em falso. *Diário de Notícias*, Rio de Janeiro, 6 ago. 1939, p. 2 (1º Suplemento).

_____. O movimento modernista (1942). In: _____. *Aspectos da literatura brasileira*. São Paulo: Martins, s.d., p. 231-255.

_____. A elegia de abril (1941). In: _____. *Aspectos da literatura brasileira*. São Paulo: Martins, s.d., p. 185-195.

_____. Carta a Jorge de Lima. 19 de maio de 1929. In: _____. *71 cartas de Mário de Andrade*. Ed. prep. por Lygia Fernandes. Rio de Janeiro: Livraria São José, 1968.

_____. *O empalhador de passarinho*. São Paulo: Livraria Martins Editora, 1972a.

_____. *Ensaio sobre música*. 3. ed. São Paulo: Martins; Brasília: INL, 1972b.

_____. A raposa e o tostão. *Diário de Notícias*, Rio de Janeiro, p. 2, 27 ago. 1939. In: _____. *O empalhador de passarinho*. 3. ed. São Paulo: Martins; Brasília: INL, 1972c.

_____. *Cartas de Mário de Andrade a Murilo Miranda*. Rio de Janeiro: Nova Fronteira, 1981a.

_____. Carta aberta a Alberto de Oliveira. Apresentação de Telê Porto Ancona Lopez. *Revista do Instituto de Estudos Brasileiros*, IEB-USP, n. 23, p. 93-101, 1981b.

_____. Um inquérito. In: _____. *Entrevistas e depoimentos*. Edição organizada por Telê Ancona Lopez. São Paulo: T. A. Queiroz, 1983. p. 65.

_____. Carta de Mário de Andrade a Sérgio Milliet. Rio de Janeiro, 14 dez. 1938. In: DUARTE, Paulo. *Mário de Andrade por ele mesmo*. São Paulo: Hucitec, Secretaria Municipal de Cultura, 1985.

_____. Evolução social da música no Brasil. In: _____. *Aspectos da música brasileira*. Belo Horizonte; Rio de Janeiro: Villa Rica, 1991.

_____. *Vida literária*. São Paulo: Hucitec; Edusp, 1993.

_____. *Poesias completas*. 2 vols. Rio de Janeiro: Nova Fronteira, 2013. v. 1.

_____. *O turista aprendiz*. Edição de texto apurado, anotada e acrescida de documentos por Telê Ancona Lopez, Tatiana Longo Figueiredo; Leandro Raniero Fernandes, colaborador. Brasília: Iphan, 2015.

_____. BANDEIRA, Manuel. *Correspondência entre Mário de Andrade & Manuel Bandeira*. Organização, introdução e notas: Marcos Antonio de Moraes. 1. ed. São Paulo: Edusp, 2001.

ANDRADE, Oswald de. O Pen Club, Paris e Portugal. *Suplemento Literário de Diretrizes*, Rio de Janeiro, contracapa, p. 16, nov. 1939.

_____. *Ponta de lança*. 2. ed., Rio de Janeiro: Civilização Brasileira, [1945] 1971.

_____. *Telefonema*. 2. ed. Introdução e estabelecimento de texto: Vera Chalmers. Rio de Janeiro: Civilização Brasileira, 1976. (Obras Completas X).

_____. Bilhetinho a Paulo Emílio [22 set. 1935]. *In:* _____. *Estética e política*. Pesquisa, organização, introdução, notas e estabelecimento de texto por Maria Eugênia Boaventura. São Paulo: Globo, 1991. (Obras completas).

ASSOCIAÇÃO Brasileira de Escritores. *Para Todos*, Rio de Janeiro, n. 10, junho de 1951, p. 16.

_____. *Os dentes do dragão:* entrevistas. Organização, introdução e notas: Maria Eugenia Boaventura. 2. ed. rev. e ampl. São Paulo: Globo, 2009.

ATAÍDE, Tristão de [Alceu Amoroso Lima]. Síntese. *Lanterna Verde*, Rio de Janeiro, n. 4, p. 85-98, nov. 1936.

_____. O neomodernismo. *A Manhã*, Rio de Janeiro, p. 4, 24 ago. 1947.

BANDEIRA, Manuel. *Poesia completa e prosa*. Introdução geral: Sérgio Buarque de Holanda e Manuel Bandeira. 2. ed. Rio de Janeiro: José Aguilar, 1967.

_____. Um belo exemplo que A Província está dando. *In:* _____. *Crônicas inéditas I, 1920-1931*. Organização, posfácio e notas: Júlio Castañon Guimarães. São Paulo: Cosac Naify, 2008.

_____. *A cinza das horas*. 3. ed. São Paulo: Global, [1917] 2013.

BARBOSA, Francisco de Assis. 50 anos de Graciliano Ramos. *In:* SCHMIDT, Augusto Frederico *et al. Homenagem a Graciliano Ramos*. Rio de Janeiro: Alba, 1943.

BASTIDE, Roger. *L'Afrique dans l'œuvre de Castro Soromenho*. Paris: Éditions Pierre Jean Oswald, 1960.

_____. A África na obra de Castro Soromenho. Tradução: Regina Salgado Campos. *In:* _____. *Navette literária França-Brasil:* a crítica de Roger Bastide. Glória Carneiro do Amaral (org.). São Paulo: Edusp, 2010.

BATISTA, Marta Rossetti; LOPEZ, Telê Porto Ancona; LIMA, Yone Soares de. *Brasil:* primeiro tempo modernista (1917-1929). Documentação. São Paulo: IEB, 1972.

BENJAMIN, Walter. Experiência e pobreza. *In:* BENJAMIN, Walter. *Magia e técnica, arte e política.* São Paulo: Brasiliense, [1933] 1993a. (Obras escolhidas, v. 1).

_____. O narrador. Considerações sobre a obra de Nikolai Leskov *In:* BENJAMIN, Walter. *Magia e técnica, arte e política.* São Paulo: Brasiliense, 1993b. (Obras escolhidas, v. 1).

BOSI, Alfredo. *Reflexões sobre a arte.* São Paulo: Ática, 1985.

_____. Por um historicismo renovado: reflexo e reflexão em história literária. *In:* BOSI, Alfredo. *Literatura e resistência.* São Paulo: Companhia das Letras, 2002.

_____. Moderno e modernista na literatura brasileira. *In:* _____. *Céu, inferno.* São Paulo: Duas Cidades; Ed. 34, 2003.

_____. *Brás Cubas em três versões.* São Paulo: Companhia das Letras, 2006.

BRAGA, Rubem. Eu vi este livro nascer. *Status,* São Paulo, n. 52, p. 151-152, nov. 1978.

BUENO, Alexei. Autorretrato intelectual. Jorge de Lima visto por Jorge de Lima. *In:* LIMA, Jorge de. *Poesia completa:* volume único. Org. Alexei Bueno; textos críticos: Marco Lucchesi *et al.* Rio de Janeiro: Nova Aguilar, 1997.

BUENO, Luís. *Uma história do romance de 30.* São Paulo: Editora da Universidade de São Paulo; Campinas, SP: Editora da Unicamp, 2006.

CAMPOS, Paulo Mendes. Conversa literária: Graciliano Ramos. *Manchete,* Rio de Janeiro, n. 84, p. 36, 28 nov. 1953.

CANDIDO, Antonio. Ficção — I. *Folha da Manhã,* São Paulo, p. 5, 4 fev. 1943.

_____. Literatura e cultura de 1900 a 1945 (1950). *In:* _____. *Literatura e sociedade.* Ensaios de teoria e história literária. São Paulo: Companhia Editora Nacional, 1965.

_____. A Revolução de 1930 e a cultura. *In:* _____. *A educação pela noite & outros ensaios.* 2. ed. São Paulo: Ática, 1989.

_____. No aparecimento de *Caetés. In:* _____. *Ficção e confissão:* ensaios sobre Graciliano Ramos. Rio de Janeiro: Ed. 34, 1992.

CARPEAUX, Otto Maria. Visão de Graciliano Ramos. *Diretrizes,* Rio de Janeiro, p. 629, out. 1942.

_____. Introdução (novembro de 1949). *In*: LIMA, Jorge de. *Obra poética*. Rio de Janeiro: Ed. Getulio Costa, 1949.

_____. Autenticidade do romance brasileiro. *In*: _____. *Ensaios reunidos (1942-1978)*. Rio de Janeiro: UniverCidade & Topbooks, 1999. v. I.

CASTRO, Moacir Werneck. *Mário de Andrade*: exílio no Rio. 2. ed. Belo Horizonte: Autêntica Editora, 2016.

CAVALCANTI, Valdemar. O enjeitado Adolfo Caminha. *In*: HOLANDA, Aurélio Buarque de (org.). *O romance brasileiro*. Rio de Janeiro: Edições O Cruzeiro, 1952.

CHACON, Vamireh. Gilberto Freyre, Mário e Oswald de Andrade. *Ciência & Trópico*, Recife, v. 21, n. 1, p. 7-16, jan./jun. 1993.

CHEGARAM Oswald de Andrade e Julieta Bárbara. *Dom Casmurro*, Rio de Janeiro, n. 126, 25 nov. 1939, p. 8.

COMPAGNON, Antoine. *Os antimodernos*: de Joseph de Maistre a Roland Barthes. Tradução: Laura Taddei Brandini. Belo Horizonte: Editora UFMG, 2014.

COUTINHO, Afrânio; SOUSA, J. Galante de. *Enciclopédia de literatura brasileira*. 2 vols. São Paulo: Global, 2001.

CRISTÓVÃO, Fernando. Um inédito de Graciliano Ramos: o manuscrito "J. Carmo Gomes". *Colóquio-Letras*, Lisboa, n. 3-4, dez. 1971.

_____. *Cruzeiro do Sul, a Norte*: estudos luso-brasileiros. Lisboa: Imprensa Nacional-Casa da Moeda, 1983.

_____. *Graciliano Ramos*: estruturas e valores de um modo de narrar. Rio de Janeiro: José Olympio, 1986. (Documentos Brasileiros, 202).

DEBATE sobre um número de homenagem e um tópico. *Diretrizes*, Rio de Janeiro, n. 25, p. 9, maio 1940. (Suplemento Literário.)

DEMARCHI, Ademir. Letras e Artes, suplemento do jornal *A Manhã*. *Travessia*, Publicação do Programa de Pós-Graduação em Literatura, UFSC, n. 25, 1992.

DIAS, Gonçalves. *Segundos cantos e sextilhas de frei Antão*. Rio de Janeiro: José Ferreira Monteiro, 1848.

_____. *Obras poéticas de A. Gonçalves Dias*. Organização, apuração do texto, cronologia e notas por Manuel Bandeira. São Paulo: Companhia Editora Nacional, 1944.

DIÉGUES JÚNIOR, Manuel. Evolução urbana e social de Maceió no período republicano. *In:* COSTA, Craveiro. *Maceió.* Vinhetas de Santa Rosa. Rio de Janeiro: José Olympio, 1939.

DINAH Silveira de Queiroz. *O Jornal*, Rio de Janeiro, p. 2, 19 out. 1952.

[DISCURSO na ABDE]. Associação Brasileira de Escritores. *Para Todos*, Rio de Janeiro, n. 10, p. 16, jun. 1951.

FARIA, Octávio de. O defunto se levanta... *O Jornal*, Rio de Janeiro, p. 1, 30 maio 1937. [Quarta Seção].

FISCHER, Almeida. Depoimento de duas gerações. *A Manhã*, Rio de Janeiro, 20 jan. 1946a.

_____. Manuel Bandeira e a morte do modernismo. *A Manhã*, p. 13, 25 ago. 1946b.

FONSECA, Maria Augusta. *Oswald de Andrade:* biografia. São Paulo: Globo, 2007.

_____. Antonio Candido leitor de Oswald de Andrade. *Literatura e Sociedade*, v. 24, n. 30, p. 106-119, 2019.

FREYRE, Gilberto. Introdução do autor (1940). *In:* _____. *Região e tradição.* Prefácio de José Lins do Rego. Rio de Janeiro: José Olympio, 1941.

GARBUGLIO, José Carlos *et al. Graciliano Ramos.* São Paulo: Ática, 1987.

GIMENEZ, Erwin Torralbo. Um capítulo inédito de Graciliano Ramos: a liberdade incompleta de J. Carmo Gomes. *Estudos Avançados*, v. 27, n. 79, 2013.

GOMES, Ângela de Castro. As aventuras de Tibicuera: literatura infantil, história do Brasil e política cultural na era Vargas. *Revista USP*, São Paulo, n. 59, nov. 2003.

GOMES, Paulo Emílio Sales. *Cinema e política.* Organização de Carlos Augusto Calil. São Paulo: Companhia das Letras, 2021.

GONÇALVES, Marcos Augusto. *1922*: a semana que não terminou. São Paulo: Companhia das Letras, 2012.

GRANJA, Lúcia. Entre homens e livros: contribuições para a história da livraria Garnier no Brasil. *Livro, Revista do Núcleo de Estudos do Livro e da Edição*, v. 3, p. 20-31, 2013.

HALLEWELL, Laurence. *O livro no Brasil:* sua história. Tradução: Maria da Penha Villalobos, Lolio Lourenço de Oliveira e Geraldo Gerson de Souza. 2. ed. São Paulo: Edusp, 2005.

HERCULANO, Felipe Alexandre. Hotel Terminus. *Sampa Histórica*, 25 nov. 2014. Disponível em: https://sampahistorica.wordpress.com/2014/11/25/hotel-terminus/. Acesso em 20 nov. 2021.

BIBLIOGRAFIA

HOLANDA, Aurélio Buarque de. Depoimento sobre Graciliano Ramos. *Correio da Manhã*, Rio de Janeiro, p. 1-2, 21, maio 1944.

_____. *Seleta em prosa e verso*. Rio de Janeiro: José Olympio; Brasília: INL, 1979.

HOLANDA, Sérgio Buarque de. "Fluxo e refluxo I, II e III" [1951]. *In*: _____. *O espírito e a letra*. v. 2. Organização, introdução e notas de Antonio Arnoni Prado. São Paulo: Companhia das Letras, 1996.

JUNQUEIRO, Guerra. *A velhice do padre eterno*. Porto: Typ. Universal de Nogueira & Caceres, 1885.

LAFETÁ, João Luiz. *1930:* a crítica e o Modernismo. 2. ed. São Paulo: Editora 34, 2000.

LEBENSZTAYN, Ieda. *Graciliano Ramos e a* Novidade: o astrônomo do inferno e os meninos impossíveis. São Paulo: Hedra, 2010.

LEBENSZTAYN, Ieda; SALLA, Thiago Mio. A arte pede misericórdia: carta de Graciliano Ramos inédita em livro. *Revista Cult, Dossiê Graciliano Ramos:* o mundo coberto de penas. São Paulo, p. 36-39, 10 out. 2018.

LIMA, Alceu Amoroso. *Estudos:* quinta série (1930-1931). Rio de Janeiro: Civilização Brasileira, 1933.

LIMA, Pedro Mota. Um grande romance. *Imprensa Popular*, Rio de Janeiro, 4 jul. 1954.

LOUZADA DA SILVA, Silvana. *Fotojornalismo em revista:* o fotojornalismo em O Cruzeiro e Manchete nos governos Juscelino Kubitschek e João Goulart. 2004. Dissertação (Mestrado em Comunicação Social) — Universidade Federal Fluminense, Niterói, 2004.

LUCA, Tania Regina de. O jornal literário *Dom Casmurro*: nota de pesquisa. *Historiae*: Revista de História da Universidade Federal do Rio Grande, v. 2, p. 67-81, 2011.

_____. Brício de Abreu e o jornal literário *Dom Casmurro*. *Varia Historia*, v. 29, n. 49, p. 277-301, 2013.

MACHADO, Ubiratan. *Pequeno guia histórico das livrarias brasileiras*. Cotia: Ateliê Editorial, 2008.

MELO, Luís Correia de. *Dicionário de autores paulistas*. São Paulo: Comissão do IV Centenário da Cidade de São Paulo, 1954.

MELLO, Thiago de. O velho Graça morreu. *O Globo*, Rio de Janeiro, 24 mar. 1953.

MENDES, José Guilherme. Graciliano Ramos: romance é tudo nesta vida. *Manchete*, Rio de Janeiro, p. 14-17, 15 nov. 1952.

_____. Um repórter brasileiro na "Cortina de Ferro": uma bomba atômica no Kremlin não liquidaria o regime. *Correio da Manhã*, Rio de Janeiro, p. 1, 8, 30 set. 1955.

MILLIET, Sérgio. *Ensaios*. São Paulo: [Soc. impressora brasileira, Brusco & cia], 1938. p. 184-185.

_____. *Diário crítico*. Introdução de Antonio Candido. 2. ed. São Paulo: Martins, 1981. p. 279. v. VIII.

MIRANDA, José Tavares de. Nossos escritores — Graciliano Ramos: "Sempre fui antimodernista", Traços de identidade. *Folha da Manhã*, São Paulo, p. 5, 23 set. 1951.

MORAES, Dênis de. *O velho Graça*. Rio de Janeiro: José Olympio, 1992.

MOURÃO, Fernando Augusto Albuquerque; QUEMEL, Maria Angélica Rodrigues. *Contribuição a uma biobibliografia sobre Fernando Monteiro de Castro Soromenho*, São Paulo, 1977. (Centro de Estudos Africanos).

MÜHLHAUS, Carla; CALLADO, Ana Arruda *et al. Por trás da entrevista*. Rio de Janeiro: Record, 2007.

NAVARRO, Eduardo de Almeida. Curso breve de tupi antigo em dez lições (com base nos nomes de origem tupi da geografia e do português do Brasil). *Cadernos do CNLF*, Rio de Janeiro, v. XVII, n. 3, 2013.

NUNES, Osório. O modernismo morreu? Resposta de Graciliano Ramos ao inquérito de Osório Nunes. *Dom Casmurro*, Rio de Janeiro, p. 3, 12 dez. 1942a.

_____. O modernismo morreu? — Resposta de Carlos Drummond de Andrade. *Dom Casmurro*, Rio de Janeiro, p. 3, 14 nov. 1942b.

OLIVEIRA, Alberto de. Os brincos de Sara. *Gazeta de Notícias*, Rio de Janeiro, 20 jun. 1892; *Autores e Livros*, suplemento literário de *A Manhã*, Rio de Janeiro, 8 mar. 1942.

ORTEGA Y GASSET, José. Novela: como "vida provinciana". *La deshumanización del arte e Ideas sobre la novela* (1925). In: *Obras completas*. 2 ed. t. III (1917-1928). Madrid: Revista de Occidente, 1950, p. 407-410.

PACHECO, Armando. Graciliano Ramos conta como escreveu *Infância*, seu recente livro de memórias. *Vamos Ler!*, Rio de Janeiro, p. 26, 25 out. 1945.

PAIM, Gilberto. Ignácio Rangel: um intérprete original da realidade brasileira. *In:* PAIM, Gilberto; MAMIGONIAN, Armen; REGO, José Márcio [orgs.]. *O pensamento de Ignácio Rangel.* São Paulo: Editora 34, 1998.

PEREIRA, Astrojildo. O próximo congresso de escritores. *O III Congresso — Boletim da Comissão do III Congresso Brasileiro de Escritores,* São Paulo, n. 1, p. 6, mar. 1950.

PINTO, Edith Pimentel. *A gramatiquinha de Mário de Andrade:* texto e contexto. São Paulo: Duas Cidades; Secretaria de Estado da Cultura, 1990.

QUEIROZ, Rachel de. *Menino de engenho:* 40 anos. *In:* COUTINHO, Eduardo F.; CASTRO, Ângela Bezerra de (orgs.). *José Lins do Rego.* Rio de Janeiro: Civilização Brasileira; Paraíba: Edições Funesc, 1990. (Coleção Fortuna Crítica).

RAMOS, Clara. *Mestre Graciliano:* confirmação humana de uma obra. Rio de Janeiro: Civilização Brasileira, 1979.

RAMOS, Graciliano. Chavões. *Novidade,* Maceió, n. 8, p. 7, 30 maio 1931.

_____. *Caetés.* 1. ed. Rio de Janeiro: Schmidt, 1933.

_____. *S. Bernardo.* 1. ed. Rio de Janeiro: Ariel, 1934.

_____. O teatro de Oswald de Andrade. *Surto,* Belo Horizonte, n. 8, set. 1937.

_____. *Vidas secas.* Rio de Janeiro: José Olympio, 1938.

_____. Conversa de livraria. *Suplemento Literário de Diretrizes,* p. 1, nov. 1939a.

_____. O teatro de Oswald de Andrade. *Dom Casmurro,* Rio de Janeiro, ano 3, n. 127, p. 59, 2 dez. 1939b.

_____. Os sapateiros da literatura. *Anuário Brasileiro de Literatura,* Rio de Janeiro, n. 4, 1940a.

_____. Justificação de voto. *Dom Casmurro,* Rio de Janeiro, ano 4, n. 157, p. 2, 13 de jul. 1940b.

_____. Dois mundos. *Leitura:* Crítica e Informação Bibliográfica, Rio de Janeiro, n. 2, p. 7, jan. 1943.

_____. *Histórias de Alexandre.* Rio de Janeiro: Cia. Editora Leitura, 1944.

_____. *Infância.* 1. ed. Rio de Janeiro: José Olympio, 1945.

_____. Decadência do romance brasileiro. *Literatura,* Rio de Janeiro, n. 1, setembro de 1946.

_____. A ABDE não é um clube recreativo. *Folha do Povo*, Rio de Janeiro, 19 mar. 1949.

_____. Intervenção de Graciliano Ramos. *Para Todos*, Rio de Janeiro, n. 15, p. 4, 9, fev. 1952.

_____. *Memórias do cárcere*. 4 vols. Rio de Janeiro: José Olympio, 1953a.

_____. *S. Bernardo*. 5. ed. Rio de Janeiro: José Olympio, 1953b. p. 10.

_____ (org.). *Contos e novelas*. 3 vols. Rio de Janeiro: Livraria-Editora da Casa do Estudante do Brasil, 1957.

_____. *Alexandre e outros heróis*. 1. ed. São Paulo: Martins, 1962a.

_____. *Linhas tortas*. 1. ed. São Paulo: Martins, 1962b.

_____. *Viventes das Alagoas:* quadros e costumes do Nordeste. São Paulo: Martins, 1962c.

_____. Relatório ao governador do estado de Alagoas. [Maceió: Imprensa Oficial, 1929]. *In:* RAMOS, Graciliano. *Viventes das Alagoas:* quadros e costumes do Nordeste. São Paulo: Martins, 1962d. p. 172.

_____ (org.). *Seleção de contos brasileiros*. 3 vols. Rio de Janeiro: Edições de Ouro, 1966.

_____. *Relatórios*. Organização de Mário Hélio Gomes de Lima. Rio de Janeiro: Record, 1994.

_____. *Linhas tortas*. 21. ed. Rio de Janeiro: Record, 2005.

_____. *Cartas*. 8. ed. Rio de Janeiro, Record, [1980] 2011.

_____. *Garranchos*. Introdução, organização e notas de Thiago Mio Salla. Rio de Janeiro: Record, 2012a.

_____. Discurso à célula Teodoro Dreiser I. *In:* _____ *Garranchos*. Organização, introdução e notas de Thiago Mio Salla. Rio de Janeiro: Record, 2012b.

_____. Discurso na ABDE (1951). *In:* _____. *Garranchos*. Organização, introdução e notas de Thiago Mio Salla. Rio de Janeiro: Record, 2012c.

_____. *Infância*. 47. ed. Rio de Janeiro: Record, 2012d.

_____. *Memórias do cárcere*. 46. ed. Rio de Janeiro: Record, 2013.

_____. *Alexandre e outros heróis*. 1. ed. São Paulo: Martins, 1962; 60. ed. Rio de Janeiro: Record, 2014a.

_____. *Cangaços*. Organização de Thiago Mio Salla e Ieda Lebensztayn Rio de Janeiro: Record, 2014b.

_____. *Conversas*. Organização de Thiago Mio Salla e Ieda Lebensztayn. Rio de Janeiro: Record, 2014c.

_____. *Caetés*. Rio de Janeiro: Record, 2019.

_____. 1922. In: _____. *Pequena história da República* [1940]. Rio de Janeiro: Record, 2020.

RAMOS, Ricardo. *Graciliano*: retrato fragmentado. São Paulo: Siciliano, 1992.

REGO, José Lins do. Espécie de história literária. *Lanterna Verde*, Rio de Janeiro, n. 6, p. 95, abr. 1938.

_____. História do nosso modernismo. Poesia e vida. In: _____. *Dias idos e vividos*. Rio de Janeiro: José Olympio, 1941a.

_____. Presença do Nordeste na literatura. In: _____. *Dias idos e vividos*. Janeiro: José Olympio, 1941b.

_____. O velho Gide e outros velhos. *O Jornal*, Rio de Janeiro, p. 4, 12 abr. 1944.

_____. Jorge de Lima e o modernismo. *In:* _____. *Dias idos e vividos*. Rio de Janeiro: Nova Fronteira, 1981.

_____. Notas sobre um caderno de poesia (Originalmente no *Jornal de Alagoas*, Maceió, 15 dez. 1927). *In:* LIMA, Jorge de. *Poesia completa*. São Paulo: Nova Aguilar, 1997.

_____. Enquanto os futuristas de S. Paulo fazem ridículos, uma geração no Rio salva a cultura brasileira (1922). *In:* _____. *Ligeiros traços*. Escritos da juventude. Seleção, introdução e notas de César Braga-Pinto. Rio de Janeiro: José Olympio, 2007.

RICOEUR, Paul. *Interpretação e ideologias*. Organização, tradução e apresentação: Hilton Japiassu. 4. ed. Rio de Janeiro: Francisco Alves, 1990.

_____. *Hermenêutica e ideologias*. Tradução: Hilton Japiassu. Petrópolis, Rio de Janeiro: Vozes, 2008.

RÓNAI, Paulo. Um idioma ganha o seu dicionário (1975). *In*: RÓNAI, Paulo. *Pois é: ensaios*. Rio de Janeiro: Nova Fronteira, 1990.

SALGADO, Plinio. O significado da Anta. *Correio Paulistano*, São Paulo, p. 3, 26 nov. 1927.

_____. *Literatura e política*. São Paulo: Editora das Américas, 1956. v. 19. (Obras Completas).

SALLA, Thiago Mio. Palavras em falso e literatura engajada nos anos 30: Mário de Andrade e "A raposa e o tostão". *Magma*, v. 9, p. 61-70, 2006.

_____. *Graciliano Ramos e a Cultura Política: mediação editorial e construção do sentido*. São Paulo: Edusp; Fapesp, 2016.

_____. Graciliano Ramos e o poder público: de escritor-funcionário e funcionário-escritor". *Brasil*: Revista de Literatura Brasileira, v. 32, p. 22-49, 2019.

_____. *Graciliano na terra de Camões*. Cotia: Ateliê Editorial; São Paulo: Nankin, 2021a.

_____. Graciliano Ramos e a Bíblia Sagrada: a leitura do texto religioso enquanto desmistificação e metáfora. *In*: LEONEL, João (org.). *Bíblia, literatura e recepção*. Cotia: Ateliê Editorial; São Paulo: Editora Mackenzie, 2021b.

SALLES, Heráclio. Oswald de Andrade explica por que a Semana de Arte Moderna aconteceu em São Paulo. *Diário de Notícias*, Rio de Janeiro, 24 jan. 1954. Suplemento do IV Centenário de São Paulo.

SANT'ANA, Moacir Medeiros de. *Documentário do modernismo*. Maceió: UFAL, 1978.

_____. *Graciliano*: vida e obra. Maceió: Secom, 1992.

_____. *História do modernismo em Alagoas (1922-1932)*. Maceió: EdUFAL, 2003.

SCHMIDT, Augusto Frederico. O sineiro da morte. *In*: _____. *Saudades de mim mesmo*. Uma antologia de prosa. Organização de Letícia Mey e Euda Alvim. São Paulo: Globo, 2006.

SENNA, Homero. Como eles são fora da literatura: Graciliano Ramos. *Revista do Globo*, n. 473, 18 dez. 1948.

_____. Graciliano Ramos e o modernismo. *Diário de Notícias*, Rio de Janeiro, Suplemento Literário, p. 2, 20 mar. 1955.

_____. O mistério poético (entrevista com Jorge de Lima publicada em 29 jul. 1945). *In*: SENNA, Homero. *República das letras*: entrevistas com vinte grandes escritores brasileiros. 3. ed. rev. e atual. Rio de Janeiro: Civilização Brasileira, 1996a.

_____. Revisão do modernismo. *In*: _____. *República das letras*. 3. ed. Rio de Janeiro: Civilização Brasileira, 1996b.

SICILIANO, Tatiana Oliveira. 'O Rio que passa' por Arthur Azevedo: cotidiano e vida urbana na Capital Federal da alvorada do século XX. 2011. Tese (Doutorado em Antropologia Social) — Universidade Federal do Rio de Janeiro, Museu Nacional, Rio de Janeiro, 2011.

SILVA, Carlos Alberto. *A crônica esquecida*: a trajetória do jornalista José Tavares de Miranda. [s.l.]: Folha Memória, 2011.

SILVA, Gutemberg da Mota e. A revolução social me levaria à fome e ao suicídio. *Jornal do Brasil*, Rio de Janeiro, 19 jan. 1980.

SILVEIRA, Joel. *Onda raivosa*. São Paulo: Editora Rumo Limitada, 1939a.

_____. Podia ser pior — fala um tostão. *Dom Casmurro*, Rio de Janeiro, ano 3, n. 116, p. 2, 2 set. 1939b.

_____. Carta aberta a Jorge Amado. *Diretrizes*, Rio de Janeiro, n. 26, p. 13, jun. 1940. Suplemento Literário.

_____. Com d. Heloísa Ramos, pelos caminhos de Graciliano (1978). *In*:
_____. *Tempo de contar*. Rio de Janeiro: Record, 1985a.

_____. Vida, prisões, glória e morte de Graciliano. *In*: _____. *Tempo de contar*. Rio de Janeiro: Record, 1985b.

SIMÕES, João Gaspar. Os livros da semana: *Angústia, S. Bernardo, Vidas secas*, romances por Graciliano Ramos. *Diário de Lisboa*, p. 4, 1. set. 1938.

SOARES, G. F. S. Homenagem ao professor Miguel Franchini Netto pelo professor adjunto Guido Fernando Silva Soares em 8 de março de 1988. *Revista da Faculdade de Direito*, São Paulo, v. 83, p. 242-252, 1988.

SONTAG, Susan. Ao mesmo tempo: o romancista e a discussão moral. Conferência Nadine Gordimer. *In*: _____. *Ao mesmo tempo*. Ensaios e discursos. Tradução: Rubens Figueiredo; organização: Paolo Dilonardo e Anne Jump; introdução: David Rieff. São Paulo: Companhia das Letras, 2008.

SOROMENHO, Castro. Carta do Brasil: Graciliano Ramos fala ao *Diário Popular* acerca dos modernos romancistas brasileiros. *Diário Popular*, "Artes e Letras", Lisboa, p. 4, 9, 10 set. 1949.

SOUZA, Gilda de Mello e. *O tupi e o alaúde*. 2. ed. São Paulo: Duas Cidades; Editora 34, 2003. p. 18.

VALENZUELA, Sandra Trabucco. *Imagens da hotelaria na cidade de São Paulo*: panorama dos estabelecimentos até os anos 1980. São Paulo: Editora Senac, 2019.

VASCONCELOS FILHO, Marcos. *Marulheiro*: viagem através de Aurélio Buarque de Holanda. Maceió: Edufal, 2008.

VELASQUES, Muza Clara Chaves. *Homens de letras no Rio de Janeiro dos anos 30 e 40*. 2000. Tese (Doutorado em História Social) — Universidade Federal Fluminense, Niterói, 2000.

VERISSIMO, Erico. *Um certo Henrique Bertaso:* pequeno retrato em que o pintor também aparece. São Paulo: Companhia das Letras, 2011.

WERNECK, Humberto. *O santo sujo:* a vida de Jayme Ovalle. São Paulo: Cosac Naify, 2008.

ZILBERMAN, Regina. "Companheiras": as mulheres nas prisões do Estado Novo. Diálogo entre Graciliano Ramos e Eneida. *Revista de Literatura Brasileira*, v. 32, n. 59, p. 50-68, 2019. Disponível em: https://seer.ufrgs.br/brasilbrazil/article/view/95008.

Este livro foi composto na tipografia Minion Pro,
em corpo 11,5/16,5, e impresso em
papel off-white no Sistema Cameron da
Divisão Gráfica da Distribuidora Record.